高职高专**新媒体运营管理**系列教材

微信与微博运营

林小兰 / 主编

徐叶　回声　马丹　沙丹 / 副主编

清华大学出版社
北京

内 容 简 介

本书以项目和任务为引领,让学生以个人或团队的方式,完成微信与微博运营的三个项目。以项目任务书、任务指导书(个别任务指导书中包含案例分析的内容)、项目任务评分标准及评分表、项目所需的基本知识、自我练习各版块为载体,有机配合,指导学生学习和实践,以达到提高综合能力,掌握微信与微博运营基本技能及知识的目的。本书主要内容包括微信个人号运营、微信公众平台运营(含微信公众平台运营的系统规划、微信公众平台的设置、微信公众平台内容运营、微信公众平台用户运营及活动运营四个任务)、微博运营(含微博定位及装修、微博内容运营、微博营销活动、微博营销技巧综合应用四个任务)。

本书提供丰富的信息化资源,针对基础知识和操作性内容配套相关微课,读者可扫描书中二维码学习。

本书由具有多年一体化课程教学经验的教师和具有实战经验的企业一线专家共同编写,同时配有电子化、立体化教学资源。本书可作为高等职业院校市场营销及相关专业的教学用书,也可供市场营销新媒体类从业人员参考使用。

本书封面贴有清华大学出版社防伪标签,无标签者不得销售。
版权所有,侵权必究。举报: 010-62782989, beiqinquan@tup.tsinghua.edu.cn。

图书在版编目(CIP)数据

微信与微博运营/林小兰主编.—北京:清华大学出版社,2020.10(2025.3重印)
高职高专新媒体运营管理系列教材
ISBN 978-7-302-54504-0

Ⅰ.①微… Ⅱ.①林… Ⅲ.①网络营销 Ⅳ.①F713.365.2

中国版本图书馆 CIP 数据核字(2019)第 265863 号

责任编辑:左卫霞
封面设计:傅瑞学
责任校对:刘 静
责任印制:宋 林

出版发行:清华大学出版社
网　　址: https://www.tup.com.cn, https://www.wqxuetang.com
地　　址: 北京清华大学学研大厦 A 座　　邮　　编: 100084
社 总 机: 010-83470000　　邮　　购: 010-62786544
投稿与读者服务: 010-62776969, c-service@tup.tsinghua.edu.cn
质量反馈: 010-62772015, zhiliang@tup.tsinghua.edu.cn
课件下载: https://www.tup.com.cn, 010-83470410
印 装 者: 三河市人民印务有限公司
经　　销: 全国新华书店
开　　本: 185mm×260mm　　印　张: 14.75　　字　数: 358 千字
版　　次: 2020 年 10 月第 1 版　　印　次: 2025 年 3 月第 5 次印刷
定　　价: 48.00 元

产品编号: 086158-01

高职高专新媒体运营管理系列教材编委会

主　　任：林小兰（北京信息职业技术学院）

编委会成员学校（按拼音顺序排列）：

　　安徽财贸职业学院
　　安徽城市管理职业学院
　　安徽工商职业学院
　　安徽审计职业学院
　　北京京北职业技术学院
　　北京商贸学校
　　北京市经济管理学校
　　北京市求实职业学校
　　北京信息职业技术学院
　　北京政法职业学院
　　长春职业技术学院
　　承德石油高等专科学校
　　成都东软学院
　　重庆电子工程职业学院
　　湖北省广播电视学校
　　湖南工程职业技术学院
　　黄河水利职业技术学院
　　江苏财经职业技术学院
　　山东劳动职业技术学院
　　山东水利职业学院
　　山东外贸职业学院
　　山西交通技师学院
　　石家庄财经职业学院
　　太原技师学院
　　唐山职业技术学院
　　武汉交通职业学院
　　烟台汽车工程职业学院
　　中山火炬职业技术学院

策划编辑：左卫霞（1085159592@qq.com）

PREFACE 丛书序

随着科学技术的不断发展,互联网与信息技术的应用渗透到各行各业,它深刻改变了人们的生活习惯,如人际沟通、消费、娱乐等,使社会文化环境发生了巨大的变化,影响着整个社会的变迁。

新媒体在我国的出现正是源于这样的背景,并且在持续、迅速地发生变化,对企业营销活动产生明显的冲击。微博、微信、短视频平台、小程序、其他各类平台等新信息产品拓宽了新媒体渠道,革新了新媒体传播生态;网红经济和共享经济推动了新媒体产业发展;大数据、云计算、人工智能技术引领传播技术创新;VR 技术发掘出更多线上和线下交融的应用场景。移动化、交互化、体验化、定制化、线上线下一体化、全终端大融合的技术,正在让新媒体的创意与内容瞬息万变,受众与技术驱动的"一个内容、多种创意、多次开发;一个产品、多种形态、多次传播"的新媒体,不断释放出更多的红利和能量,更新、改写了营销的生态系统,同时也对企业营销提出了更高的要求,机遇与挑战并存。

除了科技的因素,其他因素也对营销环境产生或大或小的影响。例如,2020 年新冠肺炎疫情严重期间,人们线下交流客观上变得十分困难,这使直播带货迅速发展,而疫情防控可能会较长时期地存在也使这一趋势得到了加强。2020 年 7 月 6 日,人力资源社会保障部联合市场监管总局、国家统计局向社会发布 9 个新职业,其中就包括"互联网营销师"职业。

新媒体营销人才能够帮助企业利用新媒体的优势,如多渠道、精准触达、长尾效应、实时化、双向化等来实现企业的营销目标。面对迅速变化的营销环境,企业急需引进或培训新媒体营销人才。因此,培养社会需要的新媒体营销人才成为职业院校相关专业的迫切任务。

在这样的大环境下,许多高职院校进行了有益的尝试,开设了相关的专业或专业方向,根据企业需求开发人才培养方案和课程。例如,北京信息职业技术学院自 2014 年开始在市场营销专业中开设了新媒体运营管理方向,北京工业职业技术学院自 2015 年开始在市场营销专业中开设了新媒体营销方向。没有开设这类专业方向的相关专业多数也开设了其中的一些课程,如新媒体营销、微信微博运营、短视频运营、直播营销等。由于该行业紧跟技术的应用,相关技术也在不断地更新、迭代,培训机构及自媒体个人或公司也正在或已经进入这个培训市场。最近三四年,市面上相关的教材、书籍开始由少变多。

作为多年从事该领域教学的教师,从高等职业教育教学实践的角度来看,市面上能直接用于高职新媒体营销类课程教学的优秀教材较少。目前的教材或者是由学者编写的偏重于理论方面的教材,或者是由企业、培训机构有实操经验的人员编写的偏重于实操方面的图书。第一种教材理论性强但实战性不足,内容更新也较慢。第二种图书实战经验强,但结构性较差,往往不成体系,内容相对片面,侧重如何去做,但对于为什么要这样做或者说理论性阐述较少,有些仅局限在某几个点或某几条线上,不利于高职学生的后续发展。这两类图书均存在不足。基于以上调研,开发一套适用的新媒体营销课程优质教材,是本套丛书产生的一个最直接原因。

2019年5月,在清华大学出版社和北京信息职业技术学院的共同推动下,"全国高职高专院校市场营销专业新媒体营销培训及教学研讨会"在北京顺利举办。来自全国30多所高职院校的专业教师和企业专家齐聚一堂,共同研讨,决定开发一套适用于高职层次教学的新媒体运营管理系列教材,由已开设过相关课程的有经验的教师和企业专家联合创作、编写。

本套丛书在编写体例上,融入"工作过程一体化"思想,采用项目式教材思路,以项目任务为引领,将相关的知识点融入其中,学生通过项目任务实践获得经验,掌握相关的知识,实现在"做中学"。同时,进行课程的信息化资源建设,以利于线上线下混合式学习。本套丛书的体例为"项目任务书→任务指导书→项目任务评分标准及评分表→基本知识→自我练习",这样的体例设计极大地方便了学生学习及教师指导,也方便业内人员自学。

编写团队基于前期对企业相关岗位的调研及课程开发论证,初步确定了以下十本教材作为本系列教材第一批:《新媒体营销基础》《新媒体运营工具》《互联网营销思维训练》《新媒体文案创作》《微信与微博运营》《社群运营》《新媒体营销实务》《新媒体营销策划》《短视频运营》《直播运营》。随着信息技术在行业中应用的变化或其他环境因素导致的变化,我们会及时推出满足教学需要的新教材。

我们希望,这套既有理论性又有实战性、既方便学生学又方便教师教的新媒体运营管理系列教材,能够有力地促进职业教育教学质量的提高,为社会培养出更多的企业急需的新媒体营销人才。

高职高专新媒体运营管理系列教材

编写委员会

前言 FOREWORD

《微信与微博运营》是高职高专新媒体运营管理系列教材中的1本。本书是在对企业一线专家深入调研的基础上，结合微信与微博运营岗位的实际工作内容及过程而开发的。本书系统讲授微信与微博运营的基本理论知识，以项目和任务为引领来实现学习者对于微信与微博运营的深入理解和掌握。在项目和任务的设计上，充分考虑了对接岗位工作的内容以及教学的可行性和方便性。

本书的体例是项目任务书→任务指导书→项目任务评分标准及评分表→基本知识→自我练习。项目任务书使学生能够全面了解每个项目的要求，以便有目标地学习；任务指导书是为了给学习者"搭梯子"，引导其一步一步地完成项目和任务；项目任务评分标准及评分表使学生清楚地知道考核要求及重点，引导其学习，其中部分地引入了企业的考核标准；基本知识部分对应于前面的项目和任务，提供所需的基本理论知识，可以在完成任务前进行学习，也可以在完成任务时随时查阅；自我练习部分是通过书面试题巩固学生对基本知识及技能的进一步掌握。这样的体例，将先进的教育与教学理念融入其中，充分考虑了学习的规律性，突出以学生为主的教学理念，有利于发挥学习者的主观能动性。

本书包括三个项目，第一个项目是微信个人号运营，第二个项目是微信公众平台运营，第三个项目是微博运营，每一个项目又包括若干个任务。所有的项目和任务及考核都经过了几轮教学实践，高职教师可以直接使用，也可以参考教材内容修改为适合自己学校的教学形式来使用。

本书中针对部分基础知识，以及微信公众平台和微博平台的部分操作性内容，制作了相应的视频资源，可供教师或学生使用本书时参考。本书同时还提供数字化资源，包括配套上课用的PPT课件、基本测试题的答案等。

本书由林小兰担任主编，徐叶、回声、马丹、沙丹担任副主编，林小兰负责全书修订、统稿。具体编写分工如下：安徽城市管理职业学院徐叶编写项目一，安徽城市管理职业学院回声编写项目二的任务一、任务二，重庆电子工程职业学院马丹编写项目二的任务三、任务四，北京信息职业技术学院林小兰编写项目三的任务一、任务二，安徽工商职业学院沙丹编写项目三的任务三、任务四，北京尚恩威尔教育科技有限公司史文雯参与并指导各项目的考核设计。

衷心感谢清华大学出版社对本书的大力支持和无私帮助，感谢北京立思辰科技股份有限公司协助制作本书配套的PPT课件及视频资料，感谢中山大学政治与公共事务管理学院政治学与行政学专业二年级学生蒋钰协助完成本书一校样的文字审核工作，感谢使用本教材的兄弟院校。

由于本书涉及的内容较新，教学实践的年限较短，再加上编者水平有限，书中难免存在不足之处，恳请广大读者批评指正。

编　者
2020年5月

《微信与微博运营》项目任务考核分值及学时对应情况明细

班级_____ 姓名_____ 学号_____

项目名称	微信个人号运营	微信公众平台运营				微博运营				小计
任务编号	1	2-1	2-2	2-3	2-4	3-1	3-2	3-3	3-4	
项目任务名称	微信个人号运营	微信公众平台的系统规划	微信公众平台的设置	微信公众平台内容运营	微信公众平台用户运营及活动运营	微博定位及装修	微博内容运营	微博营销活动	微博营销技巧综合应用	
课时数	4	8	6	12	6	6	12	8	2	64
对应分值	10	10	10	20	10	10	10	15	5	100
实际得分										

目 录

CONTENTS

项目一 微信个人号运营 ······ 1
    项目任务书 ······ 1
    任务指导书 ······ 2
    项目任务评分标准及评分表 ······ 4
  基本知识 ······ 5
    一、微信简介 ······ 5
    二、微信个人号运营实战 ······ 10
  自我练习 ······ 18

项目二 微信公众平台运营 ······ 20
  任务一 微信公众平台运营的系统规划 ······ 20
    项目任务书 ······ 20
    任务指导书 ······ 21
    项目任务评分标准及评分表 ······ 24
  基本知识 ······ 24
    一、微信公众平台的概念与分类 ······ 24
    二、微信公众平台运营规划 ······ 28
  自我练习 ······ 36
  任务二 微信公众平台的设置 ······ 37
    项目任务书 ······ 37
    任务指导书 ······ 38
    项目任务评分标准及评分表 ······ 40
  基本知识 ······ 40
    一、微信公众平台的申请 ······ 40
    二、微信公众平台的功能及应用 ······ 43
  自我练习 ······ 79
  任务三 微信公众平台内容运营 ······ 80
    项目任务书 ······ 80
    任务指导书 ······ 80
    项目任务评分标准及评分表 ······ 83
  基本知识 ······ 83
    一、微信公众平台内容产出的模式 ······ 83

二、收集素材及建立素材库 ·· 84
　　三、微信公众平台的内容创作 ··· 90
　　四、微信公众平台文章的排版 ·· 110
自我练习 ··· 114
任务四　微信公众平台用户运营及活动运营 ·· 115
　　项目任务书 ··· 115
　　任务指导书 ··· 115
　　项目任务评分标准及评分表 ·· 122
基本知识 ·· 122
　　一、微信公众平台用户运营 ·· 122
　　二、微信公众平台活动运营 ·· 133
　　三、与其他平台之间的推广 ·· 138
自我练习 ·· 140

项目三　微博运营 ·· 142

任务一　微博定位及装修 ··· 142
　　项目任务书 ··· 142
　　任务指导书 ··· 143
　　项目任务评分标准及评分表 ·· 146
基本知识 ·· 146
　　一、微博及微博营销的概念 ·· 146
　　二、微博的营销价值 ··· 148
　　三、微博账号的种类 ··· 150
　　四、微博定位 ·· 151
　　五、微博的营销策略 ··· 155
　　六、微博注册及装修 ··· 158
　　七、微博会员订购及认证 ··· 165
　　八、微博组织策略 ·· 169
自我练习 ·· 170
任务二　微博内容运营 ·· 171
　　项目任务书 ··· 171
　　任务指导书 ··· 172
　　项目任务评分标准及评分表 ·· 175
基本知识 ·· 176
　　一、微博的功能和设计微博话题 ·· 176
　　二、微博内容与发布规划 ··· 177
　　三、微博内容编辑及技巧 ··· 183
　　四、企业微博的日常运营 ··· 186
　　五、微博非活动类工具介绍 ·· 190

自我练习 ·· 198
任务三　微博营销活动 ·· 200
　　项目任务书 ·· 200
　　任务指导书 ·· 201
　　项目任务评分标准及评分表 ·· 206
基本知识 ··· 207
　　一、微博营销活动的原则 ·· 207
　　二、微博营销活动的常见形式 ·· 208
　　三、微博营销活动策划流程 ·· 212
　　自我练习 ·· 215
任务四　微博营销技巧综合应用 ·· 216
　　项目任务书 ·· 216
　　任务指导书 ·· 217
　　项目任务评分标准及评分表 ·· 218
基本知识 ··· 218
　　一、微博的涨粉技法 ·· 218
　　二、微博营销发展现状 ·· 222
　　自我练习 ·· 225

参考文献 ·· 226

项目一

微信个人号运营

　　微信自2011年诞生以来,逐渐成为移动互联网时代最主流的社交媒体之一,深刻地改变了人们的生活方式。微信营销是网络经济时代企业对营销模式的创新,是众多新媒体营销方式中的一种。微信运营是现代营销人员的必备技能。通过完成本项目任务,可以初步掌握微信营销运营策划、微信公众平台运营的基本技能,深刻了解微信的不同功能及各功能之间的相互配合,胜任与微信运营相关的工作。

 项目任务书

课内学时	4	课外学时	持续2周,累计不少于4周
学习目标	1. 对微信营销有初步的了解 2. 能够对个人微信号进行较专业的装修 3. 能够使用微信个人号建立信任,会有策略地在朋友圈发内容 4. 了解朋友圈做活动的基本方法并能初步应用		
项目任务描述	1. 组建团队 2. 注册一个个人微信账号,进行设计及装修(优化) 3. 利用课外时间连续两周有计划地发送朋友圈信息,塑造自己的朋友圈形象并了解结果 4. 尝试在朋友圈做一个小活动		
学习方法	1. 听教师讲解相关知识 2. 看在线视频资料自学或复习 3. 动手实践		
所涉及的专业知识	微信营销的概念、功能、价值、特点、模式,营销定位知识,微信个人号装修,微信朋友圈内容发布策略,朋友圈活动营销		
本任务与其他任务的关系	本任务中的注册微信账号是"微信个人号运营"及"微信公众平台运营"两个项目中的其他任务的先行任务。本任务所组建的团队在以后的任务中会继续延用		
学习材料与工具	学习材料:1. 项目任务书后所附的基本知识 　　　　　2. 在线视频资料 工具:项目任务书、任务指导书、手机、计算机、笔		
学习组织方式	部分步骤以团队为单位组织,部分步骤以个人为单位组织		

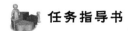 **任务指导书**

完成任务的基本路径如下。

第一步,听教师讲解微信营销基本知识。

第二步,组建团队,每个团队 4~6 人,填写团队任务分工表 1-1。今后在完成任务的过程中,如有团队项目沿用此分工,分工后的职责是今后在团队任务完成过程中责任人主要负责的内容。

表 1-1 任务产出——团队任务分工表

人员	组长	成员 1	成员 2	成员 3	成员 4
分工情况					
姓名					

注:所有人都要完成每一个任务,每人针对本人负责部分,应使全体成员达到较高的水平。

提示:人员分工所包括的内容有决策、领导、组织、协调、内容撰写、内容编辑、装修、美工、资料查找、创意、总结汇报等。

第三步,个人微信设计及装修。

① 对团队成员的微信个人号装修情况进行讨论和分析。首先,以团队为单位,对团队每个成员的微信个人号装修情况进行评价、打分;接着总结最好的装修情况,分析原因,填写装修情况分析汇总表 1-2。

表 1-2 任务产出——团队成员微信个人号装修情况分析汇总表

项 目	成员 1	成员 2	成员 3	成员 4	成员 5
昵称					
对昵称的评价					
头像描述及评价					
微信号					
对微信号的评价					
个性签名					
对个性签名的评价					
地区设置					
成员评价排序(由高到低)					

装修最好的是:
原因分析:

② 对自己的微信号进行设计及装修,填写表 1-3。

表 1-3　任务产出——微信个人号设计及装修

序号	项　　目	具　体　内　容
1	昵称	
2	头像设计	用文字简单描述(如大头照、风景照等):
3	微信号	
4	个性签名	
5	背景图	
6	人设	
7	装修完成后的截图展示	

③ 根据自己的设计,对微信个人号进行装修。将装修结果截图展示(粘贴到表 1-3 中或给教师发电子版截图文件,标注清楚)。

第四步,朋友圈营销实践。

① 运用所学的朋友圈加入及建立信任的方法,增加自己的朋友圈人数,并对微信好友进行分组设置。然后通过发微信朋友圈信息,打造自己的人设。连续运营两周后进行自我点评。填写朋友圈运营自我点评表 1-4。

② 朋友圈活动运营。设计并完成一次微信朋友圈活动,填写表 1-5。

表 1-4　任务产出——朋友圈运营自我点评

1. 我所运用的加入及建立信任的方法是＿＿＿＿＿＿　人数增加情况是＿＿＿＿＿＿
2. 我对微信好友进行了分组设置,截图如下(或将截图电子版发给教师):

3. 询问至少三位微信朋友圈的朋友,了解他们针对自己微信朋友圈发文的印象。
近两周发文数量:＿＿＿＿＿＿＿＿＿＿＿＿＿＿＿＿＿＿＿＿＿＿＿＿＿＿＿＿＿＿＿＿＿＿＿＿＿

朋友评价 1:＿＿＿＿＿＿＿＿＿＿＿＿＿＿＿＿＿＿＿＿＿＿＿＿＿＿＿＿＿＿＿＿＿＿＿＿＿

朋友评价 2:＿＿＿＿＿＿＿＿＿＿＿＿＿＿＿＿＿＿＿＿＿＿＿＿＿＿＿＿＿＿＿＿＿＿＿＿＿

朋友评价 3:＿＿＿＿＿＿＿＿＿＿＿＿＿＿＿＿＿＿＿＿＿＿＿＿＿＿＿＿＿＿＿＿＿＿＿＿＿

4. 对自己微信朋友圈印象最深的人进行评价,简单分析为什么会有这种印象。

表 1-5　任务产出——设计并完成微信朋友圈活动

我设计的微信朋友圈活动是(集赞/转发/好友推荐/点名互动/H5 游戏/其他)：
活动目的：
活动文字内容设计如下：
图片设计如下：
发布时间(活动时长)：
执行情况(截图加以说明)：
我的体会：

项目任务评分标准及评分表

"微信个人号运营"评分标准及评分表(总分 10 分)

学生姓名：_____

任务产出	团队分工表	团队成员微信个人号装修情况分析汇总表	微信个人号设计及装修		朋友圈运营自我点评		微信朋友圈活动		
			评分标准(3分)	实际得分	评分标准(2分)	实际得分	评分标准(2分)	实际得分	
评分标准	1 分	2 分	昵称(0.4分)		人数增加(0.3分)		活动目的(0.5分)		总计
			头像设计(0.5分)		好友分组设置(1分)		活动文字内容(0.5分)		
			微信号(0.2分)		朋友评价(0.4分)		图片设计(0.2分)		
			个性签名(0.5分)		对朋友的评价(0.3分)		发布时长(0.3分)		
			背景图(0.4分)				执行情况(0.3)分		
			人设(0.5分)				体会(0.2分)		
			装修完成后的自我展示(0.5分)						
实际得分(小计)				—		—		—	

基本知识

一、微信简介

（一）微信的概念和发展历程

1. 微信的概念

微信（WeChat）是腾讯公司于2011年1月21日推出的一个为智能终端提供即时通信服务的免费应用程序。微信支持跨通信运营商、跨操作系统平台通过网络免费快速发送（需消耗少量网络流量）语音短信、视频、图片和文字，同时，也可以使用通过共享流媒体内容的资料和基于位置的社交插件"朋友圈""扫一扫""摇一摇""看一看""搜一搜""附近的人""购物""游戏""小程序"等服务插件。

截至2019年，微信用户已达到11亿。目前，微信已经发展成集交流、资讯、娱乐、搜索、电子商务、办公协作和企业客户服务等于一体的综合化信息平台。

从微信用户的角度来看，微信是可以通过使用手机、台式机、平板电脑等工具免费快速发送（需消耗少量网络流量）的语音、短信、视频、图文和文字的即时通信服务工具。微信用户通过使用基于位置的社交服务插件，可以实现资源的分享，还可以通过红包、转账等微信支付功能快速完成支付、提现等资金交易流程。

从企业的角度来看，微信可以用以组建微信群、分享朋友圈、查找附近的人、使用二维码扫一扫，参与摇一摇、使用微信小程序。通过多样化的互动分享沟通功能，开展创意活动的营销推广、产品的销售、粉丝群体的构建和维护等活动，最终实现强化客户关系管理，提升用户的参与体验。微信是一个多功能的新媒体营销平台。

从本质上来说，微信无论是作为应用程序还是作为服务工具、营销平台，都是一项服务，是以沟通为基础形成互动关系，并且通过互相交流来满足客户需求的服务。微信的诞生深刻地改变了我们的生活，形成了新业态下的一种生活方式。

2. 微信的发展历程

2011年1月21日，微信发布针对iPhone用户的1.0测试版。该版本支持通过QQ号来导入现有的联系人资料，但仅有即时通信、分享照片和更换头像等简单的功能。

微信的发展历程

在随后的1.1、1.2和1.3三个测试版本中，微信逐渐增加了对手机通讯录的读取、与腾讯微博私信的互通以及对多人会话功能的支持，截至2011年4月底，腾讯微信获得了四五百万注册用户。

2011年5月10日，微信发布了2.0版本，该版本新增了Talkbox语音对讲功能，使得微信的用户群第一次有了显著增长。

2011年8月，微信添加了"查看附近的人"的陌生人交友功能，用户达到1500万。到2011年年底，微信用户已超过5000万。

2011年10月1日，微信发布3.0版本，该版本加入了"摇一摇"和"漂流瓶"功能，增加了对繁体中文语言界面的支持，并扩大了用户可绑定手机号的地区或国家，包括中国港澳台

2012年4月19日,微信发布4.0版本。这一版本增加了Path和Instagram相册功能,并且可以把相册分享到朋友圈。当月,腾讯公司尝试将微信推向国际市场。为了微信的欧美化,将其4.0英文版更名为WeChat,之后推出支持多种语言功能。

2012年7月19日,微信4.2版本增加了视频聊天插件,并发布网页版微信界面。

2013年2月5日,微信发布4.5版。这一版本支持实时对讲和多人实时语音聊天,并进一步丰富了"摇一摇"和二维码的功能,支持对聊天记录进行搜索、保存和迁移。同时,微信4.5还加入了语音提醒和根据对方发来的位置进行导航的功能。

2013年8月5日,微信5.0 for iOS上线,添加了表情商店和游戏中心,"扫一扫"功能全新升级,可以扫街景、条码、二维码、单词翻译、封面等,2013年8月9日,微信5.0 Android版上线。

2013年12月31日,微信5.0 for Windows Phone上线,添加了表情商店、绑定银行卡、收藏、绑定邮箱、分享信息到朋友圈等功能。

2014年1月4日,微信在产品内添加由"滴滴打车"提供的打车功能。

2014年3月,上线微信支付功能。

2015年1月21日,微信在APP Store率先上线了6.1版,新版增加了"附件栏发微信红包""更换手机时,自定义表情不会丢失""可以搜索朋友圈的内容和附近的餐馆"三大功能。还有安装之后的开场幻灯片——统计你过去一年"送出的赞"以及"收获的赞"。

2016年3月1日,微信支付对转账功能停止收取手续费。同日起,对提现功能开始收取手续费。3月10日,微信官方首次公布"企业微信"的相关细节,并于4月18日通过应用宝正式发布安卓版。

2017年1月9日0:00,万众瞩目的微信第一批小程序正式低调上线,用户可以体验到各种各样小程序提供的服务。

2017年3月23日晚,微信官方悄然推出了"微信指数"功能,腾讯方面定义其为微信官方提供的基于微信大数据分析的移动端指数。

2017年5月18日,微信迎来更新,新增"微信实验室"功能。目前,启用的实验有"看一看"和"搜一搜"两个功能。

2017年12月28日,微信更新的6.6.1版本突然开放了小游戏,微信启动页面还重点推荐了小游戏"跳一跳"。

2018年2月,微信全球用户月活数首次突破10亿大关。

2018年9月30日,当日起至12月底,用户在韩国、日本、新加坡、泰国、澳大利亚、新西兰等国家的微信支付合作门店,使用微信支付消费成功,即可参与摇摇乐活动,有机会获得单笔免单或微信支付到店红包。

2018年12月21日晚,苹果iPhone和iPad用户迎来了微信iOS版7.0.0大版本更新,带来了界面全新改版、更清晰直观的视觉与操作体验;可以在"看一看"里浏览朋友认为好看的文章;在聊天详情页中,可以给单聊设置强提醒。另外添加了"时刻视频"功能,还可以给朋友视频冒个泡。

2019年1月7日,腾讯云副总裁陈平在IPv6(internet protocol version 6,互联网协议第六版)智联升级发布会上称,腾讯云将在2019年实现IPv6 in all,即全生态推进IPv6战略。

2020年年初,微信推出了"视频号",半年内,用户已经突破2亿。随着时间的推移,微信还在不断进化中……

（二）微信的核心功能

当前，微信已经延伸出很多新功能。其核心功能可分为沟通互动功能、加粉功能、交易功能和其他应用功能等几个方面，如图1-1所示。

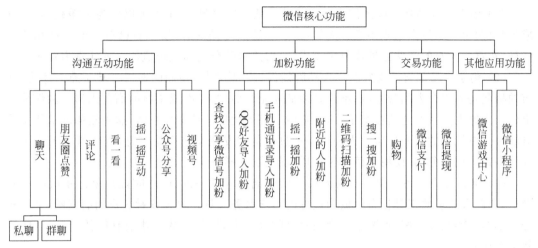

图1-1　微信的核心功能

（三）微信营销及其价值

1. 微信营销的概念

微信营销是网络经济时代企业对营销模式的创新，是伴随着微信的迅猛发展产生的一种网络营销方式，是社会化媒体营销中应用非常广泛的手段之一。

从广义上来说，微信营销是一个系统的营销过程。具体是指利用微信提供的所有模块和功能，将员工和客户的个人号、公众号、订阅号以及企业公众服务号进行合理的优化组合，建立有效的微信矩阵，从而形成一套精准的营销体系，如图1-2所示。

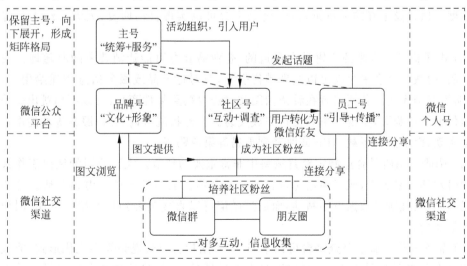

图1-2　微信营销体系

从狭义上来说，微信营销仅仅是指个人或企业使用微信的基本功能，实现建立个人品牌、宣传产品信息、发布促销活动、开展产品销售、维护客户关系等目标的一系列精准营销活动。

2. 微信个人号的营销价值

（1）输出个人品牌。以微信为代表的社交软件的出现，让个人可以成为传播载体，可以成为"自明星"，通过微信来传递个人的形象，表达自己的观念，展示自己鲜明的个性和情感特征，在符合大众的消费心理或审美需求下，形成可转化为商业价值的一种注意力资源。

（2）刺激产品销售。良好的个人品牌能促进产品销售，微商的盛行是基于熟人经济，微店的崛起是源于个人品牌效应，不论是微商还是微店，"人"都成了新的商业入口。微信是一个建立于熟人关系的通信社交工具，它造就了高效优质的社交关系链，这种较强的信任关系能够带来更优质的商业价值。人们可以通过微信朋友圈发布产品信息，用微信聊天为朋友提供咨询沟通服务，并使用微信支付完成收付款，这样就实现了社交电商。

（3）维护客户关系。微信成为人们生活中离不开的一部分，随时随地拿出手机刷一刷微信，如此大流量的工具让微信成为最好的客户服务工具。通过查看客户的朋友圈，可以充分了解客户的兴趣爱好，点赞也成为最直接的互动方式，建立情感才会有信任，有了信任自然会有成交。

3. 微信公众平台的营销价值

（1）信息入口。在PC时代，企业需要通过官网提供信息查询入口；在移动互联网时代，企业依然需要这样的官方入口。基于移动互联网的特点，用户不需要通过搜索引擎搜索关键词或输入网址来访问官方入口，只需搜索微信公众平台，就可以获得企业介绍、产品服务、联系方式等信息，也可以单击微信公众平台中的菜单直接跳转到官网。

（2）客户服务。客户关系管理（customer relationship management，CRM）的核心是通过客户分析来实现市场营销、销售管理和客户服务，从而吸引新客户、留住老客户以及将已有客户转为忠实客户，增加市场份额。微信作为一种沟通工具，极大地方便了用户与企业间的沟通。将微信公众平台与企业原有的CRM系统相结合，可实现多人人工接入，提高客户的满意度。通过设定好的关键词，微信公众平台可以实现自动回复，大大节约人工客服的成本。

（3）电子商务。未来的零售是全渠道的，企业需要尽可能让消费者随时随地方便地购买到产品，而微信公众平台就可以实现销售引导，及时把产品或服务信息传递给用户，促成交易，缩短营销周期。若消费者在看微信图文时想要购买某件商品，可以不用跳出微信而直接在微信上下单购买，实现下单和支付完成交易。另外物流查询、客户服务等功能都能够通过微信实现，而不需要下载APP或跳转到天猫等渠道购买。

（4）调研。调研是企业制定经营策略中非常重要的环节。大型公司的调研工作甚至由专门的研发部门来负责，或者通过付费找第三方公司发放问卷或进行电话调研。这些方式不仅成本高，而且所得数据也不精准，而通过微信可以直接接触到精准用户群体，因而可以省去大笔经费。

（5）品牌宣传。微信公众平台可以承载文字、图片、音频、视频等多元化形式，能及时有效地把企业最新的促销活动告知粉丝，具有互动性较好、信息传递快和信息投放精准等特点,让用户不仅可以接收品牌信息,还可以更方便地参与品牌互动,从而扩展品牌传播路径,降低企业营销成本。

(6) 线上与线下。线上与线下(online to offline,O2O)营销的互通是必然趋势,而微信为两者的结合提供了更便利的通道。

(四) 微信营销的模式

1. 微信公众平台模式

不管是企业还是个人,都可以开通微信公众账户,新用户通过订阅公众平台账号来关注其内容。公众平台方可以向粉丝推送包括新闻资讯、产品信息、最新活动等消息,还能够实现咨询、客服等功能,形成自己的客户数据库,使微信成为一个称职的 CRM 系统,相当于一个基于微信用户的移动网站。有的企业微信公众平台积累了几千万用户,可以直接针对自己的客户进行精准的信息推送,大大提高了企业的用户管理和运营水平。利用微信公众平台树立品牌形象、宣传产品信息或者直接进行销售,是微信营销的重要模式之一。

2. 微信朋友圈模式

微信朋友圈是一个汇集圈内朋友状态、各类文章信息,提供交流沟通的平台。微信朋友圈具有私密性,受众基本都是朋友圈中的好友,传播主体与受众之间属于对等关系,可以实现一对一的交流互动。每条信息都可以推送,能够让每个个体都有机会接收到这条信息。点对点的产品形态注定了其能够通过互动的形式将普通关系发展成强关系,从而产生更大的价值。微信目前限制好友数量的上限是 5000 人。在朋友圈经常会看到朋友分享的内容。通过在朋友圈发导购信息,然后转入微信私聊,促进商品交易就是一种朋友圈营销模式,目前通过朋友圈形成好友的信任,通过私聊沟通,再进入微店成交已经成为电商运营的重点模式之一。

3. 微店模式

这里的微信开店(微信商城)并非微信"精选商品"频道升级后的腾讯自营平台,而是由商户申请获得微信支付权限并开设微信店铺的平台,商户申请了微信支付后,才能进一步利用微信的开放资源搭建微信店铺。

在各类微店中主要分为两种模式:一种为 B2C 模式,如京东微店,直接通过商家对接消费者;另一种微店类似于 C2C 模式,多面向个体。其中 C2C 类模式的玩家居多。

4. 微信广告模式

微信广告模式可以简单地分为微信朋友圈推广与微信公众平台推广两种模式。

微信朋友圈推广的形式包括:微信朋友圈中的本地推广广告,借助 LBS 技术,朋友圈本地推广可以精准定向周边 3~5km 人群,商户可以通过设置门店名称、城市的方式加强所在地用户对商家品牌的认知;微信朋友圈中的原生推广页的广告,可打造完美的品牌故事,助力品牌在形式、技术等方面提升用户的观赏体验;微信朋友圈中的小视频广告,外层小视频是默认播放,点击后可进入完整视频,同时可选择跳转链接,层层深入,将目标受众"自然地"带入故事情境之中,生动呈现品牌主张;微信朋友圈中的图文广告,如同朋友圈好友动态的形态结构,文字、图片、链接可自由灵活配置,提供多样的展示形式,满足个性化的创意表达。

微信公众平台推广的形式有两种：第一种是软文广告，是指微信公众平台运营者在微信公众平台或者其他平台上以在文章中软性植入广告的形式推送文章，即在推送的文章里不介绍产品，也不直白地夸产品有多好的使用效果，而是将产品渗入所推送的文章情节中，达到悄无声息地将产品的信息传递给消费者，从而使消费者能够更容易地接受该产品的目的。软文广告的形式是广大微信公众平台运营者使用比较多的方式，同时获得的效果也是非常可观的。第二种是流量主，流量主功能是腾讯为微信公众平台量身定做的一个展示推广服务，主要是指微信公众平台的管理者将微信公众平台中指定的位置拿出来给广告主打广告，然后收取费用的一种推广服务。

二、微信个人号运营实战

（一）微信个人号的装修

微信个人号好比是自己的一张微名片，别人会通过观察微信昵称、头像、签名以及封面图判断你可能是一个怎样的人，进而决定是否愿意和你接触，所以做好微信个人号的装修是非常有必要的。微信个人号的装修包括昵称、头像、微信号、个性签名、地区和朋友圈。

1. 昵称

一个好的微信昵称能减少沟通成本，那么如何起一个好昵称呢？可以从好记、好识、好输入三个方面策划。

（1）好记。微信昵称要固定不变。一个好的昵称首先要让别人好记忆，帮助对方记住你的昵称。如果你要打造网络个人品牌，同时运营不同的网络媒体和社区账号，例如微信、微博、抖音、豆瓣、知乎等，建议在不同平台上使用完全相同的昵称，有助于被大众识别和记忆。

在各大社交平台运营时使用统一的昵称，虽然能够帮助记忆，但也可能会遇到昵称被抢注的问题，而且在很多平台上，昵称不能重复，所以企业和个人要有品牌意识，尽早注册昵称，以免后续造成不必要的麻烦。

微信个人号上更多的是熟人社交，这是建立在信任的基础上的，因此建议使用自己的真实姓名或者固定的网名，有利于产生信任，增加真实感，并强化个人品牌。例如PPT达人秋叶，在微信、微博、豆瓣等平台都用"秋叶"这个昵称。

确定好微信昵称后，建议长期使用，不要频繁更换，否则不利于用户记忆和辨识，如果对方没有修改你的备注名，会导致用户无法查找到你。

（2）好识。好识即要标签化自己，让对方更充分地认识你。可以直接在昵称上给自己定位，如采用"个人昵称＋工作标签"的方式，方便对方对号入座。个人昵称可以是实名或固定网名；工作标签是一个人的核心或重点信息，可以是公司名、项目名称、职业等。当你在群聊、朋友圈中活跃时，对方能深深地记住你的标签。

标签是个人提炼出来的重要信息，不要将公司全称、人生格言等太长或不必要的信息放在名称上。有些人会在自己的昵称前面加个"A"或者"0"，来占据通讯录最前面的位置，会给人以刻意营销的感觉，容易让人产生不可信的心理，不建议使用。

（3）好输入。昵称要尽量简单、精短，应该符合用户快速输入的要求。昵称太长，有英文字母，有表情、符号，有繁体字、外国文字，还有火星文等，均不容易被记住和输入。例如

"✿ ヅㄣ嫒清＞""衾裔""你若安好那还得了""Vincent"等。起昵称选择简单、精短、亲切的文字可以避免这种现象。

2. 头像

微信社交中,头像和昵称可以给对方留下深刻和直接的印象,头像代表了个人的风格,用心设置头像可以增进对方的好感及信任度。设置头像要遵守以下原则。

（1）真实。很多人都喜欢用帅哥美女作为自己的头像,特别是年轻用户,如果微信只用于日常好友沟通,这是可以的,但若用于工作或运营,则建议使用真人头像,来拉近自己与对方间的距离,增加信任感。头像可以选择拍摄美观的相片,可以修饰美化给用户留下好印象,但不要过度美颜、美化,以免让对方有"照骗"的感觉。

（2）清晰。选择自己的头像相片作为微信头像,要注意脸部要占相片的1/3及以上,让别人不用打开相片就能大致看清楚你的五官,但脸部也不要完全占满相片。不建议使用全身照。

相片要选择清晰的,不要模糊、黑暗,剪裁要得当,不要压缩或拉伸导致变形。

相片的背景要与头像有所区分,背景元素不能太多,特别是含有文字的相片,尽量选择干净、简洁的背景,这样不仅辨析度高,而且清晰自然。

（3）职业化。在工作中如果经常使用微信,为了给客户或合作伙伴留下非常专业的印象,尽量选择符合你的职业形象的相片,避免使用无厘头的搞笑图片或者卡通头像等。例如你是管理咨询人士,可以选择穿西装的半身照,但如果你从事的是艺术行业,则可以选择比较有个性的艺术照。

3. 微信号

微信号和昵称有很多不同之处,昵称可以使用文字、数字、符号、表情等,而微信号只能由英文、数字和符号组成,但微信号和昵称设置的原则是一致的,即好记、好识和好输入。

微信号在设计时,建议不要使用意义不明的英文或数字,这样不容易记忆和识别。也不要使用下划线,不容易输入。建议首选姓名的全拼或常用的英文名,可以加上手机号,如果有多个微信号,可以使用系列化的命名,最好使用"全拼＋数字",如 xuye01、xuye02、xuye03,方便自己及用户识别。

4. 个性签名

在新添加好友时,会看到对方的个性签名,这将直接影响新增好友的通过率。个性签名最多可以设置 30 个字,主要呈现自己的个性和特点,可以幽默风趣,也可以体现自己的原则、态度等。

个性签名的设置要注意两点——忌空和忌硬。忌空是指不要将个性签名空着,否则添加别人微信时,对方会误认为你是僵尸号。忌硬是指不要直接设置硬性广告,这种情况下,对方一般会直接拒绝添加好友。例如对方申请添加你为好友,他的个性签名是"无需用药,解决您的脱发困扰",相信大家会直接拒绝他。

5. 地区

很多人会在微信地区中填上自己喜欢的地方,例如马尔代夫、巴黎、希腊等,但在添加新的好友时,对方可能认为你是微商或者你是与他没有关联的人而拒绝添加,所以建议大家都改为真实的地区,并且如果地区有变动,也要记得及时更改,让手机上的好友知道你在哪里。

6．朋友圈

打开朋友圈，我们第一眼就能看到相册背景图，但这往往是很多人都会忽视的地方，大家比较常见的做法就是在此处设置一些风景图或人物图，其实背景图是可以好好设置的。如果你的微信号是带有运营性质的，完全可以利用相册背景图来打造自己的个人形象，例如把精选后的经历、头衔或能提供的资源放上去，这样好友在查看朋友圈时就能对你有一个大致的印象，方便后续链接。

（二）微信添加好友及建立信任

1．添加微信好友的方式

微信是大多数人频繁使用的社交工具之一，利用微信可精准搜索到用户，将产品信息推送给目标客户，但如何精准找到用户呢？可以采用以下三种方法。

微信好友的添加方式

1）使用一般添加方式

（1）导入通讯录。微信最初添加好友的方式就是导入通讯录中的好友，只需点击"添加朋友"→"手机联系人"功能，就可以添加手机通讯录上那些已开通微信的好友了，但这并不意味着知道了对方的手机号码就可以搜索到他的微信，只有对方在"隐私"中开启了"可通过手机号搜索到我"功能，才能搜索到他，所以要想让对方通过手机号搜索到你，必须开启此项设置。

如果想让对方更快捷地添加自己为好友，可以关掉"加我为好友时需要验证"这个设置，这样当别人添加你为好友时，不需要经过验证即可添加为好友。

（2）扫描二维码。现在添加好友时使用最多的方式就是当面用"扫一扫"功能，可以通过"我"→"我的二维码"功能调出自己的微信二维码，也可以直接在"添加朋友"中点击二维码的小图标调出二维码。

还有一些更加便捷的方式，例如制作二维码手机屏保、在名片上印上二维码、打印二维码贴在手机壳上等，如果需要大量在线下添加好友，可以尝试以上方式。

（3）"发现"好友。微信里的"摇一摇""附近的人"功能，可以随机添加陌生人为好友，特别是"附近的人"，可以查看附近人的微信，如果在个性签名上写明自己能提供的服务，有利于在位置区推广自己。在"附近的人"功能里点击右上角的"…"符号，还可以对人群进行筛选。

2）使用线上引流

（1）社群加好友。QQ群和微信群都是添加好友的入口，大家由于相同的圈子或者共同的目的组成了一个群，添加的好友也更加有针对性，例如妈妈群、同学群等，这样寻找的客户也更加精准，效率也大大提高。

但并不是因为在同一个群里，大家自然就愿意添加你为好友。首先，你要在群里积极活跃，努力展现自己，让群里成员对你熟悉、有好感，这样添加他们为好友时才容易通过，也才能吸引大家添加你。

那么，如何才能搜索到有价值的群呢？可以在QQ群里搜索关键词查找相关群，例如在百度搜索"××QQ群""××交流群"等关键词；也可以使用QQ的"附近的群""兴趣部落"等功能进行检索；还可以搜索相关专业人士的微博、论坛等平台，从里面找到相关的群。

（2）多社交平台引流。可以在多社交平台上推广自己，如微博、QQ、知乎、豆瓣、抖音等，也可以在问答平台上回答专业问题，在视频社交平台上上传趣味内容。积极活跃在各大平台上，用统一的名称注册，让更多的人认识你并添加你。

通过分享经验、分享知识的方式，在文章里巧妙地加入自己的微信号或者二维码，发布到微信公众平台、豆瓣、知乎、论坛、贴吧上，这些方法比较有效，不仅好友精准、黏性也很好。此外，还可以在百度系列产品上（如百度知道、经验、文库等）发布信息，容易被百度搜索到。

还可以在微信公众平台上引流，在利用公众号积累了一定数量的用户后，可以将之导流到微信个人号上。公众号只是起宣传作用，并且推送的次数有限；而微信个人号可以沟通交流，提供更好的服务，并且朋友圈几乎是每个人必刷的，接受率也较高。可以在公众号的关注自动回复、文章末尾等处留下微信个人号，引导大家添加微信个人号。

3）尝试线下引流

（1）信用代理推荐。如果你是装修公司的销售人员，可以在房产中介的介绍下添加买了房子的顾客，这样找到的客户更加精准，这样的信用代理也可以带来大量的精准客户；还可以借助有一定名气、威望的人的推荐，或朋友之间口碑宣传，来快速吸引有效好友。

（2）线下活动。积极参加行业交流、同学聚会、同城活动等线下活动，活动中积极发言、积极交流，与大家建立关系后，相互添加好友，这种有一面之缘的好友不仅信任度高，黏性也很高。参加线下活动可以多关注相关的信息平台，可以自行发起某主题的线下活动，如豆瓣同城。

线下活动也可以通过建群和所有人建立联系，可以使用微信里的"面对面建群"功能，输入同样的4个数字，如"1234"就可以进入同一个微信群。

如果想快速添加活动中的好友，可以使用"雷达加好友"功能，打开微信，点击右上角的"⊕"→"添加朋友"→"雷达加朋友"功能，可扫描此刻打开雷达的用户，有绿色对钩标志的表示已经是好友状态，没有绿色对钩表示还没有加为好友，只需点击头像，即可批量添加好友。

（3）线下推广。线下推广的方式有很多，如果有实体店，可以在店铺内粘贴二维码，引导顾客扫描二维码添加；也可以留下客户的联系方式，然后再申请添加客户的微信。

另外，用小礼品引导的方式也很有效，可以在线下面对面地兑换，这样通过验证的概率会非常高，并且面对面的方式更容易筛选出目标客户。例如做美容产品的销售，可以在地铁让女士添加微信，同时赠送对方一个手工发圈。

2. 添加好友申请

综上所述，使用上面的方法可以寻找到有效的好友，那么，如何申请添加好友更容易获得对方的通过呢？

首先要表明身份，告知对方你是谁，写明自己的工作或职位可以为自己加分。其次，如果是别人介绍的，可以加上中间人的姓名，有中间人牵线会大大提高通过率。最后，如果没有中间人，可以开门见山，直接点明自己添加好友的目的，也是一种很好的策略。陌生人添加好友一般会有一定的目的，最怕加了对方，却不知道他的目的，所以申请加好友时，可以用最简练的话说清楚自己的目的，有利于通过验证。

好友通过后，一定要及时进行自我介绍，好友刚通过验证时，不仅说明对方正好在线，而且表示他对你有充分的好奇，这时是相互认识的最佳时机。那么怎样进行自我介绍，才能显得大方得体,给对方留下良好的第一印象呢?

给大家推荐一个自我介绍模板:我的身份+说明来意+一点寒暄。

如果是之前认识的朋友,只要打个招呼,说一下身份即可。如果是较为陌生的人,就可以按照上面的模板来打招呼,首先告知对方自己的基本信息,然后说明一下来意,告知对方自己的目的,大家都不喜欢添加毫无关联的人,当然也可以突显自己可以给对方带来什么价值。最后是一点寒暄,礼节不能忘。例如"××好,我是××,××职业技术学院的市场营销专业老师,很高兴加您为好友,幸会。最近想出版一本关于微信微博营销方面的教材,想请教一下您相关的问题,谢谢。"

在后续的聊天中可以从朋友圈入手,找到共同的话题、有没有共同的爱好或者认识的人,快速拉近双方的距离。还可以准备几条常见的自我介绍信息,需要的时候简单修改就可以使用,既方便又快捷。

3. 个人微信关系管理

当微信上的好友越来越多时,如果不给好友添加备注,会发现很多人对应不上,想查找某人也非常困难,因为很多人的昵称为网名,也有很多人重名,有的名字拼写困难。还有人可能换头像,容易造成混淆。如果信息发送错误,也会很尴尬。所以做好好友备注,将个人信息进行标记,更有利于赢得对方好感,维护好人际关系。

微信好友分组设置

(1)设置备注。点开好友的主页,点击"标签"打开备注信息,可以添加或修改备注名、标签、电话号码、描述和附加图片。

怎么设置备注名?可以把姓名、工作/行业、地域、个人特征直接标记在备注名上,这样方便搜索,也便于记忆,例如"李伟/百度人事/合肥"。

设置标签可以将好友进行分组,方便查找同一类别的好友,也有助于定向精准发布朋友圈。设置标签有一个小技巧:同一个标签的人一般都在同一个群里,可以选择"从群里导入",选择一个群后,挨个添加到标签里面即可。

"标签"里面还能添加电话号码、描述和附加图片,可以把对方的一些资料传到里面,方便自己做关系管理,如对方的生日、照片等。设置关系管理还有一个小技巧:将对方的照片或双方的合照设置为当前聊天背景,这样每次和对方聊天时就能看到对方的长相,下次见面时可以直接说出对方的姓名,大大拉近双方的距离,也让对方对你产生好感。

(2)设置星标好友。对于经常联系的好友,由于每次聊天都要在聊天对话框中查找对方很不方便,这时可以直接将其设置为星标好友,星标好友就会出现在通讯录最靠前的位置,打开通讯录即可找到对方。某位心理学家曾说:你频繁联系的5个人的平均值就是你现在的状态。当你看到你的星标好友时,你就知道自己最近的状况。

(3)置顶聊天。对于更加频繁联系的好友,例如家人,还有一些经常会发布工作的群,里面的信息不能遗漏,你可以设置"置顶聊天",将它放在微信对话框的最上方,这样便于自己查看信息。

4. 微信礼仪

懂礼仪是做人的基本要求,微信作为大家频繁使用的社交工具之一,也有相关的礼仪,懂得微信礼仪的人不仅能快速赢得对方的好感和尊重,还可以节约沟通成本、提高工作效率。

（1）直截了当，别问"在吗？"。经常会有人在联系对方时，第一句话就是"在吗？"，这句话对于熟悉的人来说没什么，但对于不太熟的人，很容易让对方产生防御心理。有时候不太好意思寻求对方帮助，想先寒暄几句，但平时不大联系，突然套近乎就显得比较突兀。一般情况下都是有事才会联系对方，所以建议大家直截了当地说明事情原委，对方看到后会给你回信。

（2）发文字而不是发语音。微信刚兴起时，发语音也是它的重要特色之一，发语音方便快捷，比打字要快，因而更受欢迎，但发语音对于发送方来说是方便了，但却容易给接收方造成很大的困扰。例如接收方正在上班且没有耳机时，就不方便收听语音。虽然现在微信可以用听筒收听语音，但语音无法转发和复制，不方便保存和查找。

如果想发语音，可以先征求一下对方的意见，询问对方是否方便。还可以使用"语音输入"功能将语音的内容转成文字发送。

（3）推名片前先询问。未经对方同意，不要将微信名片推送给他人，以免好心办坏事。如果确实是有急事需要沟通，可以直接新建群聊，让对方在群里面先问问。

（4）传送文件前先询问。在工作中有时候需要通过微信来传送文件，但微信多用于手机，如果对方没有连无线网，或者手机内存较小，会带来很大的困扰。所以建议在传送文件前先询问对方是否方便接收，如果对方不方便，可以等对方登录 PC 版或网页版微信后再传送，还可以发送到对方的邮箱，或者上传网盘，分享链接。

（5）及时表达感谢。和日常生活中一样，无论对方是否帮到了你，你都要对他表达感谢，特别是在向对方请教时，需要对他及时说些感谢的话，对方回复你的问题都需要进行思考，热心的人还会帮你询问更多的人。在微信中经常会遇到需要好友帮你投票或者转发的情况，口头感谢是必要的，还可以发个微信红包以示感谢，特别是在微信群里，让群友帮你投票，记得加上红包，领了红包的人一般都会帮你投票。

（6）红包互动。利用红包在微信中互动是一种方便、讨喜的方式，表达感谢时可以用红包，还有很多场景下也可以使用红包，例如生日祝福、节日问候、咨询问题等。红包不用太大，但礼轻情意重，能给对方留下深刻的印象。

（7）杜绝骚扰。你很可能收到过群发广告、清理微信等信息，一般情况下不予理会即可，但如果双方不太熟或常收到对方发来这样的信息，难免会被我们删除或拉黑。同样，我们也不要经常骚扰别人，不要在微信或者朋友圈里乱发硬性广告等，让人厌烦。

（8）祝福要用心。微信中的祝福信息并不是发了就好，更重要的是诚意，诚意来自用心和精准。宁愿不发祝福信息，也不要群发无意义的信息。可以花一点心思，给你觉得重要的人发祝福短信，可以写好一个模板，局部修改后，加上对方的称谓就可以发送了，这样既可以让对方感受到你的诚意，也可以大大节约时间。还可以选择一张近期与对方的合影，在图片上加上一句祝福的话，那就更有心了，能让对方回忆过去，令人印象深刻。但要注意选择的照片要清晰大方，不能选择对方不上镜的照片，祝福语也可以写对方曾和你说过的某句话，但这句话一定是积极的、正向的，否则适得其反。

（9）积极参与评论、点赞。很多人发了朋友圈之后，会过几分钟就刷一下，看看有没有人给自己评论、点赞。他们对此有什么看法？如果是开心的事，一般希望引起对方的羡慕或嫉妒；相反，不开心的事则希望得到安慰。大多数人都不希望自己发了朋友圈之后没有人理睬。

在日常刷朋友圈时,积极参与到评论、点赞中,这样的互动更能让人印象深刻,也会让对方对你更加重视,等你发朋友圈时,对方也会给你评论、点赞,时间长了,客户也会成为你的朋友。当然,如果别人给你评论、点赞时,也要及时回复,否则会让对方感觉你不重视他。还有一点要注意,不要对任何人发的朋友圈都点赞或评论,这样你的点赞或评论就失去了重要性,要有选择地评论和点赞。

(三)微信朋友圈内容发布策略

微信营销在包装好个人形象后,就要考虑如何在朋友圈中做推广,现今大多数人的手机里最常使用的APP就是微信,而微信中每天刷得最多的就是朋友圈,如果能在朋友圈做好推广,阅读率几乎是百分之百,但大多数人都很厌烦微商。曾经有个段子说:有人在朋友圈卖产品,但没有人搭理他,他依然坚持不懈地发朋友圈,坚持了一个月后,他终于得到了回报——所有人都把他拉黑了。

在朋友圈做推广并且不被对方屏蔽、拉黑,是要讲究技巧的。

1. 杜绝硬性广告

朋友圈里大家最反感的就是有人发广告,这里的广告主要指硬性广告,也就是直截了当地把广告发到朋友圈里,不加任何修饰。发硬性广告还不停地刷屏,大家一般看到就会直接屏蔽、拉黑,微信朋友圈不是淘宝,大家逛淘宝的目的就是为了购物,推销发广告大家还能接受,但微信朋友圈是社交分享的平台,大家在这里想要了解朋友动态,而不是来买东西的,所以都不希望看到广告中夹杂着动态的情况,所以一定要杜绝硬性广告。

微信营销是建立在大家分享信息来获得信任的基础上,通过打造自己的专业形象,与客户有趣味、有感情、有温度地交往,和客户成为好友,从而水到渠成地达成交易。

在朋友圈做营销时,不要只发广告,还可以记录自己的日常生活,穿插一些其他内容,不要让好友感觉你就是一味地发广告,可以结合自己或身边好友的经历来说明产品的效果,让好友有种真实感,还可以结合自己的产品发些相关的知识,树立自己的专业形象。

2. 精准推送

对症下药才有疗效,每条信息所有人都能看得见,会让人感觉你在刷屏,不如精准发送,将有关的内容发送给有效的用户。这就要用到"用户分组",有些信息可以对所有朋友公开,有些信息应该发送给相应组别的用户。发送时还要注意目标客户的活跃时间段,对于更重要的客户,还可以使用"@提醒谁看"功能,提高信息的有效度。

3. 借助热点

每天都会有新鲜的热点,每一时段都会有火爆的热点,要想让内容更有意思,让大家更愿意阅读,可以借助热点来做一些营销活动。最常见的是借节日来推内容,例如"五一"节快到了,大家会把放假与产品结合在一起。再如可以结合自己的产品将某段时间火爆的歌曲进行改编等,做微信营销的人都要养成良好的职业习惯,热点出来后,要与自己的产品进行联想,思考怎么才能碰撞出好的创意,而不仅仅是当成热闹一般看待。

可以去借热度,但不能跟风传谣,传谣甚至造谣将会大大降低他人对信息发布者的信任度,从而影响其专业形象乃至产品,并且传谣、造谣违反法律法规,后果非常严重。

4. 注意长度

朋友圈阅读速度快,属于碎片式浏览,如果是长篇大论,大家都没有耐心读完,精简地表达内容,引发好友兴趣,评论、私聊、打开文章才能创造有效的沟通。

朋友圈推送的内容要短,尽量不要超过六行,六行以后的内容会折叠隐藏,信息展示不全面,如果一定要发很长的文字,还可以在发送以后,在评论区重新发一遍,这样大家就不用展开,可以看到全文了。

5. 消费技巧

一般来说,消费者对新产品会持谨慎的态度,建议大家先从免费试用或低价产品开始销售,降低消费门槛,取得顾客的信任,从而有利于进一步培养顾客的忠诚,使他们产生再次购买的行为。例如,甜品店对新客户单独促销,价值198元的蛋糕98元就可以购买,并加强配套的产品服务,从而提高客户满意度;打造爆款,在朋友圈购物的大多数是年轻人,如果提供的产品过多,则很难让消费者记住并产生购买冲动,造成选择困难。建议精简产品,减少选择,推荐爆款。

学会如何添加有效的微信好友后,加满微信好友就可以大大提升营销效率,但一味地加好友,不做好关系管理,也不能实现交易转化,要努力在微信上做一个让人信任、招人喜欢的人。无论在朋友圈卖产品或者做服务,都不能缺少信任,在微信里销售产品不像淘宝那样有约束机制,陌生人买产品最重要的是出于对你的信任,对人认可了,才能对产品产生信任,所以应做好关系管理,营销之前要先学会做人。

(四)微信朋友圈活动策略

很多企业为了扩大宣传,让更多的人了解并购买企业的产品,会在微信朋友圈做活动,让更多有相似需求的人知晓并参与到活动中,用社交的力量去传播信息。

1. 微信朋友圈活动的形式

微信朋友圈活动的形式主要有以下几种。

(1)转发。商家将优惠活动编辑成公众号文章或朋友圈信息,让消费者转发即可获得优惠福利,此时要注意设计好推广文章或朋友圈的内容,引发用户的注意和兴趣,从而实现二次转发。

(2)集赞。在朋友圈发布活动信息,让顾客转发并集赞是常见的活动形式。一般集赞分为两种类型:一种是卖方集赞,即在活动发起人的朋友圈下点赞,特定的用户可以获得某种福利,发布这类活动要标明活动的时间和中奖规则等。例如,"在此条朋友圈点赞的第8位和第18位顾客,可以免费获得体验装一套,抓紧时间点赞吧!"。另一种是买方集赞,即将商家发布的优惠活动转发到朋友圈,让好友点赞达到一定数量,即可抵用现金、享受套餐优惠或获取礼物等。例如,"福利来啦!转发图片到朋友圈,集齐38个赞即可获得100元现金优惠券,心动不如行动!"

(3)好友推荐。用户将企业的相关优惠活动发布到朋友圈或推送到微信群,成功推荐好友消费或入会,既可奖励发布者相应的礼品或优惠福利。例如,"将小程序中生成的二维码图片转发到朋友圈,成功推荐3名新会员即可获得新秀丽时尚背包一个,成功推荐8名新会员即可获得扫地机器人一台。"

(4) 点名互动。发起一场特殊的活动,例如冰桶挑战,挑战成功可点名下一个挑战者,让好友们在朋友圈或微信群里晒自己的成绩,引发活动热潮。

(5) H5 游戏。设计一款 H5 小游戏,植入企业广告,还可以将用户的姓名或照片嵌入小游戏中。

2. 微信朋友圈活动的流程

微信朋友圈活动流程分为四个阶段:活动预热、活动发布、活动监控、活动总结。

(1) 活动预热。活动前要做好充分的准备。

文字方面:标题不超过 14 个字,概要不超过 50 个字,正文内容控制在 300~500 个字。

图片方面:专门处理显示尺寸,多做测试。图片大小设置为 397 像素×227 像素,否则将无法全部正常显示。

语音方面:先打好草稿,在安静的环境下录制。使用专业的计算机录音软件录制,录制的音频时间长度最好控制在 60~120s。

活动形式和规则确定之后,在活动发布之前可以提前预热,可以先告知有优惠活动,让大家实时关注企业,然后公布活动的规则和内容,提前 3 天左右在朋友圈、微信群、微博、QQ 空间等平台同步推广,引发大家的好奇心,在每天发布活动倒计时,活动正式开始前一个小时要重点预热,引发用户的热情。

(2) 活动发布。活动内容要可执行,活动方式要新颖独特。需要注意以下几点:主题突出、内容简洁、流程简单、把握时机。

活动发送的精准时间要确定好,如 8:00、12:00、21:00,确定活动方案时,就要设想可能出现的问题,制订相应的应对方案,这样才能从容不迫地开展营销活动。

(3) 活动监控。活动开始后,要实时关注活动情况,如每隔 15min 搜索一次,掌握大家的参与度,及时反馈用户信息,针对出现的问题能有的放矢地解决,及时调整方案。

(4) 活动总结。活动结束后要进行复盘总结,找出活动的优缺点,分析问题出现的原因,根据原因提出相应的对策,为后续活动做准备。

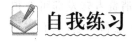

自我练习

一、单项选择题

1. 微信推出时间为( )年。
   A. 2010　　　　B. 2011　　　　C. 2012　　　　D. 2013
2. 以下不是微信的功能的是( )。
   A. 听一听　　　B. 游戏中心　　C. 摇一摇　　　D. 购物
3. 以下不是设计微信昵称的原则的是( )。
   A. 好记　　　　B. 好识　　　　C. 真实　　　　D. 好输入
4. 以下符合微信礼仪的是( )。
   A. 发消息时写"在吗?"　B. 发语音　　C. 群发信息　　D. 红包感谢

二、多项选择题

1. 微信个人号的营销价值有( )。

    A. 输出个人品牌   B. 刺激产品销售
    C. 维护客户关系   D. 线上线下互通

2. 微信营销的模式有（　　）。
    A. 微信公众平台模式   B. 微信朋友圈模式
    C. 微店模式   D. 微信广告模式

3. 个人微信的装修包括（　　）。
    A. 昵称   B. 头像   C. 微信号   D. 个性签名
    E. 地区   F. 朋友圈

4. 个性签名最好不要设置为（　　）。
    A. 原则态度   B. 自我介绍   C. 空白   D. 广告

5. 申请微信好友需要说明（　　）。
    A. 昵称   B. 目的   C. 礼貌用语   D. 身份

6. 微信朋友圈活动包括（　　）。
    A. 转发   B. 集赞   C. 好友推荐   D. 互动点名
    E. H5 游戏

项目二

微信公众平台运营

任务一　微信公众平台运营的系统规划

项目任务书

课内学时	8	课外学时	8课时以上
学习目标	1. 了解微信公众平台的概念与分类，了解不同类别公众号的功能和特点 2. 掌握微信公众平台的定位方法（包括功能定位、目标人群定位、内容定位），能对微信公众平台进行初步规划；了解微信公众平台的矩阵策略 3. 了解微信公众平台的品牌策划及推送策略，并能初步加以应用 4. 了解运营微信公众平台的组织策略，能初步对模拟的微信公众平台运营团队进行分工		
项目任务描述	1. 通过查找、关注不同类型的微信公众平台，对其进行分析，了解微信公众平台的类型及其特点 2. 对团队的微信公众平台进行定位（包括功能定位、目标人群定位、内容定位） 3. 对团队的微信公众平台进行规划，设定团队分工。完成微信公众平台基本信息设计，做好运营准备		
学习方法	1. 听教师讲解相关知识 2. 自主实践，完成项目任务 3. 分析、提炼，听教师总结		
所涉及的专业知识	微信公众平台的概念与分类；不同类别公众号的功能和特点；微信公众平台的定位（功能定位、目标人群定位、内容定位）；微信公众平台的规划；微信公众平台的矩阵策略；微信公众平台的品牌策划及推送策略；运营微信公众平台的组织策略。微信公众平台的基本功能应用（搜索、查询、定位介绍、关注微信公众平台的步骤）		
本任务与其他任务的关系	本任务与本项目的其他任务是前后关系，应该在完成本任务的基础上再完成后面的任务		
学习材料与工具	学习材料：1. 项目任务书后所附的基本知识 　　　　　2. 在线视频资料 工具：项目任务书、任务指导书、手机、计算机、笔、大白纸、白板笔等		
学习组织方式	部分任务以个人为单位，部分任务以团队为单位来完成		

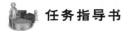 **任务指导书**

完成任务的基本路径如下。

第一步,听讲解。

(1)听教师讲解微信公众平台的概念、分类等基础知识;然后查找并关注表 2-1-1 所列微信公众平台,浏览其内容,通过填写表 2-1-1 进行比较和学习,初步认识微信公众平台。

表 2-1-1 任务产出——不同类型的微信公众平台学习、比较

序号	微信公众平台名称	打开方式(请打"√")		消息发送次数	底层菜单数	内容印象评价	排版印象初步评价
		聊天列表中	订阅号文件夹中	次/月			
1	顺风速运						
2	秋叶 PPT						
3	微信公众平台						
4	十点读书会						
5	清华大学(人民文学/北京大学)出版社						
6	企鹅吃喝指南						

(2)听教师讲解微信公众平台策划的基础知识。

第二步,查找、阅读、分析微信公众平台。

分析下面 6 个公众号的定位及运营规划,填写表 2-1-2~表 2-1-4。

表 2-1-2 任务产出——所关注的微信公众平台的身份(功能)定位分析

序号	微信公众平台名称	公司的产品和服务是什么	商务模式是什么	平台目标是什么	公众号的自我介绍及对它的评价
1	顺风速运				自我介绍: 对它评价:
2	秋叶 PPT				自我介绍: 对它评价:
3	微信公众平台				自我介绍: 对它评价:
4	十点读书会				自我介绍: 对它评价:
5	清华大学(人民文学/北京大学)出版社				自我介绍: 对它评价:
6	企鹅吃喝指南				自我介绍: 对它评价:

表 2-1-3　任务产出——所关注的微信公众平台的目标人群定位分析

序号	微信公众平台名称	性别	收入	受教育程度	职业
1	顺风速运				
2	秋叶 PPT				
3	微信公众平台				
4	十点读书会				
5	清华大学（人民文学/北京大学）出版社				
6	企鹅吃喝指南				

表 2-1-4　任务产出——所关注的微信公众平台的内容规划及品牌策略、推送策略分析

序号	微信公众平台名称	1. 有菜单 2. 有文章（在下面填入号码）	菜单设计情况分析（数量、内容情况）	第一篇文章的风格、排版分析（封面、内容的图文情况）	其他文章的风格、排版情况分析	推送策略分析
1	顺风速运				系列化、视觉化情况分析：	
2	秋叶 PPT				系列化、视觉化情况分析：	
3	微信公众平台				系列化、视觉化情况分析：	
4	十点读书会				系列化、视觉化情况分析：	
5	清华大学（人民文学/北京大学）出版社				系列化、视觉化情况分析：	
6	企鹅吃喝指南				系列化、视觉化情况分析：	

第三步,以团队为单位进行讨论,对自己团队的微信公众平台进行运营规划,填写表 2-1-5。

表 2-1-5　任务产出——微信公众平台运营规划

1. 我们团队的微信公众平台的类型是：□订阅号　□服务号
2. 我们(公司)的产品和服务是什么：_____
_____
3. 平台目标是什么：_____

4. 公众号的目标人群画像(至少从性别、收入、年龄、受教育程度、职业等五个维度进行分析):(写在纸上)。
所提炼出的关键词是：
　　对目标人群进行一句话描述：
_____
5. 公众号的名称：_____
公众号的自我介绍(定位)：

6. 微信公众平台的菜单设计(填写表1)：

表1　微信公众平台的菜单设计

主菜单名称 子菜单设计	主菜单1	主菜单2	主菜单3
子菜单1			
子菜单2			
子菜单3			
子菜单4			
子菜单5			

7. 微信公众平台内容栏目设计、品牌化策略设计、推送策略设计。
内容栏目包括：_____
品牌化策略：_____
_____
推送策略设计：
推送频率：
推送时间：
8. 组织策略设计：
成员任务分工规划(表2)：

表2　成员任务分工规划

成　　员	内容撰写	资料查找	配图、排版	文件整理等

9. 微信公众平台的头像设计：初步找到要选用的作为图像的图片。
图像粘贴：

项目任务评分标准及评分表

微信公众平台系统规划评分标准及评分表（总分10分）

学生姓名：_____

任务产出	不同类型微信公众平台比较、学习	所关注的微信公众平台的身份（功能）定位分析	所关注的微信公众平台的目标人群定位分析	所关注的微信公众平台的内容规划及品牌策略、推送策略分析		微信公众平台规划		小计
				评分标准（1.4分）	实际得分	评分标准（5.6分）	实际得分	
评分标准	1分	1分	1分	一级菜单情况分析（0.2分）		类型、服务（0.4分）		
				二级菜单情况分析（0.3分）		目标（0.5分）		
				第一篇文章风格、排版分析（0.2分）		目标人群画像（1分）		
				其他文章风格、排版分析（0.5分）		公众号名称、介绍（1分）		
				推送策略分析（0.2分）		公众号菜单设计（1分）		
						公众号栏目设计、品牌化策略、推送策略设计（0.9分）		
						组织策略设计（0.3分）		
						微信公众平台头像设计（0.5分）		
实际得分				—		—		

基本知识

一、微信公众平台的概念与分类

微信公众平台是企业、商户、个人进行网络营销运用较多的一种自媒体形式，已经渗透到大众生活、工作的方方面面。在这里，公众平台用户可以通过这个渠道将产品、品牌推广给上亿的微信用户，减少了宣传成本，有利于提高其品牌知名度，打造更具影响力的品牌形象。同对它也受到了政府、事业单位、各类组织机构的广泛青睐。

（一）微信公众平台的概念

微信公众平台是腾讯推出的一个给个人、企业以及组织提供服务及用户管理能力的全新的服务平台。每个人都可以创建一个属于自己的、有特色的

微信公众平台的发展历程

微信公众平台，并且能够与特定人群以图片、文字、语音等多种方式进行沟通、交流与互动。

2012年8月23日，腾讯在微信中新增了微信公众平台模块，至此，微信公众平台诞生，企业、媒体便开始注册微信公众平台，成为第一批用户。之后平台开放了第三方接口、自定义菜单等，个人用户数量也日益增长，同时众多以微信二次开发为主的第三方服务平台也陆续产生，如微官网、微会员、微分享、微名片、微报名等，形成了一种主流的线上与线下微信互动的营销方式。

微信公众平台自诞生之日至今大致经历了以下5个发展阶段。

第一阶段：微信公众平台于2012年8月23日正式上线，曾经以"媒体平台"和"官方平台"命名，创造出不一样的用户体验，打造了一个特别的生态循环。

第二阶段：2013年8月，微信公众平台细分成订阅号和服务号两类。

第三阶段：2013年10月，微信公众平台出现认证和非认证式的权限划分，微信公众平台得到认证后，可以享受更多的高级接口功能，个人或者企业也可以创建属于自己的接口程序，让个人或者企业通过简单的配置，便可以拥有强大的功能。

第四阶段：微信企业号于2014年9月上线。

第五阶段：因为越来越多的产品通过公众号来宣传，但拆分出来的服务号并没有提供便捷、优质的服务，所以微信公众平台于2016年11月向所有公众号开放了关联小程序的功能。小程序开通后，公众号可以迅速连接进入小程序，并且能够在任意场景下使用。小程序的入口支持放在微信公众平台的图片消息、文字信息、自定义菜单和模板消息等场景中。

以上是微信公众平台自诞生以来具有代表性的5个发展阶段，每个阶段对微信公众平台的未来发展以及完善都有很大的促进作用。从产品的角度而言，微信公众平台就是腾讯旗下的一款互联网产品，只要不断更新完善、能够满足用户的需求，就可以在激烈的市场竞争中得以生存和发展。

可以预测，未来微信公众平台的功能将越来越多，形式越来越多样，内容越来越丰富，系统也会逐渐变得整体化、多元化。

微信公众平台有三大类型，分别是微信订阅号、微信服务号和企业微信（原企业号）。三个类型的公众号各有各的特点、各有各的不同。

（二）微信公众平台的分类

1. 微信公众平台的常规分类

（1）微信订阅号。订阅号是微信公众平台的一种账号类型，宗旨是为用户提供信息。订阅号适用于个人、企业、组织，但个人订阅号目前不支持微信认证，而且功能比较少；订阅号每天可以群发一条消息，它更加注重信息的传播性；发给订阅粉丝的消息会在对方的订阅号文件夹中显示出来，适用于媒体类。

（2）微信服务号。服务号顾名思义是提供服务的，是腾讯向粉丝、企业用户提供服务的一种微信公众平台，它比订阅号的功能更加齐全。服务号适用于企业以及组织，个人是无法申请的，服务号侧重点在于服务用户需求，是企业或者组织用来管理用户的平台，每个服务号每个月目前只能群发四条消息，所发出的消息会在好友的对话列表中显示出来，因此服务号更加适用于快递、通信以及银行等服务行业。

（3）企业微信。企业微信是腾讯团队为企业和组织打造的专业的办公管理工具。具有与微信相同的沟通体验,能够提供丰富多样且免费的 OA 应用与 API 应用,集成多种通信方式,并且与微信、小程序、微信支付等互通,有助于企业和组织高效办公。员工关注企业微信后便可接收企业的各种通知,信息也会在好友的对话框中显示,适用于企业内部以及企业之间的合作。图 2-1-1 所示为某学院的企业微信的功能。

图 2-1-1　某学院的企业微信的功能

三种类型微信公众平台的对比如表 2-1-6 所示。

表 2-1-6　三种类型的微信公众平台的对比

微信公众平台类型	微信订阅号	微信服务号	企业微信
适用主体	个人、媒体、企业、政府或其他机构	媒体、企业、政府或其他组织	企业、政府或其他组织
消息显示方式	出现在订阅号目录	出现在好友会话列表顶端	出现在好友会话列表
消息显示次数	最多 1 条/天	最多 4 条/月	最多 200 条/min
功能和用途	偏于为用户传达信息和咨询	偏于为用户提供服务	用于公司内部管理与通信
定制应用	暂不支持	暂不支持	支持
高级接口权限	暂不支持	支持	支持
自定义菜单	支持	支持	支持

2. 微信公众平台按发布内容分类

微信公众平台按发布内容可以分为政务类、民生类(智慧生活类)、媒体类与创新类。

(1) 政务类。"国务院公报""江苏省红十字会""吉林市工商局昌邑分局""国家信访局"等主要由政府机构部门运营的微信号属于政务类微信公众平台。这类微信公众平台主要发布政府的公告或者民众关注的一些话题。例如"国务院公报"主要发布行政法规和决定、命令等文件,国务院批准的有关机构调整、行政区划变动和人事任免的决定,国务院各部门公布的重要规章和文件、国务院领导同志批准登载的其他重要文件。民众可以通过"国务院公报"了解政策的变化,但是民众对此类公众号的参与度、互动性并不是很高。

(2) 民生类(智慧生活类)。"京医通""联付通综合缴费"等是便于用户在医院挂号和水、电、煤缴费等日常生活的公众号,属于民生类微信公众平台。这类公众账号主要设置一些便捷民众的功能,如支付水费、电费、燃气费、党费等,很大程度上提高了民众生活的便利性。"中国移动""申通快递""中国建设银行"等微信公众平台是为用户提供产品或者服务的公司推出的,它们的公众号属于智慧生活类,此类微信公众平台的宗旨是提高客户的生活质量,提供更加简单便捷的购物平台和便利的生活服务。例如通过"顺丰速运"的服务号,可以非常轻松地实现足不出户便能邮寄快递以及购物。

(3) 媒体类。"每日新闻报""人民日报""晚间新闻"等主要由传统媒体官方运营的公众号属于媒体类微信公众平台。这类微信公众平台主要推送一些时事要闻以及与用户能够产生情感共鸣的内容。例如,"人民日报"都是实时性较强的新闻,更新的速度也很快,让人们每天很容易地得知在不同地区都发生了什么事。

(4) 创新类。"格力服务""TCL 微电视"等具有创意特色的公众号属于创新类微信公众平台。这类账号往往带有很多企业的特色,另外还兼具售卖商品、活动推广等其他功能,并且可以达到很好的品牌传播效果。

如果对当前的微信公众平台进行内容细分,还可以分为时事类,如"CCTV""人民日报""联合早报""凤凰网";时评类,如"南方周末""政事儿""政知局";科技类,如"果壳网""知乎日报""虎嗅网""36 氪";财经类,如"央视财经""焦点财经""凤凰财经""中国财经报";阅读类,如"十点读书""人民阅读""精彩语录"等。还有教育类、娱乐类、汽车类、电商类、传媒类等多个类别。根据微信公众平台的内容对账号进行归类可以非常直观地掌握同类微信公众平台的开设目的、内容特点及运营方式。微信公众平台发布的内容和功能就已经决定了其公众号的类型,因此它是微信公众平台的首选分类维度。

3. 微信公众平台按运营机构属性划分

根据微信公众平台的运营机构的不同属性,可以将微信公众平台细分为企业类、个人类、社团或商会等组织类、政务类、网络媒体和传统媒体类。

(1) 企业类。企业类微信公众平台背后的运营商为企业单位。企业以获得利润为目的,企业微信公众平台往往将产品的推广作为主要任务。但狂轰滥炸式的以广告作为主要内容的推广会给微信用户造成非常糟糕的体验,最终结果是被屏蔽或者取消关注。因此企业类微信公众平台要有自己的营销策略,如何能让关注者不反感地看其推广的信息是非常重要的。

(2) 个人类。个人类的微信公众平台的运营者为个人或团体。其中主要的一类为自媒体,就是以原创内容为主的始于个人创办的媒体形式。由于自媒体是个人创办的,其公众号会带有独特的个人风格,并且具备有特色的传播模式,因此具有较强的可识别性,这也是目前比较有生命力的一类账号,数量较多。自媒体类账号内容需要制作,也需要媒体资源。例如,"李子柒"自媒体,其被誉为"东方美食生活家",其作品《记忆里的那一口鲜香糯美》《采一篮鲜花做纯露,留住春天的香味》《十里桃花时,熬一盅盈盈桃花泪》等都受到广大群众的喜爱,得到很多人的关注,是运营比较成功的自媒体。

(3) 社团或商会等组织类。这类微信公众平台背后的运营机构即为商会组织、社团。其订阅者一般是商会成员或者社团会员,往往对商会和社团等具有较高的忠诚度。因此,这类微信公众平台的运营任务较为清楚,即以发布组织信息为主,以增进会员间的交流。

(4) 政务类。这与以微信公众平台内容来划分的政务类相同。

(5) 网络媒体和传统媒体类。这类微信公众平台分别依托于门户网站等优势新媒体以及广播、报刊、电视等传统媒体。网络媒体和传统媒体类公众号也是微信公众平台上最为活跃的一类账号。独家的观点评论、新鲜的新闻资讯以及丰富实惠的线下活动,使优秀微信公众平台应具备的元素在传统媒体和网络媒体运营的微信公众平台上都有所体现。但是传统媒体固有的新闻生产与运作模式,使传统媒体微信公众平台运营创新受到了阻碍。而对受市场影响更为深刻、以用户为导向的新媒体而言,秉承媒体职业规范是此类微信公众平台所需要关注的,切忌单纯追求"眼球经济"。

二、微信公众平台运营规划

(一)微信公众平台的类型选择

企业在注册微信公众平台时首先要确定选择订阅号还是服务号,可以从为什么要开通公众号(即目的)、公众号可实现的功能和打开率三个方面来考虑。

1. 企业选择微信公众平台的目的

企业选择订阅号还是服务号,主要是看企业开通微信公众平台的目的是什么。如果是利用微信公众平台推送信息、分享企业品牌文化及公司新产品应该选择订阅号,使用订阅号还可以推广宣传自己的理念、分享贴近用户需求的常识、知识等,每天定时发送,使企业与客户之间联系更加紧密,关系更加亲切。例如"美赞臣"使用微信公众平台给客户提供科学的育儿锦囊。

微信公众服务号的主要功能是提供良好的服务,通过贴心式的服务提高品牌的价值,使其发挥最大影响力。如果是为了给客户、会员、粉丝提供良好的服务,则应该开通服务号。可以在很大程度上降低线下的人力成本,并且可以让用户享受到更加简单便捷的服务。还可以自主研发一些特别功能,如打通客户关系管理系统,对用户进行更为细致的分类以及管理,并针对精准用户进行消息群发,或者使用多客服功能,提供更为及时的服务。例如工商银行的服务号,为其用户提供在线理财产品的购买以及查询网点、ATM,使人们的生活更加便捷化。

根据公众平台使用目的来确定其公众号类型是一种常见的方式,也是一种比较简单的方式。

2. 微信公众平台可实现的功能

如果微信公众平台需要利用"微信支付"完成线上转化,或者需要借助其他比较高级的功能,如多客服管理、用户定位等,此时更应该选择服务号。例如开了一个微店,需要使用"微信支付"功能,就需要开通服务号,如果企业只想简简单单地推送和分享一些资讯类的信息,就没有必要使用这些较为高级的功能,选择使用订阅号便可以满足企业需求。

微信服务号还具备第三方开发功能,如果除资讯发布之外,需有更多、更好以及更加便捷的用户体验和操作空间,可以使用服务号与第三方开发技术相结合。如果需要自己开发一些特别的新功能,企业应该选择使用服务号,因为订阅号一般不支持第三方的开发。

根据这个维度确定微信公众平台的类型,还要考虑企业自身技术与人员配备。如果技术比较成熟,人员配备充足,服务号就能开发得像一个内容丰富的小型网站,使其具备更多的信息、更加便捷的使用方式以及更多的功能。

3. 对打开率的要求

如果企业要求有很高的点击率、打开率,最好选择服务号。微信订阅号的信息是被"订阅号"文件夹收起的,点击率和打开率较低,而服务号是可以直接在微信信息列表中展现出来的,点击率和打开率就得到了很大的提升。根据点击率和打开率选择微信公众平台不是一个经常性、普遍性的方法,但是可以作为一个参考方法。

(二)微信公众平台的定位

1. 身份定位及功能定位

企业在开展微信营销活动前首先要做的工作就是对微信公众平台进行定位,即根据企业自身业务、用户需求及营销目标来制定公众号的主要特色和核心功能价值。公众平台定位是否明确、清晰,将直接影响企业后期营销效果的好坏。不同的定位类型会产生不同的营销效果。一般来说,首先要确定企业自身的功能及能够提供的价值。从功能的角度来说,企业微信公众平台定位类型主要有以下几类。

(1)客户服务类。客户服务类公众平台依托目前微信公众平台的各种开放接口,集成企业的 CRM 系统,变成微信端的 CRM,每一个粉丝就相当于企业的一个会员,微信公众平台的粉丝就是所有的会员。

客户服务类公众平台主要面对销售型企业或者公共服务行业,例如,"招商银行信用卡"公众平台,每一个关注的粉丝,通过登录它都可以实现账户实时消费动态和在线消费查询、会员积分兑换等。服务类公众账号适合大型连锁企业,它的每一个粉丝都来自消费者或者线下门店,这类公众平台能够为粉丝客户带来持续性的服务,并实现动态跟踪。

(2)品牌推广类。品牌推广类公众平台更多的是为了打造公司品牌形象,向粉丝或者消费者传达公司品牌理念、企业动态等,例如曾经一段时间很火的"锤子"和"坚果"手机,不论其产品销量怎样,单看其针对"情怀"理念的传导,就知道是非常具有传播力度的,这种传导达到了粉丝对品牌理念认同的效果,能进一步吸引粉丝,引起品牌共鸣,达到企业销量扩大与品牌知名度提高的目的。

(3)销售渠道拓展类。销售型的微信公众平台主要是利用微信与微信支付的便捷性,将其打造成一个纯销售或者促销信息整合的平台。由于微信平台的便捷化,让微信公众平台运营者的脚步迈得越来越大。目前已经有不少电商巨头企业开始投入微信公众平台运营的大潮中,微商城是基于微信公众平台推出的一款应用。因为微信的火爆程度,让很多商家发现人们通过移动端,能够更快捷、更方便地进行各种购买活动。因此,微信平台推出了微商城通道,让商家通过微信平台,获得更多的用户群体,实现各种营销活动。

(4)媒体资讯发布类。媒体资讯发布类的公众平台应该属于目前占比数量比较多的一个类型,如"南方周末""央视新闻""国防部发布"等,自媒体公众平台大多数都属于媒体资讯发布类。他们通过微信公众平台发布最新资讯,根据不同行业、不同领域撰写深度文章,内容相对具有即时性、真实性、深入性。这类公众号一方面适合于打造成行业或个别领域内的资讯解读平台,另一方面也能起到将 PC 端或者纸媒的流量和粉丝导入自己的公众平台,让粉丝更加便捷地获取关注的资讯信息的作用。

(5)个人自媒体类。个人自媒体类的公众平台可以用包罗万象来形容,属于微信公众平台最多的类型之一,如"吴晓波频道""罗辑思维""餐饮老板内参""秋叶 PPT"等,都属于行业内比较出名的个人自媒体。这种大型的个人自媒体也在逐渐向企业运营转变,因为自媒体终将面临变现的问题。他们的粉丝来自于个人原有影响力带来的忠诚读者,也有因为深度内容吸引而来的粉丝,还有被自媒体人的独特的价值观所影响而来的,这部分公众平台更多的是依靠个人魅力与优质原创内容为吸引点。自媒体平台并不适合企业来做,但若企业有一个很幽默的老板,可以尝试把老板打造成为一个自媒体大号。

2. 目标人群定位

在了解了自身功能定位的基础上,企业还必须进行目标人群定位,即了解用户、了解用户需求,满足用户需求。

所以定位的根本是要基于目标群体,目标群体是哪一类人,定位策划就应围绕哪类人展开。想要做出准确的定位,其本质就是针对所要服务或者推送内容的目标群体所在的区域、职位、年龄区间、社会层次、收入水平等一系列的具体需求,综合考虑公众平台运营的内容,确定辐射受众面,设计出具有自己风格的服务模式、推送方式、功能特色的公众平台,从而进一步打造品牌形象,以实现运营目标。

做好目标人群定位,首先要了解用户群体,即要做好用户画像,避免在运营的过程中用个人喜好去判断用户喜好,导致运营方向走偏。只有明确自己服务的用户群体是哪一类,才能够知道他们存在于哪里、偏爱什么、推送什么样的内容可以感染他们。用户画像可以着重考虑用户的以下七个方面的信息。

(1)地域。地域指用户所在的地理位置。不同地区有着不同的风俗、不同的方言、不同的文化,甚至看待事物的眼界也是不同的,这对公众号运营方式、风格都有着很大的影响。例如,一、二线城市的居民收入相对较高,他们接受新鲜事物的速度比较快,见识过并且参加过很多活动,也收到过一些小礼品,因此一方面,他们对各种新鲜有趣的活动更容易接受,而另一方面,价值低的小礼品让他们心动的概率比较低;而三、四线城市居民收入一般,他们接受新鲜事物的速度比较慢,在他们看来大多数活动都是新鲜有趣的,可能价值低的小礼品也很容易让他们心动。

(2)性别。性别的不同对新媒体运营也有着很大的影响,用户中男女比例对于公众平台的运营有着非常大的参考价值。例如,就某些文案来说,男性可能对其无感,然而女性看完之后内心多半会有所触动。一般来说,男性对科技、军事着迷,而很多女性会对娱乐、新闻、小说、星座感兴趣。因此,微信运营定位要吸引不同性别的人,文章风格也需要跟着用户的性别做相应的调整和改变。

(3)收入。如果推销对象无法承受服务或者产品的价格,那么再好的文案也很难发挥其作用。例如,我们很难说服一个月薪只有2000元的人去商场买一件1800元的衣服,此类收入人群就不是核心的目标客户。

(4)年龄。每个年龄段的关注点是不相同的,老年人一般会对养生比较感兴趣,年轻人一般会对运动比较感兴趣。如果你对用户的喜好不了解,那么用户也同样不会对你推送的内容感兴趣。

(5)受教育程度。受教育程度不同的用户群体,对流行的形式、文化、风格要求都是不相同的。一般情况下,受教育程度越高的用户,对内容的要求也越高。

(6)行业特征。行业不同需求不同,运营者的关注点也会有所不同。可以去查看别人的用户画像是怎么做的,但不能够削足适履,应该更多地结合自己所在的行业,找出真正可以将用户筛选出来的行业特征。

(7)使用场景。产品使用场景是需要重点研究的,过去多用于研究APP用户,例如一次性使用多长时间、有无付费行为、什么时候打开、有无分享、哪个时间段打开的次数最多等。这对于新媒体运营也有借鉴作用,例如,用户是白天还是晚上打开公众平台多一些,有无点赞、有无留言、有无赞赏行为、有没有分享、每天看一次还是几天看一次、什么样的情况下他们愿意去分享等,这些都需要运营者在脑海里形成明确的印象,之后才能够在微信公众平台的内容策划中进行有意识的策划。

3. 内容定位

目标人群的定位,是确定公众号内容定位的科学依据,可根据目标人群的需求与企业功能定位的情况来做出公众号的最终定位。一般的定位方法,首先是做调查研究,通过对某一类人群的深入研究,看是否能归纳出他们的重要特征,是否可以发现他们在某一类服务或内容上的需求偏好。通过分析可以发现受众人群最需要的是什么价值。内容定位要做的就是确定给网友提供什么价值的内容,如果是商业品牌,就确定围绕产品和服务本身。

微信公众平台要做什么,从内容功能的角度来说,可以把内容分为有用的、有趣的、有共鸣的和可参与的。要给受众人群提供什么样的内容?是以上四者中的哪一个?还是四者交叉均有的?选定这一点以后,其他的点对于核心来说都是补充,不能喧宾夺主。

(1) 有用。用户希望得到生活、工作中所必需的资讯或服务,如工作需要(如职场攻略)、生活需要(如美食推荐)、社会需要(如好友排名、身份标签)、物质需要(如优惠券、积分折扣、抽奖活动)等。

(2) 有趣。不论是传统意义上的新闻发布还是社会热点话题的讨论,用户都更乐意于接受轻松幽默的呈现方式。

(3) 共鸣。为什么"逃离北上广"的话题曾经在互联网十分火热?因为它抓住了特定人群的心理,引起了广泛的共鸣。

(4) 参与。在移动互联网时代,用户已经从被动接收信息变成了主动生产信息,用户不再简单地满足于内容单向推送,而是渴望去表达和对话。所以各大社交平台也都开通了评论、转发等功能,甚至出现了"评论区更精彩"的现象。

确定核心内容的功能以后,需要先确定内容来源,如果是自由商业品牌,通过产品和服务产生的内容是相对稳定的,也是源源不断的;如果不是这样,就需要自发的原创或整合转载来确定内容。

经过前面两步工作,大致可以概括出要做的内容的关键词,前期可能涉及的关键词比较多,在这种情况下,要看内容是否与一个或多个关键词匹配。如果匹配,则可以认为内容是符合定位的。匹配越多,说明越符合定位。在开始做内容时,获得超高阅读量是可遇而不可求的,实际情况更多的是花了大力气却无法获得效果。因此需要把阅读量较高的文章标题内容进行分析研判,提炼出和该公众号、受众人群、内容定位等比较相关的关键词,根据这些关键词看是否能够找到更合适的内容,或者做出更加符合定位的标题,如此不断尝试,能够找到符合定律的内容并最终固定几个关键词,就是准确的内容定位。

4. 公众号形象定位

确定微信公众平台的定位就是要明确公众号用来干什么,以什么样的形象展现给用户,要发送什么样的内容以及发送的内容需要什么样的风格等。

微信公众平台最好是能够做成一个带有感情的智能服务机器人,而不是把微信公众平台当作营销工具来使用,应该使其更好地拉近企业与用户之间的关系,提高用户的忠诚度,不能让用户觉得微信公众平台只是一个冷冰冰的操作平台。例如"中国电信"服务号,用户可以不去营业厅就能查询账户里的当前话费、余额、余量,还能享受宽带服务进行充值交费、订购流量包以及流量使用查询等,用户使用起来更加便捷。这类便捷性的操作方式提升了用户的体验,让用户更忠诚。

要想做好微信公众平台,需要分析自己的主要用户群体是哪些,微信公众平台应该以什么样的形象、方式呈现给用户。例如,"三只松鼠"的用户群体都是"80""90"后,就以3只动漫松鼠的萌化形象向用户卖萌。"杜蕾斯"主要针对的是年轻人,公众号就使用拟人化的方式。

在确定了公众号形象后,还要选择公众号推送的内容,以什么风格呈现,譬如选择更加幽默、充满趣味性的,还是选择更加严谨、专业的。如果用户是"80""90"后,最好选择更加诙谐幽默的内容,用充满趣味性的推送方式,结合当下的网络热点、网络热词、网红等打造网络化的信息,这样推送的内容更容易被用户关注,打开率就会大大提升。例如"三只松鼠"推送的内容,即使是发声明这么严肃的事情,也用了很可爱、很有趣的方式。虽然是严肃的声明文件,但轻松幽默的语言形式更容易让人接受,"哭晕在厕所""不造"等网络用语幽默风趣。"如果你能明白我的心,我们一起制造快乐吧,好不好?"又好似在撒娇、卖萌,即使是受害者,也会有所感触。

5. 微信公众平台的定位与微信公众平台的功能介绍

完成了对微信公众平台的定位以后,在微信公众平台的"功能介绍"中,可以结合公众号的定位展示公众号,方便用户判断是否要关注该账号。

对于企事业单位,功能介绍可以包含企业基本介绍、品牌理念、提供的服务等。例如:"北京大学出版社"的功能介绍是"学术的尊严 精神的魅力 欢迎关注 北京大学出版社";"环球网校经济师考试"的功能介绍是"经济师考试第一站,每天12:30推送。考试动态、备考经验、每日习题、学习干货、疑难解答等你来关注";"发现上海"的功能介绍是"上海人喜欢的吃喝玩乐平台,分享上海好吃、好喝、好玩、有趣的情报资讯"。

对服务号来说,让用户通过账号介绍直接看到该平台能够得到的服务、推送的内容、获得的价值。例如:"顺丰速运"的功能介绍是:"最便捷的顺丰速运自助服务平台。下单寄件,及时追踪快件状态,主动推送路由信息,同时订单管理、地址簿管理让您放心、舒心。我们一直在努力!""中国南方航空"的功能介绍是"中国南方航空官方服务号,方便您随时随地预订机票、办理值机选座、掌握航班动态、查询里程信息……还有会员日特惠机票和种类旅行信息,赶快体验吧!"

对于个人自媒体来说,功能介绍可以更个性化、感性化。例如:"秋叶大叔"的功能介绍是"从秋叶PPT到秋叶商学院,反正我一直在日更";"两米青年"的功能介绍是"简单粗暴地教你做视频";"深夜发媸"的功能介绍是"一个不装的时尚号"等。

(三)公众号矩阵策略

一个企业不仅要做品牌宣传、活动推广,还要做客户服务与管理,如果仅用一个微信公众平台来完成这些功能,而且要推送的内容比较多,还比较复杂,那么微信公众平台的用户每天可能会被各种不同的信息、重要的和不重要的信息轰炸,最终为了解决这种困扰,可能会取消关注。但是,如果减少信息发送量,又有可能会影响用户体验,或被用户遗忘,达不到企业的预期目标。在这种情况下可以选择使用微信矩阵开通多个微信公众平台。每个公众号各司其职，准确无误地服务自己的用户群体。微信矩阵的创建并非可以一切都由着自己的心意，想怎么做就怎么做，而是要有一定的规律与技巧。此处介绍四种常用的矩阵策略。

1. 双号

企业可以开通订阅号推送一些新品信息、贴近用户生活的小窍门以及优惠信息和活动信息，让对这类内容感兴趣的用户关注，吸引用户，之后持续推送此类内容，保持与用户之间的密切联系。再开通一个服务号，让用户在线上获取更加便捷的查询、咨询等服务，每月推送定量的信息，这样用户不会感觉到自己一直被打扰。例如：中国联通开通了订阅号和服务号；事业单位像学校（如北京信息职业技术学院）也开通了服务号和订阅号。

2. 品牌与子品牌

一个企业有多个子品牌时，如果只是简单地以各子品牌做一个微信公众平台，会导致子品牌被传播的速度很慢，很难达到预期的宣传效果，因此就需要使用矩阵策略。每个公众号所推送内容都是不同的、都有自己的特色，侧重点也不相同，面对不同的目标用户，彼此间可以相互互动、转发、关注等。例如十点读书，主公众号"十点读书"主要提供治愈系、陪伴式美文，以及情感类、励志类、干货类等内容。子品牌"小十点"是公司旗下的母婴社区品牌，主要提供育儿干货、睡前故事、亲子阅读等内容，以及家居、教育等电商服务。

3. 地域布局

有些企业提供的服务或者产品是属于区域性的，然而每个区域的用户消费意识、消费形式是有很大差别的，相对于其他策略而言，按地域分布更适合此类企业。例如"中国建设银行"就按地域创建了很多服务号，包括"建设银行四川省分行""建设银行浙江省分行""建设银行广东省分行""建设银行安徽省分行"等。

4. 按主营业务布局

如果一家企业主营业务比较多，用一个微信公众平台进行信息传播可能不够全面、广泛，不能突出企业的特色和优势，此时可以按主营业务来布局微信矩阵。例如爱奇艺，就有"爱奇艺综艺""爱奇艺电视剧""爱奇艺娱乐"等。

不管使用哪种布局策略，都要根据企业自身的实际情况来确定。如果人手不足，不要设置太多公众号，那样做会使得精力太分散，影响内容质量。总之，要根据公司宣传需要和人员配置来综合考虑。

（四）品牌策略

1. 适应性

很多刚开始运营公众号的企业，会认为公众号就是宣传公司的新闻，因而把公众号做成了第二个官网，完全不考虑微信的生态特点。如果想通过微信公众平台扩大品牌，就需要在原有的品牌积累上围绕公众号的特点来重新设计。推送内容要提前规划，策划系统的选题方向，并且做出详细的栏目内容规划手册，包括内容类型、推送频率、头图设计、内容调性、排版风格、栏目化设置等，运营企业公众号，一定要树立专业形象，而不只是写文章。

2. 系列化

公众号推文系列化能帮助用户更快地理解文章主题，更容易建立公众号的品牌感，公众号系列化可以从以下几个方面入手,如图 2-1-2 所示。

(1) 封面系列。根据不同的文章类型,可以直接在封面上体现,在封面页上可以做特别的栏目标志,如"人民日报"就有"新闻早班车""夜读""快讯"等封面页栏目,如图 2-1-2(a)所示。

(2) 栏目设计。在标题的开头或结尾可以加上栏目类型,用竖线隔开,或者加上括号、圆圈等可以区别的符号,如图 2-1-2(b)、(c)所示。

图 2-1-2　微信公众平台的系列化

(3) 导航设计。文章开篇可以做一个导航条,例如微信公众平台"烧脑广告",在开篇的地方通过导航条颜色深浅的变化,让用户在阅读当天推送类型的前提下,还能看到整体的栏目规划,如图 2-1-3 所示。

3. 视觉化

公众号不仅是品牌的一部分,也是品牌的一种表现形式。公众号视觉的设计需要和品牌一致。

(1) 标准色。品牌使用的标准色和公众号使用的主色调应该保持一致,主要体现在公众号加重字体的颜色,公众号头图、底部的底色,都需要和品牌的标准色保持一致。

(2) 公众号的固定配图。例如公众号头像、封面图、头图、底图、文章中的插图在风格上都应该和品牌用图保持一致的风格,以统一的视觉对外呈现。

(五) 推送策略

1. 推送时间

新榜的数据分析表明,从整体数据上看,22:00 点左右推文效果最佳,而在大众普遍认

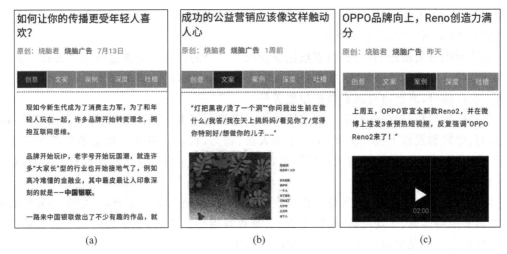

图 2-1-3 微信公众平台的导航设计

为最佳"晚高峰"18:00 左右推送,效果反而最差。

微信 500 强最喜欢集中在以下三个时间段推文。

(1) 21:00—22:00,这个时间段是微信 500 强在 24h 内推送的最高峰,也是出现文章阅读数 10W+最密集的时间段。也就是说在这个时间段推送文章更容易获得 10W+以上的点击量,阅读效果也最好。

(2) 20:00—21:00,这个时间段是第二个推送高峰段,通常在晚饭前后,8.81%的文章在此时被小编推出,阅读数达到 10W+的总比例达到 8.13%,阅读效果一般。

(3) 18:00—19:00,这是占比第三高的推送时段,是人们日常生活中的下班高峰期,这个时间段曾被很多研究分析为最佳推送的时段,此时 7.62%的文章被小编推送,但这个时段的 10W+文章占比仅为 5.85%,所以如果此时推送大量文章,不仅造成网络拥挤,换来的阅读效果也不理想。

大数据显示,阅读效果最佳的推送时间段是 21:00—22:00、7:00—8:00、23:00—00:00。阅读效果最差的推送时间段是 17:00—18:00、18:00—19:00、9:00—10:00。

设计公众号的推送时间时,应该注重公众号自身的定位、特色和用户群体,公众号细分内容领域的范围,针对什么样的目标人群,公众号粉丝的画像是什么,根据自己的实际情况进行调整,以达到阅读效果最大化。

在没有确定具体的推送时间时,可以尝试每个时间段推送,统计每个时间段的阅读次数、在看数据,再调整推送时间,一周或一个月统计一次数据并作对比。

如果公众号的名称带有明显的时间提示,例如"早间""晨话""十点""夜读"等,或者已经形成固定的特色,每天有固定的推送时间,用户接受度也很高,那就不要随意更改推送时间,以免打破用户的阅读习惯,给人混乱的感觉。例如,"人人都是产品经理"的微信公众平台,总会在 18:00—19:00 这段时间,在人们的下班路上进行推送。一旦人们习惯了他所设定的这个场景,那么每次在下班的公交车、地铁中,都会习惯性地打开这个公众号,这就是基于"时间+地点"的场景搭建。

2. 推送频次

订阅号(分为认证用户和非认证用户),1 天可群发 1 条消息(每天 0:00 更新,次数不会累加);服务号(分为认证用户和非认证用户),1个月(按自然月)内可发送4条群发消息(每月月底0:00更新,次数不会累加)。

运营者刚开始推送的时候,可以根据企业或者自身的情况设定推送频次,"每日一更"是大多数品牌公众号的推送频次,如果企业或者个人没有太多的内容需要输出,那么可以三天推送一次订阅号,或者也可以直接使用服务号。

推送次数增加,对公众号运营者来说并不一定都是好事,它需要相关媒体在微信策划选题、采写、编辑和发布上投入更多、更精干的人员、物力,特别是对于刚成立的微信公众平台而言,由于人员经验不足,没有大量优质内容做支撑,只为了保证推送频次而推送文章,很可能导致持续掉粉。

微信公众平台发布内容,无论是推送次数还是条数,绝非多多益善,一定要讲究精心制作,追求头条阅读量、平均阅读量、转发数、点赞数等指标。总之,在推送时间上还是要因地制宜,根据自身情况来制定合理的推送时间和频次。

(六)组织策略

"众人拾柴火焰高",公众号运营也需要团队的紧密合作。团队刚成立时,至少需要配备3人,1人是运营策划、1人是文案、1人是美工。运营策划负责整体规划、监督并执行工作、推广以及活动策划、数据分析。文案负责内容产出和微信公众平台上的设备维护,以及一些用户运营的工作。美工主要负责图片设计制作和文章编辑等工作。

首先,运营者不可或缺,这个运营者需要了解并部署整个新媒体运营部门的工作情况,协调团队内外的资源,如果团队仅有1~2人,那么微信小编要承担运营规划的重任,或者新媒体运营人员也要承担内容、设计等各种工作。

如果是大企业或者是重视新媒体方向的公司,最好分工明确。运营部门负责操盘整个大局,进行战略规划,下一级分为推广部、策划部、文编部、设计部、技术部,各部门根据需求配置人员结构。最后就是线下推广的业务人员,做大后可以成立独立的商务部门,前期对这部分人员的素质要求相对不高。

对于微信团队而言,团队考核与个人考核并重,对于个人激励要更严格,对负责人员也要进行考核,下面列出一些简单的考核指标供参考。

微信运营:近期活动策划完成质量、用户分析、图文分析、日报、周报、月报、用户互动率等。
线上推广:新增粉丝数、累计粉丝数、推广图文游戏点击率、推文点击率、转化率等。
文案内容:推文粉丝流失率、用户打开率、原文页阅读率、分享转发率等。
设计美工:按时交图率、图片质量团队满意度等。
技术开发:后台维护、游戏点击率、接口调用率、失败率和平均耗时等。
线下推广:新增粉丝数、工作时间、直接营销数等。

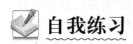

自我练习

一、单项选择题

1. 下列有关微信公众平台价值的描述,不恰当的是(　　)。
   A. 可以为客户提供有价值的信息

B. 可以为企业的网站带来流量
　　C. 可以通过购买更多的粉丝来做营销，这些粉丝质量更高
　　D. 可以做客户关系管理
2. 微信订阅号可实现的功能是（　　）。
　　A. 获取用户地理位置　　　　　　　B. 发送图文消息
　　C. 微信支付　　　　　　　　　　　D. 多客服管理
3. 关于微信公众平台与微信个人号定位的描述有误的是（　　）。
　　A. 企业可以通过微信公众平台做 CRM 服务
　　B. 微信公众平台更倾向于商业用途
　　C. 个人无法通过微信公众平台实现品牌宣传
　　D. 个人微信主要用于个人的人际社交关系

二、多项选择题

1. 关于布局微信公众平台矩阵的策略，正确的有（　　）。
　　A. 在微信公众平台矩阵中的公众号发布内容侧重点应该有所区分
　　B. 可以使用双号策略
　　C. 可以按照主营业务布局
　　D. 微信公众平台越多越好，不用考虑太多策略
2. 微信公众平台的分类有（　　）。
　　A. 订阅号　　　　B. 服务号　　　　C. 公众号　　　　D. 企业微信
3. 运营微信服务号的主体可以是（　　）。
　　A. 企业　　　　　B. 个人　　　　　C. 事业单位　　　D. 其他组织
4. 以下关于微信公众平台的注册，说法正确的有（　　）。
　　A. 一个身份证可以注册 10 个公众号，注册的公众号越多越好
　　B. 注册公众号填写的信息必须真实，否则在进行身份验证时无法通过
　　C. 注册企业号时需要提供营业执照注册号，只需网上随便搜索一个即可
　　D. 个人注册订阅号需要进行运营者身份验证，通过验证才能成功注册

任务二　微信公众平台的设置

项目任务书

课内学时	6	课外学时	不少于 4
学习目标	1. 了解、熟悉微信公众平台的各项功能和操作 2. 能够完成微信公众平台的基础设置操作 3. 能够完成微信公众平台要用到的其他功能的设置		
项目任务描述	1. 以团队为单位，申请一个微信公众平台 2. 使用上个项目任务的规划设计结果，对微信公众平台进行初步设计及装修（优化） 3. 对微信公众平台进行设置 4. 熟悉、了解微信公众平台的其他功能，为运营平台做好准备		

续表

课内学时	6	课外学时	不少于4
学习方法	1. 听教师讲解相关知识 2. 动手实践		
所涉及的专业知识	微信公众平台的申请、微信公众平台的功能及其应用(公众号设置,人员设置,安全中心设置,自动回复功能的设置及应用,自定义菜单功能设置,投票功能设置,页面模板设置功能,赞赏功能,原创管理功能,小程序功能,消息管理、用户管理和素材管理,推广模块,统计功能)		
本任务与其他任务的关系	本任务与前面的任务有顺序关系,本任务在设置有关功能时需要用到上一个任务的结果。本任务中的一些任务是后面任务的基础,完成本任务后,才能够完成下一步的各项任务。本任务中的部分内容需要在后面的内容中进行熟悉和应用。如"消息管理、用户管理和素材管理"功能的使用		
学习材料与工具	学习材料:项目任务书所附的基本知识、视频资料 工具:项目任务书、任务指导书、手机、计算机、笔		
学习组织方式	部分步骤以团队为单位组织,部分步骤以个人为单位组织		

任务指导书

完成任务的基本路径如下。

第一步,以个人为单位,每个人申请一个个人微信公众平台,用于练习;以某一位同学的个人微信公众平台作为团队的微信公众平台(由团队集体运营)。

(1)准备好申请微信公众平台的相关资料,资料清单如表2-2-1所示,准备好了在对应的资料旁边画"√"。

表2-2-1 任务产出——申请微信公众平台的资料准备清单

序 号	需做的准备	是否已准备
1	邮箱名称、密码	
2	身份证件照	
3	账号名称	
4	功能介绍	

(2)申请微信公众平台。根据教师的讲解操作(或看视频资料边学习边操作完成)。

第二步,进行微信公众平台的基本设置。

(1)准备微信公众平台的相关资料(组长的微信公众平台作为团队要运营的模拟企业),资料清单如表2-2-2所示,准备好了请在对应的资料旁边画"√"。

表 2-2-2　任务产出——微信公众平台基本设置准备资料清单

序号	需准备的资料	是否已准备
1	微信公众平台头像(大小不超过 2MB,建议尺寸为 200 像素×200 像素)	
2	微信号	
3	介绍(来源于上一个任务)	

(2) 进行微信公众平台的设置：包括账号详情、功能设置(功能文字使用上一个任务的成果)和授权管理。

第三步,进行微信公众平台其他功能的设置。

(1) 进行"人员设置"。设置微信公众平台管理员及运营者(以团队为单位进行,需准备好各队员的微信号),由管理员添加绑定团队成员作为公众平台运营者。完成设置后截屏展示(每个团队展示一份,评分时只看团队的,但要求每个组员都要会设置),粘贴在表 2-2-3 中。

(2) 对自动回复的三种类型——被关注回复、收到消息回复、关键词回复进行设置,尝试进行文字植入超链接设置,完成设置后截屏展示(以个人为单位练习),粘贴在表 2-2-3 中。

(3) 以团队为单位,进行菜单的设置。完成设置后,截屏展示在表 2-2-3 中。

(4) 以个人为单位,进行投票功能的设置。完成后邀请好友进行投票,并将截图展示在表 2-2-3 中。

表 2-2-3　任务产出——微信公众平台常用功能设置

1. 运营者设置展示(截图,提交电子版)：

2. 自动回复设置
① 被关注回复的文字内容：_____

② 收到消息回复的文字内容：_____

③ 关键词回复设置的文字内容：_____

④ 自动回复截图展示(或提交电子版)：

3. 菜单设置展示(团队的由教师直接关注团队的微信公众平台查看,个人的需要截图后提交电子版文件)。

4. 投票功能设置及运行情况展示(提交电子版截图)。

项目任务评分标准及评分表

"微信公众平台设置"评分标准及评分表(总分 10 分)

学生姓名：_____

（说明：团队任务以团队分作为每个队员的成绩，个人任务以个人分作为该项的成绩）

任务产出	申请微信公众平台（准备清单及设置结果）	微信公众平台基本设置资料准备	运营者设置	自动回复设置	菜单设置	投票功能设置及运营	小计
评分标准	邮箱名称、密码（0.3分）	微信公众平台头像（0.4分）	1分	被关注自动回复（0.5分）	有主菜单（1分）	设置了投票功能（1分）	
	身份证件照（0.3分）	微信号（0.3分）		收到消息自动回复（0.5分）	有二级菜单并有内容（1分）	有运营数据（0.5分）	
	账号名称（0.2分）	介绍（0.3分）		关键词自动回复（1分）			
	功能介绍（0.2分）			有超链接（0.5分）			
	设置成功（1分）						
实际得分			—		—	—	

基本知识

一、微信公众平台的申请

（一）微信公众平台申请前的准备工作

1. 微信公众平台申请的主体类型

微信公众平台申请的主体类型有很多种，包括政府、媒体、企业、个人以及其他组织。

政府类型包括国内各级政府机构、事业单位、具有行政职能的社会组织等类型的公众号，目前政府类型主要覆盖公安机构、党团机构、司法机构、交通机构、旅游机构、工商税务机构、市政机构等。

媒体类型包括报纸、杂志、电视、电台、其他媒体等类型的公众号。

企业类型包括企业和个体工商户，企业具体包括分支机构、企业相关品牌等，注册时需按照营业执照上的主体类型如实选择注册类型。

个人类型是指由自然人注册和运营的公众号。

其他组织类型是指不属于政府、媒体、企业、个人类型的公众号。

选择主体类型之后即可填写信息,由于申请主体的不同,所需要的资料也有所不同。在申请微信公众平台前,应先做好资料准备工作。

2. 申请微信公众平台需准备的材料

不同主体类型需要准备的材料如表 2-2-4 所示。

表 2-2-4 不同主体类型需要准备的材料

需要准备的材料	政府类型	媒体类型	企业类型	个体户类型	个人类型	其他组织类型
机构名称	政府机构名称	媒体机构名称	企业名称	个体户名称		组织机构名称
组织机构代码	组织机构代码	组织机构代码/统一信用代码	营业执照注册号/统一信用代码	营业执照注册号/统一信用代码		组织机构代码/统一信用代码
运营者身份证姓名	运营者身份证姓名	运营者身份证姓名	运营者身份证姓名	运营者身份证姓名	运营者身份证姓名	运营者身份证姓名
运营者身份证号码	运营者身份证号码	运营者身份证号码	运营者身份证号码	运营者身份证号码	运营者身份证号码	运营者身份证号码
运营者手机号码	运营者手机号码	运营者手机号码	运营者手机号码	运营者手机号码	运营者手机号码	运营者手机号码
微信号	已绑定运营者银行卡的微信号	已绑定运营者银行卡的微信号	已绑定运营者银行卡的微信号	已绑定运营者银行卡的微信号	已绑定运营者银行卡的微信号	已绑定运营者银行卡的微信号
对公账号			企业对公账号			

在填写运营者信息时有以下几个注意事项。

(1)运营者身份证姓名。填写该公众平台运营者的姓名,如果名字包含分隔号"·",请勿省略。信息审核成功后,身份证姓名不可修改。

(2)运营者身份证号码。一个身份证号码只能注册 2 个公众平台。

(3)运营者手机号码。一个手机号码只能注册 5 个公众平台。

(4)运营者身份验证。为了验证身份,请使用绑定了运营者本人银行卡的微信扫描二维码。该验证方式不扣除任何费用。

(5)运营者的相关信息。只要提供公司/组织的相关负责人的相关信息即可,没有规定一定要提供法人的资料。

(二)微信订阅号、服务号的申请及认证流程

1. 申请流程

申请微信公众平台的具体步骤如下。

(1)打开微信公众平台官网 https://mp.weixin.qq.com/,单击右上角"立即注册"按钮进入注册界面,如图 2-2-1 所示。

(2)选择账号类型,从订阅号、服务号、小程序、企业微信中选择一个类型。

微信订阅号、服务号的申请及认证流程

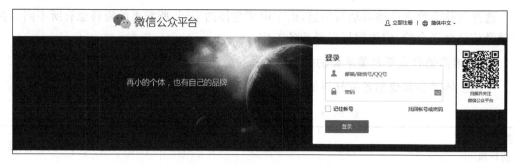

图 2-2-1　微信公众平台注册(1)

（3）在所出现的界面中填写邮箱信息→登录邮箱→查看激活邮件→填写邮箱验证码激活，如图 2-2-2 所示。

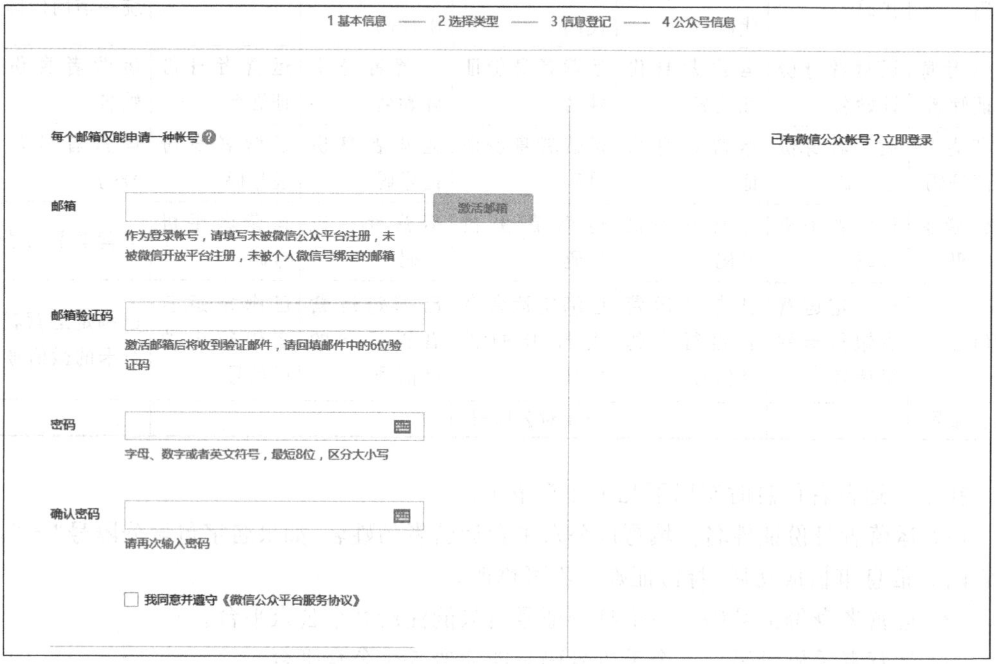

图 2-2-2　微信公众平台注册(2)

注意：同一个邮箱只能绑定微信产品的一种账号，已绑定了以下账号的邮箱不能再被用来注册微信公众平台：①已绑定开放平台的邮箱；②已绑定个人微信的邮箱；③已绑定企业号的邮箱；④已绑定订阅号、服务号的邮箱；⑤已绑定小程序的邮箱。

（4）了解订阅号、服务号和企业微信的区别后，选择想要的账号类型。

（5）信息登记，选择主体类型之后，登记主体信息。

（6）填写公众号信息，包括账号名称、功能介绍、选择运营地区。

注册了微信公众平台以后，不能立即使用，审核通过后方可使用。一般个人订阅号的审核期限是 1～3 个工作日。

2. 账号认证

目前，只有订阅号和服务号支持认证，其中这两种公众号中可以进行认证的主体有

4种,即媒体(事业单位媒体、其他媒体)、企业(企业法人、非企业法人、个体工商、外资企业驻华代表)、政府及事业单位、其他组织。这几种类型的微信公众平台在进行认证时,还需要具备以下几个条件：①新浪微博、腾讯微博的认证微博账号；②微信公众平台粉丝数量不能低于500个；③认证时主体需要提交相关材料。

然后,打开微信公众平台,进入其后台,在"设置"功能栏中,单击"微信认证"按钮,即可进入"微信认证"页面,然后运营者单击该页面上的"开通"按钮。按照提示依次完成各步骤。

进行微信认证时,需要一次性支付300元的费用,并且不管审核结果如何,这300元费用都不退还。在申请认证的过程结束后,可在后台的"微信认证"页面查看认证费用的支付情况。

(三) 小程序注册步骤

注册小程序是小程序开发的第一个步骤。目前,小程序注册开发申请的主体类型为政府、企业、媒体、其他组织或个人开发者,服务号、企业号、小程序、订阅号是并行的体系。

小程序的详细注册步骤可登录官方网站进行查询,主要步骤包括：注册小程序账号→完成企业微信认证→申请微信支付→开发并上架小程序→微信官方完成审核→发布成功。

1. 注册小程序账号

用户自行注册小程序账号(小程序注册入口与微信公众平台注册入口皆为同一个页面)。

2. 完成企业微信认证

登录小程序后,单击"设置→基本设置",找到"微信认证"一栏,单击右侧的"详情"按钮便能找到微信认证的入口。

3. 申请微信支付

可以申请微信支付权限(无法使用商家已有的公众号微信支付账户,需独立申请),已通过认证的小程序可申请微信支付功能。

4. 开发并上架小程序

通过第三方开发或者自行开发并上架小程序。

5. 微信官方完成审核

一般需要经过1~3个工作日,微信官方会完成对小程序的审核。

6. 发布成功

提交审核通过后,进入开发者管理界面,提交发布,小程序即可发布到线上为用户提供便捷的服务。

二、微信公众平台的功能及应用

从电脑端进入微信公众平台以后,在其首页会看到八大功能板块,如表2-2-5所示。

在这些板块中,单击任何一个具体的内容菜单,都会看到一些基础设置或者实现某些特定功能的操作界面。下面将大致按照常用的功能顺序介绍如何操作及应用。

表 2-2-5　微信公众平台后台功能一览表

板块展开后内容	功　能	小程序	微信搜一搜	管　理	推　广	统　计	设　置	开　发
内容1	自动回复			消息管理	广告主	用户分析	公众号设置	基本配置
内容2	自定义菜单			用户管理	流量主	内容分析	人员设置	开发者工具
内容3	留言管理			素材管理	返佣商品推广	菜单分析	微信认证	运维中心
内容4	投票管理					消息分析	安全中心	接口权限
内容5	页面模板					接口分析	违规记录	
内容6	赞赏功能					网页分析		
内容7	原创管理							
内容8	添加功能插件							

（一）公众号设置

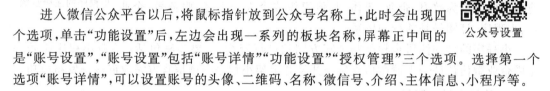

公众号设置

进入微信公众平台以后,将鼠标指针放到公众号名称上,此时会出现四个选项,单击"功能设置"后,左边会出现一系列的板块名称,屏幕正中间的是"账号设置","账号设置"包括"账号详情""功能设置""授权管理"三个选项。选择第一个选项"账号详情",可以设置账号的头像、二维码、名称、微信号、介绍、主体信息、小程序等。

1．详情设置

1) 头像的设置

（1）头像的作用。公众号头像具有品牌识别、减少认知成本、体现个性化风格或延伸整体形象的功能。

① 品牌识别。对于已经建立品牌的平台、公司或者个人而言,使用品牌标志的头像,可以增加公众号和品牌的关联性,可以快速被粉丝识别,降低推广成本。如果使用与品牌毫无关联的头像,在推广公众号时需要向受众解释该公众号属于何品牌,就会增加推广的难度。

② 减少认知成本。对于品牌尚未建成、还处于发展中的账号来说,公众号头像应尽可能让用户在第一印象中获取有效而准确的信息认知,留住用户,以减少认知成本。

③ 体现个性化风格或延伸整体形象。微信是一个相对封闭的社群工具,如果在朋友圈突然看到一篇有趣的公众号文章,此时,一个体现个性化和独有风格的头像可以增加用户的好感度并诱导其关注。一些有趣的自媒体微信公众平台往往会精心设计自己的头像,鲜明地表达公众号的风格。

（2）公众号头像的类型。

① 带有 Logo 元素的头像。公众号头像最常见的类型是 Logo,可以是一个简单的、具有辨识度的 Logo 图案,也可以是"Logo＋名称""名称＋网址",甚至是"Logo＋名称＋网址",如图 2-2-3 所示,请将这些图片排好版,做成一张图片。

图 2-2-3　带有 Logo 元素的头像

② 以名称作为头像。名称识别度高,且不会因为头像问题涉及侵权,可用名字全称或当中的部分字设计后做头像。例如"十点读书""虎嗅""轻"。

③ 用名人肖像做头像。名人关键意见领袖(KOL)的公众号头像大多设置为他们的肖像照。这类头像辨识度比较高,也有助于强化个人 IP 像,如"罗辑思维""六神磊磊""吴晓波频道"的公众号头像。

④ 用卡通人物形象做头像。利用人格化的卡通人物形象,亲切且很个性化。如"鸟叔笔记""胡吃胡喝177""坤龙老师"微信号。

⑤ 其他。有一些公众号,利用了影视剧截图、明星图片、他人的设计图等,这存在版权问题,涉及侵权风险,建议不要使用,还有一些会使用动物、植物、风景画等,如果和公众号的定位不匹配,图片背后的意思不是很明了,会导致识别度不高,不利于记忆。

(3) 头像的设置/修改方法。

① 修改步骤。登录微信公众平台,在账号图标处单击"账号详情",单击"公众号设置"下面的公开信息处的圆形图标,就可以进入"修改头像"界面,按提示步骤上传准备好的头像即可完成设置。

② 头像的修改规则。公众平台的头像,一个月(按自然月);只能申请修改 5 次。新头像不允许涉及政治敏感的、色情的内容;修改头像需经过审核。

头像支持的格式:上传头像,图片格式为 bmp、jpeg、jpg 或 gif,不可大于 2MB。

上传图片之后,系统会对图片自动压缩(一般最大为 240 像素×240 像素),并对图片进行裁切,预览最终生成的头像效果,以裁切后的实际尺寸大小为准。

③ 方头像与圆头像。圆头像在公众号的详细信息页展示,用户个人可关注展示。方头像在与用户聊天中显示。圆头像和方头像无法分开设置,头像上传后,系统会对同一头像自动拉取圆头像和方头像。所以在头像预览的时候,需要注意在圆头像中,不要遮挡关键信息。

2) 二维码

(1) 二维码功能说明。公众平台二维码的功能是能够使粉丝更方便地添加账号或"秀"出公众账号。具体使用渠道包括把公众号二维码分享给别人,别人通过扫描可以查看公众号信息,也可以通过扫描关注该公众号;将公众号二维码放在文章末尾处,引导读者在读完文章后扫码关注公众号;在与其他公众号互推时,可使用二维码以方便读者进行关注;做线上宣传、线下地推、线下活动时,可以把二维码附在海报、易拉宝、宣传册上;在检测引流渠道能力时,可以对二维码设置参数,通过二维码能够清晰地统计不同渠道的引流能力,从而指导渠道选择。

(2) 二维码的下载。登录微信公众平台→设置→公众号设置→账号详情,即可查看二维码,二维码由系统自动生成,无须手动设置。

登录微信公众平台→公众号设置→账号详情→二维码→下载二维码,根据需要下载即可。二维码下载后的图片格式为 jpg。微信公众平台二维码尺寸都是 430 像素×430 像素,如果需要放大或缩小,可单击"更多尺寸",选择相应尺寸下载即可。公众号微信二维码是系统自动生成的,样式比较单一,且后台不支持更改,但是可以借助第三方平台进行修改和美化。如"草料二维码""微微二维码""第九工场"。

3) 名称的设置

好名称能够自带流量,很多公众号粉丝就是通过搜索公众号名称添加的。如果公众号的名字与用户搜索的关键字吻合,则更容易被用户关注。一个好的品牌名称,要直观、具象、简单;一个易于传播的品牌名称,会节省一大笔传播费用。

(1) 公众号名称设置规则。

① 公众号名称/昵称可设置 4~30 个字符(1 个汉字按 2 个字符算)。

② 名称只允许含有中文、英文、数字,不支持设置空格、特殊符号。

③ 名称不需要和其他公司/组织名称一致,但是不得侵犯商标权利,也不能与其他账号名称重复。例如特殊人名、专有名词、夸张修饰等都不可以使用。

④ 目前个人类型公众号一年可修改名称两次,其他类型公众号在微信认证过程中有一次重新提交名称的机会。

⑤ 微信认证审核费用是 300 元/次,认证的名称必须符合微信认证命名规则。

注意:特殊字符需使用英文半角格式。

(2) 公众号名称设置实操过程中的一些问题。

① 公众号申请前需想好 1~3 个备用名字,避免当名字不能使用时及时更换。一般名字为公司简称、商标名称、专利等,特殊名字需要提供相关材料。

② 关于修改名称。如果是认证账号,账号未到年审时间也支持提前年审,重新进行身份认证时,如需修改名称,需缴纳认证审核服务费用 300 元/次,且必须符合微信认证命名规则。

③ 关于账号重名。最初公众号命名的唯一性是指微信认证账号的名称不能重名,对于非认证账号重名问题,微信官方没有规定。后来认证的账号也曾出现重名的现象,微信官方表示,这是因为微信公众平台认证系统在优化升级过程中出现系统故障,导致部分重名账号通过认证。2016 年 4 月 19 日,微信宣布对公众号命名规则进行调整,命名唯一原则已从过去的认证账号,扩大到更多账户。另外,微信对已认证的同名账号不会清理,但是经过微信认证的公众号所有者如果来微信公众平台投诉,只要提供的资料完全且核实无误的,被投诉账号将会按侵权账号进行注销或者封号处理。

(3) 常见起名方法。

① 品牌一致名称。将单位、公司、品牌或产品名作为名称。这类起名方法适合知名度高的单位、企业或品牌。例如"人民日报""豆瓣""简书""新华社""京东""支付宝""知乎""Apple"等。

② 人格化名称。这类起名适合人物特征明显的公众号,但品牌化的建立需要一定的时间。例如"胡辛束""和菜头""傅踢踢""同道大叔""少女兔""杜绍斐""金融八卦女""萝严肃"等。

③ 搜索便利的名称。指以服务内容、行业为名称,用户看到名字就可以清楚公众号的定位,能获取什么方面的信息,容易记忆并传播。例如"锌财经""反派影评""顶尖文案""摄影笔记""橘子娱乐""壹心理"等。

④ 地域类型名称。一些地域性服务的公众号,从名称上就大体圈定了服务人群,以使服务更专业,也更精准。例如"合肥房产""安徽文化惠民消费""杭州佬儿""南宁圈""北京潮生活""武汉吃货"等。

⑤ 组合名称。这类名称利用动物名、水果名、物品+品类,强化用户记忆,且识别度高。例如"笔记侠""大象公会""职场充电宝""荒野气象台""考拉理财""八卦芒果""刺猬实习校

招""花生文案""馒头商学院""荔枝 APP""钛媒体"等。

⑥ 精选大全类名称。这类名字定位比较清晰,看名字就能明白获得什么信息,更容易被搜索,自涨粉效果也不错。例如"冷笑话精选""壹职场精选""搞笑集中营""小本创业项目大全""gif 精选""H5 案例分享"等。

⑦ 场景化名称。这类起名通过将时间与事件结合,通过强调时间和地点,让用户有场景感和画面感,强化用户的记忆。例如"十点读书""夜听""二更食堂""剽悍晨读""读首诗再睡觉""张佳玮写字的地方""为你读诗""奶爸的英语教室"等。

⑧ 其他。a.情绪化名称,这类名称本身带有一定的情绪,比较有个性,能够吸引一些好奇的用户,但此类起名需要注意与自身的定位吻合,且不能过于偏激。例如"差评""我懂个×""你×才美工"等。b.词语新编名称,指名称新颖有趣,有一定的个性,容易引起用户的联想的名称,但这类名称搜索时比较容易出错,自涨粉不容易。例如"罗辑思维""人神共奋""插坐学院""全蒸教""请辩""没想稻""雾满拦江""躺倒鸭"等。c.纯自创词语名称,例如"布克加""昌记负食""麦克说说"等,这类名字不太好记忆,尤其对于新用户来说,记忆难度较大,不利于传播,建议谨慎使用。

4)微信号

微信号和公众号名称一样,一旦设置成功,立即能被用户搜索到。微信号最好简短易记,元素单一,减轻搜索难度,降低传播成本。

(1)公众号 ID 设置要求。1 个自然年内,只能申请修改一次微信号;若注册时已设置微信号,同一个自然年后才可以修改;微信号可以使用 6~20 个字母、数字、下划线和减号,必须以字母开头;微信号不能与已有账号的微信号重复。

(2)微信号设置常见类型。

① 拼音类。与公众号名称一致,可以是全拼、拼音缩写、全拼/缩写+数字/英文等,例如"知乎日报(ID:zhihuribao)""人民日报(ID:rmrbwx)""哔哩哔哩(ID:bilibiliwx)"等。

② 英文类。由公众号的英文名称翻译或改编,例如"南方周末(ID:southernweekly)"。

③ 谐音类。例如"傅踢踢(ID:futeetee)""冷兔(ID:lengtoo)"。

④ 会意类。例如"十点读书(ID:duhaoshu)""吃很重要(ID:wehavetoeat)"。

5)功能介绍

功能介绍用于描述公众号的功能,用户搜索时,首先看到的是公众号的名称,其次就是功能介绍。通过功能介绍,用户能够对公众号有一个更全面、深刻的认识,专业、清晰、吸引人的介绍可以大大提高关注率和转化率。功能介绍文字不宜啰唆、累赘,尽可能简单好记、容易理解,清晰地表达能给用户带来什么样的服务和价值。

功能介绍长度为 4~120 个字,一个自然月可修改 5 次,审核通过后,可以使用新的功能介绍,审核时间约为 3 个工作日。

2. 功能设置

功能设置中包含三个内容的设置,分别是隐私设置、图片水印及 JS 接口安全域名。

1)隐私设置

微信公众平台是一个面向大众的平台,然而目前没有"注销"这一功能,如果想使该公众平台退出大众的搜索范围,只能在隐私设置中选择"不允许通过名称搜索到本账号"。微信公众平台的隐私设置本质就是一个屏蔽搜索设置,让用户不能通过昵称搜索到该账号,但是如果他人有该公众号的二维码或微信号,也可以通过这两种途径关注到其公众号。

为了让客户更好地搜索到公众号,隐私设置中,一般情况下不要选择"否",即可很好地进行账号保护。当公众号进行内部测试,暂时不希望被别人搜索到时,在"隐私设置"中选择否,他人就不能够通过名称搜索到公众号,设置成功,半小时后即可生效。

如果账号因为某些原因被封禁过,解封后搜不到,可以到这里查看一下,有可能默认隐私设置中有"不允许通过公众号搜索到"选项,此时选择"是"即可。

具体的设置步骤如下:登录公众微信平台→公众号设置→功能设置→隐私设置,单击隐私设置选项卡的设置链接,打开隐私设置页面。弹出隐私设置对话框,其中有两个选项,选择"是",单击"确定"按钮,即完成隐私设置。

2)图片水印

给图片添加水印是防止图片被他人盗用的有效手段。通过图片水印功能可以添加微信公众平台的专属水印。为了让微信公众账号获得更多的粉丝关注、推广得更好,目前在微信公众平台上传图片时,图片上会默认显示水印,此水印内容会显示公众号名称或者公众账号的微信号 ID,水印支持设置显示名称或微信号,也支持取消。

图片水印设置的具体步骤如下。

公众账号设置→功能设置→图片水印→设置,单击图片水印选项卡的设置链接,打开图片水印设置页面。

弹出图片水印对话框,里面有三种选择:使用微信号、使用名称、不添加。

也可以不设置水印,图片看起来更好看,尤其是推送一些小表情包的时候,打上水印影响美观。

如果需要打水印,可以学习"十点读书"的方法,人工打水印效果会更好,整体上更美观。

3)JS 接口安全域名

设置 JS 接口安全域名后,公众号开发者可在该域名下调用微信开放的 JS 接口,实现网页高级互动功能。使用 H5、微店等第三方业务服务时,要注意按照要求来设置业务域名和 JS 接口安全域名,否则不能正常显示页面。

(二)人员设置

公众平台需要由人来运行,可以是一个人,也可以是一个团队。运营前需要对运营人员的权限进行设置。在"设置"板块单击"人员设置"按钮,即可进入设置界面。人员设置包括管理员信息和运营者管理两部分。

人员设置和安全中心设置

1. 管理员信息

管理员信息包括姓名、身份证号、微信号和手机号。

管理员微信号是指公众号安全助手绑定的微信号。新注册公众账号后,运营者扫码后默认成为该账号的管理员微信号,公众平台为管理员自动开启登录保护,每次登录账号时,需要扫码验证后方可登录且不能关闭,这样可以保障账号安全。

管理员微信号权限包括管理运营者微信号、开启/关闭风险操作保护、开启/关闭风险操作提醒及所有风险操作(如登录、群发消息、修改服务器配置、修改 AppSecret、查看 AppSecret)。

1 个管理员微信号可以绑定 5 个长期运营者微信号和 20 个短期运营者微信号。由于管理员微信号及运营者微信号都将被作为公众号风险操作的验证入口,需要设置好管理员微信号,并加强对运营者微信号的保护及管理。

开启微信保护后,除管理员和运营者可直接扫码验证登录和群发操作外,其他风险操作都需用管理员微信号进行验证以保护公众号安全。非管理员或运营者之外的微信扫码后提交操作申请,系统会发送申请至管理员微信号进行验证。

2. 运营者管理

"运营者管理"设置时需要绑定运营者微信号。

一个微信号可绑定并管理5个公众号,为了让更多的人管理公众号时更方便与安全,每个公众号可由管理员最多绑定25个运营者微信号,添加绑定5个长期运营者微信号、20个短期运营者微信号,运营者微信号无须管理员确认,即可直接登录公众平台和操作群发。

运营者微信号可实现部分风险操作,如登录和群发消息。长期运营者是指经管理员确认授权后,可长期进行登录和群发操作。短期运营者是指经管理员确认授权后,一个月内可进行登录和群发操作,一个月后会自动过期,如继续运营,需要重新绑定。

绑定运营者微信号:进入公众平台→设置→人员设置→运营者管理→绑定运营者微信号。

添加运营者微信号:进入公众平台→设置→人员设置→运营者管理→绑定运营者微信号→选择长期/短期→给运营者微信号下发邀请→同意邀请。

解绑长期/短期运营者微信号:进入公众平台→设置→人员设置→运营者管理→解除绑定即可。

要注意绑定的运营者微信号需要先关注该公众账号,并且需要验证是否绑定银行卡。

(三)安全中心设置

安全中心设置的内容包括风险操作保护、风险操作提醒、风险操作记录、IP白名单设置以及修改密码。

风险操作保护:开启微信保护可以更好、更有效地保障运营者的账号安全,开启后除登录和群发操作时管理员或运营者可以直接扫码验证外,其他具有风险的操作都需要用管理员微信号进行验证,以保护公众号安全。如果是非管理员或运营者的微信扫码后提交操作申请,那么系统将会发送申请至管理员微信号进行安全验证。此种方式可以很好地预防账号被他人盗取后进行违规行为,最大程度上减少账号所有者的损失。

风险操作提醒:开启安全提醒后,如果对公众号进行风险操作,系统将会提醒管理员(绑定的管理员微信号),以保证公众号安全。风险操作包括群发消息、修改服务器配置、重置AppSecret。登录默认开启提醒且无法关闭。

风险操作记录:在风险操作记录处可以查看近7日、15日甚至30日的公众平台操作记录,并且可以显示具体的操作时间、有无管理员验证、操作微信号、所在地等信息,并且可以记录登录、修改、群发等操作行为。

IP白名单设置:同上面操作步骤类似,在"设置"模板的"安全中心"进入后,单击"IP白名单"按钮,在输入框内输入IP地址后再单击下方的"确认修改"按钮,进行提交确认操作。

修改密码:管理员微信扫码验证后才可以修改密码。

下面介绍微信公众平台的"功能"板块。"功能"板块的内容包括自动回复、自定义菜单、留言管理、投票管理、页面模板、赞赏功能、原创管理以及添加功能插件八项功能。

自动回复功能的设置及应用

（四）自动回复功能的设置及应用

"自动回复"是指公众平台运营者可以通过简单的编辑和设置规则，利用文字、语音、图片、视频作为回复消息的一种功能。自动回复分为被添加自动回复、消息自动回复、关键词自动回复三类，如图 2-2-4 所示。

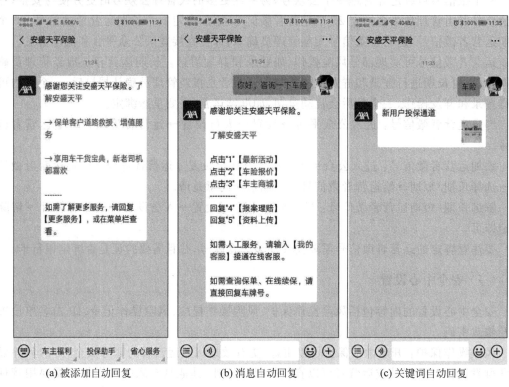

(a) 被添加自动回复　　　　(b) 消息自动回复　　　　(c) 关键词自动回复

图 2-2-4　自动回复三种类型

1．被添加自动回复

被添加自动回复是指用户关注公众平台后，公众平台对用户的关注动作的自动回复。对于这个设置，运营者要特别重视，因为这段欢迎语是与用户的第一次互动，内容要尽可能体现企业的宗旨和企业文化，又要不失个性化，让用户一目了然。自动回复的文字可以是产品介绍，也可以是该账号的特色，甚至是一些卖萌搞笑的文字、图片、语音和视频。被添加自动回复是现在用得比较多的设置，内容上以文字为主，适当地增加图片信息甚至是语音信息，会给用户带来更好的体验。

1）被添加自动回复的一般设置

设置方法：通过在微信公众平台→功能→被添加自动回复，可设置的文字、语音、图片、视频为被添加自动回复的内容，如图 2-2-5 所示。

在微信公众平台设置被添加自动回复后，粉丝在关注你的公众号时，会自动发送设置的

图 2-2-5　被添加自动回复的一般设置

信息给粉丝,设置后可根据需要"修改"或"删除"回复。

2)被添加自动回复的超链接设置

公众平台被用户添加关注后,关于自动回复的设置,从后台看只有文字、图片、音频、视频四种形式,但其实可以通过一个代码来实现自动回复超链接的设置。超链接就是可以单击的内容链接,也就是文字植入超链接。例如"合肥超人叔叔"的自动回复,如图 2-2-6 所示。

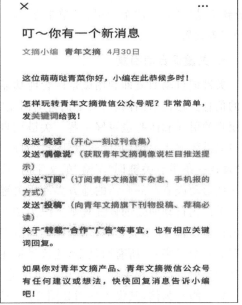

图 2-2-6　自动回复超链接示例

图2-2-6中"超叔福利大放送"下面五个都是超链接,只要用户单击它们,就会打开相应的内容。很多公众平台都需要添加一些外部链接,这是一个刚需,例如,"读者"在自动回复里添加了订阅杂志的链接、历史文章链接、电子版杂志的链接;有一些公众平台在自动回复里设置,界面会显得较乱,用户体验不好,有部分的链接还特别长,像"读者"的外部链接又放得比较多,一般有五六个,这时候用上超链接这个功能就完美解决了,而且会让用户感觉你很有格调。

实现"被添加自动回复超链接"功能分为以下4个步骤。

（1）保存下面的代码：

`<a href="把你想要跳转的链接放在这里">把你要显示的文字放在这里</a>`

注意：只需填写内容,其他不变,代码中的双引号应该是英文状态输入的。

（2）把要跳转的链接地址插入代码里,位置不能出错。

（3）把你要显示的文字插入代码里,位置不能出错。

（4）打开公众平台后台,然后再打开"被添加自动回复",选择回复"文字",把已经插入好"跳转链接"和"显示文字"的代码复制粘贴到输入框,这样就设置完成了。重新关注该账号,会发现跳出来的自动回复中只有代码里有你想要显示的文字,但这个文字是蓝色的,点它就会跳转到你设置的链接里。注意,代码要确保正确,标点和空格、超链接和文字的插入位置如果有一点错误,就无法正确显示。

2. 消息自动回复

消息自动回复是在用户给你发送微信消息时,账号自动回复设置好的文字、语音、图片、视频给用户,这个回复比较单一。用户发送任何信息,都会收到同样的内容,所以该功能现在使用得较少。对于一些繁忙的公众平台来说,都会自动设置好回复内容。内容可以是"不好意思,咨询的人太多,请稍等片刻"之类的用于拖延时间的文字、图片。如果微信公众平台设计了菜单,那么自动回复的内容也可以是引导用户自助操作的文字,如"最新活动"单击1,"车险报价"单击2,"车主商城"单击3,如"需查询保单,请直接回复车牌号"等设置。

3. 关键词自动回复

关键词自动回复即利用微信的智能功能识别用户的关键词信息,为用户推送与之相关联的信息。相比前面两者,关键词自动回复的设计更复杂一些,但相应的,它也更加智能化,给用户的引导和体验也更好一些。关键词自动回复就像智能机器人,后台设计好关键词后,用户只需要输入关键词,就能得到与之对应的内容。例如,当用户给微信公众平台"安盛天平"发送一条带有关键词"车险"的文字时,该账号会自动回复一条事先设定好的信息,可以在一些活动或者产品介绍的地方多使用关键词自动回复,加大企业的营销力度。

关键词自动回复的设置规则上限为200条（每条规则名最多可设置60个汉字）,每条规则内最多设置10个关键词（每个关键词最多可设置30个汉字）、5条回复（每条回复最多可设置300个汉字）。所有回复中,建议尽量在图文最后提供一些其他产品的链接导引,这些产品与当前产品有相关性,这样用户也许能购买更多的产品。

以订阅号为例,其设置界面如图2-2-7所示。

图 2-2-7　关键词自动回复界面

自定义菜单功能设置

（五）自定义菜单功能设置

1. 自定义菜单内容设置

除了推送文章信息，微信公众平台还具有自定义菜单功能。

好的自定义菜单设置，可帮助微信公众平台打造差异化竞争的优势。以公众平台上几个常用的功能进行对比分析发现，"群发"功能和"自动回复"功能在某种程度上都具有一定的复制性，操作流程基本一致，内容设置也差异不大，很容易模仿。但"自定义菜单"功能可实现个性化操作，很难被复制。运营者在设置菜单时可以根据平台定位、运营的内容具体确定，能够体现平台和内容的特点，只要有足够的创意、创新，就可以做出与众不同的菜单。

例如，以销售产品为主的企业公众平台至少要设置微商城、微店，或者其他购物平台，如必胜客、京东等，作为整个公众平台运营的主体和最终目的就是要设置线上商城。而以表达观点、传播知识为主的休闲情感类公众号，在菜单设置上就需要尽量围绕思想、观点、知识等进行，如微信公众平台"父母课堂"的核心是育儿，而"健康饮食全说"的核心是养生，无论育儿还是养生，这类公众号都旨在表达一种观点——向大众传播某领域的知识。因此，在自定义设置上也必须充分体现这点。

自定义菜单既可以为公众平台打造一个相对便捷的索引路径，也可以满足消费者的体验要求。当新用户添加微信公众平台时，如果发现该平台上有较为有趣的、有价值的自定义菜单，会很容易产生兴趣，加大关注度。自定义菜单也是一个非常精准的引流通道，通过菜单可将粉丝引到相关联的微店、微网站、微商城以及其他第三方平台等终端上。如在线订餐、订票、网购、快递查询、缴费等微信公众平台，自定义菜单往往是与终端相关联，目的是将粉丝引流，实现直接销售和服务。如果把微信公众平台当作企业营销的一个流量入口，那么自定义菜单就是这个平台的通道，负责把线下用户引流到线上，把潜在用户变成客户。

因此在设置自定义菜单时，要进行差异化和精准化定位，打造公众平台的与众不同之处。

2. 自定义菜单的设置步骤

公众平台可以在会话界面底部设置自定义菜单,菜单项可以按照账号的需求自行设定,并可为其设置响应的动作。微信用户可以通过单击菜单选项,收到设定的消息,或者跳转到设定的链接。

1)自定义菜单的基本设置规则

目前,无论是订阅号、服务号还是企业号,都可以进行自定义菜单的设置。每个微信公众平台最多可设置 3 个主菜单(也可称为一级菜单或母菜单),每个主菜单下最多可以设置 5 个二级菜单(也可称为子菜单),主菜单名称的字数最多不能超过 4 个汉字或 8 个字符,二级菜单名称的字数不超过 8 个汉字或 16 个字符。子菜单是在触发主菜单请求后才会被激活,单击子菜单就会触发具体的请求,调出相应的回复信息和链接。

2)自定义菜单的作用与应用

一般情况下,企业可以应用微信公众平台的自定义菜单来达到服务、互动和转化三种目的。

(1)服务。很多服务号应用自定义菜单实现对用户的服务,例如图 2-2-8 中的公众平台"解放军总医院 301 医院",通过自定义菜单的设置,使用户可以通过微信公众平台进行预约挂号、报告查询、门诊缴费、院内导航、查询"我的账户"等功能。再如"顺丰速运""中国南方航空"的微信公众平台也利用自定义菜单,方便用户完成查询等服务。

图 2-2-8 子菜单的服务功能

(2)互动。企业还可以应用自定义菜单与用户进行适当的互动,例如"石榴婆报告"微信公众平台就在"好看"菜单下设置了"更多关键词""随便搜一下"等子菜单,邀请用户来互动。

(3)转化。某些企业的微信公众平台可以直接应用自定义菜单进行用户的有效转化。例如:"三只松鼠"的微信公众平台就把子菜单直接设置跳转到天猫旗舰店,还有一些活动优惠购买的页面,直接实现订单的转化;"秋叶 PPT"直接链接到课程,单击就能进入"网易云课堂"的链接进行购买;"罗辑思维"的菜单可以直接链接到"罗辑思维商城"进行购买。

3) 设置自定义菜单的操作步骤

在规划好自定义菜单后,就可以进行操作了。

(1) 添加一级菜单。登录微信公众平台,在"功能"模块中单击"自定义菜单"。进入"自定义菜单"页面,此时会出现一个模拟的手机,单击界面下方"添加菜单"按钮即可添加一级菜单,然后可以进行一级菜单名称的编辑及菜单功能的设置,如图2-2-9所示。

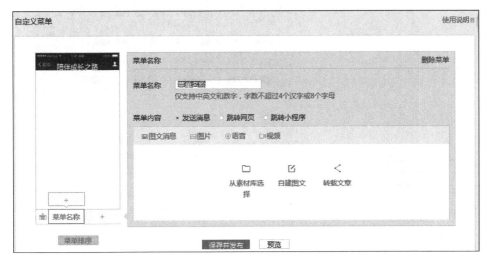

图2-2-9　微信公众平台自定义菜单之主菜单设置

(2) 添加二级菜单。单击左下方的添加符号"+",添加新的子菜单;在右侧的"子菜单名称"文本框中输入这一级菜单的名称。

选择"子菜单内容",可设置"发送消息""跳转网页""跳转小程序"选项卡,如图2-2-10所示。

如果进入"发送消息"选项卡,可以在"图文消息"中单击"从素材库选择"按钮,将已经编辑好的图文消息添加进来。也可以单击"自建图文"按钮新建一个图文消息作为子菜单的内容;还可以单击"转载文章"按钮来将转载的文章作为子菜单的内容。需要注意的是,一个子菜单只能添加一个图文消息。可以发送的信息类型包括文字、图片、语音、视频以及图文消息等,但是未通过微信认证的订阅号暂时不支持文字类型。

如果进入"跳转网页"选项卡,在"菜单内容"的下方就会出现链接地址栏,如图2-2-11所示。可以在"页面地址"文本框中输入网址,通过微信认证的订阅号还可以手动输入网址,也可以单击"从公众号图文消息中选择"按钮,在弹出的历史图文消息、素材库里进行选择。设置好跳转的网址后,订阅者单击该子菜单,就可以自动转到设置好的网页。

如果进入"跳转小程序"选项卡,可以在"小程序"中选择"选择小程序",输入要搜索的小程序名称、APPID等,还可以从"备用网页"中单击"从公众号图文消息中选择"按钮,如图2-2-12所示。

在设置菜单完成之后,如果想要删除某个菜单,可选定该菜单,然后单击"自定义菜单"界面右上角的"删除菜单"按钮。如果想要调整菜单顺序,可单击页面左下方的"菜单排序"按钮,然后用鼠标指针移动单击即可。整个菜单设置好之后,可单击"预览"按钮,查看菜单

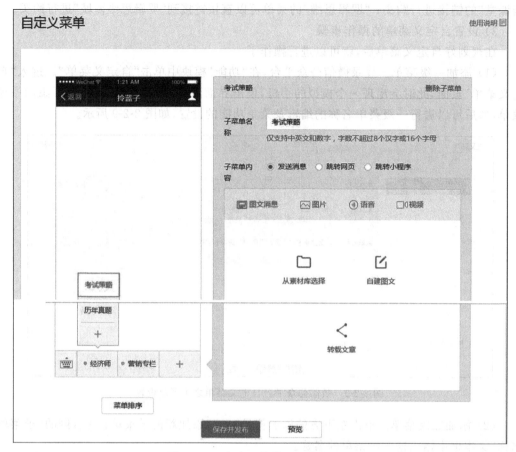

图 2-2-10　自定义菜单之子菜单设置

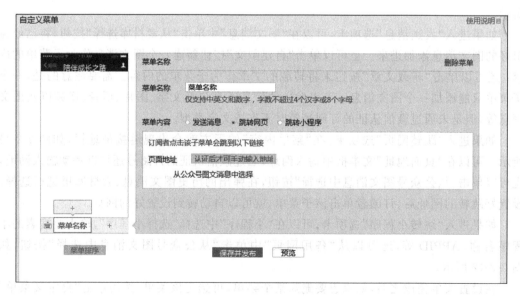

图 2-2-11　跳转网页设置

图 2-2-12 "跳转小程序"设置

效果。最后,单击"保存并发布"按钮,设置就完成了。当还有未设置内容的菜单时,页面会跳转到当前空菜单,提示"请设置当前菜单内容"。

正在编辑的菜单不会马上被用户看到,单击"发布"按钮后,15 个小时后会在手机端同步显示,但粉丝不会收到更新提示,如果多次编辑,以最后一次保存为准。发布成功后,菜单状态由"菜单编辑中"变成"菜单已发布"。

(六)投票功能设置

投票功能可以让使用微信公众平台的用户就有关比赛、活动、热门话题等进行投票,收集粉丝意见。人们对排名投票的活动比较感兴趣,容易吸引更多的人参与其中,更能达到引流吸粉的作用,加强与用户的联系。

微信公众平台的投票功能

1. 投票功能设置步骤

微信公众平台的投票功能如图 2-2-13 所示,要进行投票活动,可以事先设置好投票内容。

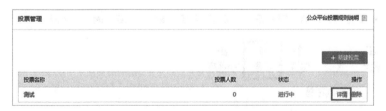

图 2-2-13 投票管理设置(1)

新建投票时,先单击"投票管理"中的"＋新建投票"按钮,然后在"投票管理"→"新建投票"中填写相关内容,如图 2-2-14 所示。

然后可以先进行"预览",再单击"保存并发布"按钮。

这时关注公众号,并不能够看到投票的内容。需要在左侧"管理"菜单中的"素材管理"中"新建图文素材",此时会在"新建图文素材"的编辑界面上方出现素材选择,其中就有"投

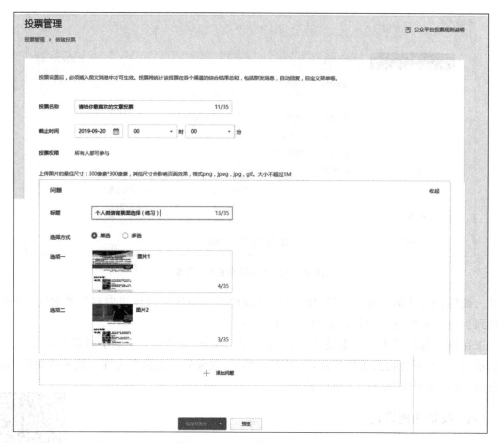

图 2-2-14　投票管理设置(2)

票"。在所编辑的图文素材中点开"投票"功能，就能把之前设置好的投票插入图文中了，如图 2-2-15 所示。

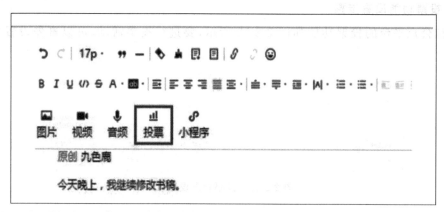

图 2-2-15　投票管理设置(3)

2. 设置注意事项

（1）其中投票主题、问题项、选项长度以 35 个字以内为佳，投票名称只用于管理，不会显示在下方的投票内容中。

(2) 投票截止日期只能在当前时间之后半年内任意时段,时间精确到分钟。

(3) 一个问题设置选项不超过 30 个,上传图片规格为 300 像素×300 像素,大小在 1MB 以内。支持的上传格式包括 png、jpeg、jpg、gif 等。

(4) 设置好问题后,单击"收起"按钮就会隐藏选项。如需修改,单击右侧"编辑"项。

(5) 只有在前面问题设置完成后,才能进行下一个问题的设置。设置问题后,需要添加新问题时可以单击"＋添加问题"按钮。

(6) 设置完成后,该投票名称就会显示在"投票管理"中。

(7) 投票设置后,必须插入图文消息才可以生效。

(8) 若是多图文消息,则每个正文只能包含 1 个投票(3 个图文则能放 3 个投票)。

(9) 粉丝投票可设置"非关注即可操作"或者"关注后操作"功能,对投票项目可设置单选或者多选。

"投票"功能将统计各个渠道的结果总和,包括群发消息、自动回复、自定义菜单等,所以会出现"投票"功能的投票数与阅读数不一致的状况,这是由于没有包括自定义菜单和自动回复,只是对阅读人数和点赞进行了统计。

(七)页面模板设置功能

页面模板设置功能是给公众平台创建行业网页的功能插件。公众平台可选择行业模板,导入控件和素材生成网页,并对外发布。最初,只有获得原创资质的公众平台才能使用该功能,2015 年改版后,已经对所有的公众平台开放。

微信公众平台的模板设置

页面模板就是将历史文章进行整理、分类,然后通过一个模板页展示出来,并绑定在自定义菜单或者阅读原文等入口,这样不仅能使关注者更方便地查阅历史文章,还能提高公众平台文章的阅读量。当然,官方自带的页面模板也比较受局限,例如,只有两种页面模板,每个模板页面最多只能放 5 个分类,每个分类下最多也只能有 30 篇文章。

"页面模板"功能目前暂时只提供媒体行业模板,包括列表模板、综合模板和视频模板三种。其中视频模板分为两种情况:一是视频可在当前模板中播放;二是视频需在详情页中才可播放,如图 2-2-16 所示。

列表模板只有一列内容,可以添加 30 篇文章。综合模板的封面内容只能添加 3 个,最多可以分为 5 列,每列中最多可以添加 30 篇文章,如图 2-2-17 所示。视频模板需要在当前模式和详情页中播放。

(八)赞赏功能

1. 赞赏功能简介

微信公众平台"赞赏功能"是指腾讯向微信公众账号个人类型用户提供的,允许微信用户自愿就公众账号个人类型用户发布的文章内容赠予款项

微信公众平台赞赏功能

以示鼓励的功能。2018 年 6 月 6 日,微信升级赞赏功能,由原先对公众号赞赏变成对作者个人的赞赏。这一功能对所有类型的公众平台开放。

读者可以通过文字底部的"喜欢作者"按钮进入作者页面,通过阅读作者当前或者往期文章,可以从 1~200 元不等为作者赞赏,也可以输入其他金额。通过"赞赏账户"小程序,作

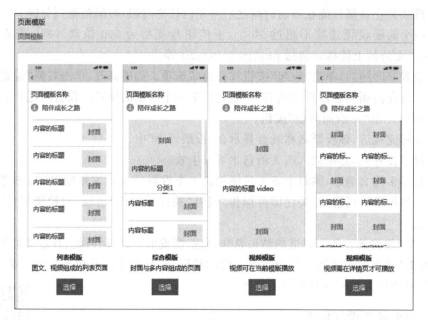

图 2-2-16 媒体行业模板类型

图 2-2-17 手机状态下页面模板

者可以管理自己的赞赏账户,赞赏会在 7 天内到达作者个人的微信零钱账户。

目前,用户需要通过公众平台下发邀请,方可注册赞赏账户。下发邀请的公众平台也有一定条件要求,原已开通赞赏功能以及长期发布原创文章的个人类型公众平台,可发送创建赞赏账户的邀请。今后,所有类型的公众平台使用同一作者名发表 3 篇以上的原创文章,也可增加创建的机会。每个公众平台最多可以邀请创建 3 个赞赏账户。

2. 开通赞赏账户的步骤

(1) 满足条件的公众平台,可以进入"赞赏"功能,页面会有邀请按钮,点开后即可邀请个人微信号开通赞赏账户,如图 2-2-18 所示。

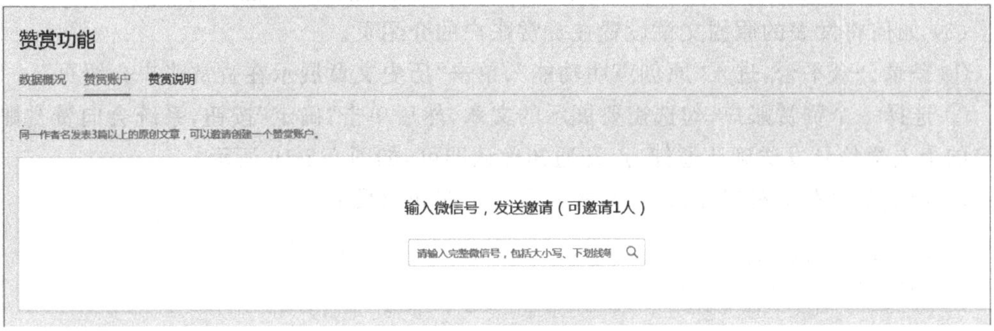

图 2-2-18　赞赏功能

注意事项:①需填写个人微信的微信号,填写微信绑定的手机或 QQ 无法邀请,且对方需要已关注该微信公众平台;②若对方已注册,无法再邀请;③发出邀请 24 小时未注册则释放名额,名额的消耗和释放会通过站内信息通知。

(2) 发送邀请后,个人微信会收到邀请通知。打开通知会进入开通赞赏账户的小程序,需要填写名称、性别、地区、简介信息。

注意事项:

① 赞赏账户名。名称只允许含有中文、英文大小写,长度为 4~30 个字符(1 个汉字等于 2 个字符),且不可与公众号名称重复。名称不得涉及侵权、违反法律法规以及平台运营规范的内容。

② 头像。可以拍摄一张照片或从手机相册选取图片作为头像。

③ 简介。长度 4~120 个字符,不得涉及侵权、违反法律法规以及平台运营规范的内容。

④ 性别。设置作者性别,在"地区"中填写作者所在地区。

⑤ 实名信息。填写作者真实的姓名、身份证号码(实名信息不会对外展示),且需与当前操作的个人微信实名信息一致,提交后实名信息不支持修改,每个人(以身份证统计)只能开通一个赞赏账户。

(3) "赞赏账户"小程序规则。

① 从邀请绑定的模板消息进入小程序可以注册,从其他渠道打开小程序会提示无法注册,该小程序的所有页面无法分享。

② 进入"赞赏账户"小程序,单击上方的作者名"我的信息",即可修改作者信息。实名信息无法修改,赞赏账户名只能修改一次,其他信息无修改次数限制。

③ 在"赞赏账户"小程序,单击上方的作者名"收款公众号",可以添加或移除设置自己作为原创文章赞赏收款账户的公众号。

④ 收款设置:作者可以设置赞赏的 6 个金额和一句引导语,引导语对全局生效,即每篇文章的赞赏都展示这条,修改引导语也会影响已发布的文章。赞赏支持回复读者,会以"微信公众平台"官方公众号的名义通过服务通知下发,每个赞赏只能回复一次。

(4)修改赞赏账户名。在"赞赏账户"小程序的管理端,单击"我的信息"名字,就可以进入改名流程。每个账号只有一次修改名字的机会,旧名字将会有7天保护期,在7天内可以撤销新名字,恢复原来名称。如果不选择恢复,7天后旧名称就会被释放,其他人都可以注册这一名称。需要注意的是,撤销也会占用改名的机会,撤销后不能再进行名称修改。

(5)如何将发表的原创文章设置在赞赏账户的介绍页。

① 登录公众平台,进入"原创声明功能",单击"历史文章展示在赞赏账户介绍页"。

② 选择一个赞赏账户,勾选需要展示的文章,然后单击"确定"按钮,系统会向赞赏账户对应的个人微信号发送确认通知,点开通知确认即可,如图 2-2-19 所示。

③ 赞赏账户在手机端确认后,文章就会展示在介绍页上。

图 2-2-19　历史文章展示在赞赏账户介绍页

④ 设置规则如下:只能对赞赏功能升级上线之前(2018 年 6 月 6 日之前)的原创文章进行设置;每篇文章只能设置 1 次;设置成功后只是展示在赞赏账户的介绍页,文章原有的内容、作者名都不会改变。如果文章原本有开启赞赏,依然是赞赏给公众号,而非赞赏账户。

(九)原创管理功能

原创管理与赞赏功能是深度合作的,"原创声明"功能是原创保护的基础功能,在创建图文消息时,满足原创文章的条件之一是所写文章不少于 300 字,声明成功后,系统会对文章添加原创标识。

"原创声明"功能旨在鼓励公众平台多原创,杜绝粘贴、复制,维护原创作者权益。2017 年 12 月 6 日,微信团队将"原创声明"功能作为基础功能对所有公众号开放,即使刚注册成功的公众号,也拥有发表原创文章的功能。所发送的推文只要申请原创声明,就会在文章题目下方看到一个原创标识。

(十)小程序功能

1. 小程序的基本情况

2017 年 1 月 9 日,微信小程序正式上线,它是基于微信推出的全新平台,开发者可以自行开发出在微信上运行的程序,用户可以通过搜索或者好友推荐获取并直接运行。

小程序是一款无需下载、即开即用的线上应用,操作性强,功能多。小程序与公众平台在同一开发主体的前提下,二者之间可以互相关联。因此,小程序的优势非常明显。

(1) 开发成本低。小程序开发成本是开发一个 APP 成本的 10%～15%。它的开发技术与开发手机客户端 APP 技术相似。

(2) 推广成本低。小程序有二维码,用户只需扫一扫就可以获得,由于小程序关联公众平台,所有用户可以在公众平台上直接推广小程序,用户也可以从附近的小程序中将想要的小程序找出来。

(3) 无须安装。用完退出,即用即开。

(4) 节省手机内存。小程序无需安装且不用升级的特征并不占用户太多的手机内存,易为广大用户所接受。

(5) 可以打造超级粉丝。小程序端的所有用户都来自微信,一旦使用,小程序端就会有一个清晰的用户画像,有利于运营者更好地区分用户群体。小程序有强大的数据分析能力,可以帮助运营者分析用户,发现用户,最终助其留下用户,打造超级粉丝。

(6) 提高用户黏度。微信小程序有和公众平台关联、把具体单页信息分享给好友的功能,这两项功能对大众传媒提高用户黏度有很大帮助。例如,"人民日报"公众平台可以关联人民日报社开发的小程序,反过来用户通过人民日报社开发的小程序也可以进入其公众平台,这就实现了公众平台用户和小程序用户的交融,也提高了用户的黏度。而且,用户可以把通过小程序读取的新闻、热点直接分享给微信好友,他的好友如果感兴趣,也可以将其再次分享给其他好友。

2. 小程序与公众平台

经过近几年的发展,很多企业对公众平台已经相当熟悉,那么小程序就是企业所做的简易、实用的移动商城,打开的小程序就相当于弹出一个品牌的简介与购买页面。更多企业利用小程序实现"公众平台+线下门店"的同步运营,即使是没有线下门店的商城,也能通过附近的小程序,直接触达未关注过的公众号的潜在用户。

微信小程序功能(2)

(1) 公众平台绑定。小程序能够与公众平台相互关联,公众平台能发送信息通知粉丝,粉丝的猎奇心会促使其点开与公众平台关联的小程序,这个过程能够直接打通粉丝营销闭环,极大地降低企业获取流量的成本,因而成为每个企业和自媒体的福音。

(2) 自定义菜单跳转。公众平台自定义菜单栏能够通过一些设置跳转到关联的小程序,从而引导公众平台粉丝进入小程序。因此,小程序可以将粉丝进行二次转化。

(3) 公众平台文章关联小程序图文卡片。公众平台可将已关联的小程序图文卡片添加到群发文章的正文中,粉丝接收并推送后,单击图文卡片就能打开小程序。这对于那些文章阅读量在 10W+ 的公众平台而言,价值不言而喻。

(4) 公众平台模板消息。公众平台模板消息也是可以利用的资源,通过将模板消息与小程序做链接,可以让消息更好地触达用户。例如,用户在某个小程序购买了产品,该小程序所绑定的公众平台就会给用户发送模板消息,而用户就能够通过此消息来掌握订单详情。

3. 微信小程序开通步骤

单击公众平台左侧"小程序管理"按钮,就可以出现如图 2-2-20 所示的界面。

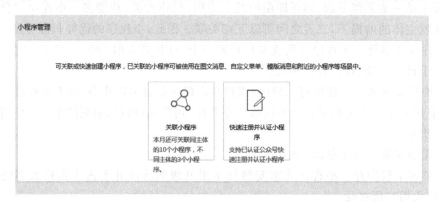

图 2-2-20　微信小程序管理

第一步,单击"关联小程序"按钮。已关联的小程序可被使用在图文消息、自定义菜单、模板消息和附近的小程序等场景中。一个微信公众平台可以关联同一主体的 10 个小程序、不同主体的 3 个小程序。

第二步,快速注册并认证小程序。完成公众平台与小程序关联,如图 2-2-21 所示。

图 2-2-21　小程序关联验证

各项功能设置完成后,就可以开始发布公众平台文章,正式运营了。当然以上功能的设置不一定都要完成,最基础的功能设置好后,就可以发布文章了。有的功能边运营边添加也是可以的。发布文章必须用到管理功能,包括消息管理、用户管理和素材管理。

(十一) 消息管理、用户管理和素材管理

在左侧的"管理"模块中有消息管理、用户管理和素材管理三个基本功能。

微信公众平台的消息管理和用户管理

1. 消息管理

微信公众平台与用户交流便捷，很多用户会给公众平台发送消息或者留言。应用后台管理可以查看和回复用户发送的消息。

登录微信公众平台，单击"管理"模块中"消息管理"按钮就能够看到发送消息的粉丝列表、发送时间等。文字信息可以保存 5 天，其他类型的消息只能保存 3 天。超过时间期限的消息会自动清空。系统默认隐藏关键词信息，如果需要查看，只需要勾掉"隐藏关键词消息"选项。

与单个订阅用户的实时聊天最多保留 20 条。如果订阅用户发送的消息标记为"星标消息"收藏，则可以永久收藏该消息。如果需要对已收藏的消息取消收藏，单击已收藏的消息的星标标志即可。

在消息列表里，已经回复的消息会在右侧显示红色字体"已回复"。还没有回复的消息则会标为"未回复状态"。如果回复信息，可直接单击发送消息人的头像，页面上就会出现聊天框，如图 2-2-22 所示。将信息输入，单击"发送"按钮即可，回复消息没有上限。如果在粉丝给公众账号发送消息后 48 小时内未回复，则无法再回复消息，只有粉丝再次发出消息，才能再次进行回复。

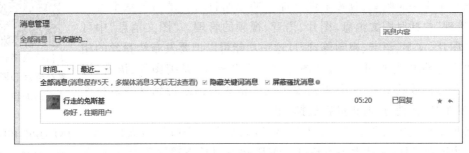

图 2-2-22 消息管理

2. 用户管理

公众平台逐步发展，用户数量和规模也会变得越来越大，需要对它们分门别类进行管理。登录微信公众平台，在"管理"项中找到"用户管理"就可以看到所有关注该公众号的用户，如图 2-2-23 所示。

公众平台可以获得已经关注该公众平台的用户的一些基本信息资料，如头像、名称、地址等。将光标移动到该用户头像就能看到相关资料情况。

在没有进行分组分类时，所有用户都是"未分类"状态。按照一定标准将用户分成各种类别，更加便于查找粉丝、了解粉丝的构成等。

要将用户分组，单击用户界面右上角"＋新建标签"按钮，然后在弹出的"标签名称"中输入不超过 6 个汉字或者 12 个字母的名称。目前在微信公众平台，最多可设置 100 个粉丝分组。新建分组后，可将用户分别移动到各自的分组里。

微信公众平台后台无法删除订阅用户，当微信公众平台订阅用户数量越来越多时，有些用户会发送一些不良消息，运营者可以将这些用户拉入黑名单，黑名单用户无法接收到公众平台群发的消息和自动回复消息。用户被拉黑后，即使用户取消关注，再重新关注，仍然无法接收群发消息和自动回复消息。

图 2-2-23　用户管理

3. 素材管理和群发功能

微信公众平台的素材管理和图文消息的编辑

素材是指平时收集、收藏未经过加工的原始材料。微信公众平台中"素材管理"包括对图文消息、图片、语音、视频的管理。"图文消息"中可以包括图片、文字、语音、视频等,通过这一功能可以把要发布给粉丝的相关资讯进行编辑、排版并保存。"图片""语音""视频"是把图片、语音、视频素材分类存放的工具,运营者需要把这些格式的信息传到这些素材库里面,发布"图文消息"时再进行选择、组合。

各种素材上传的要求是:①图片素材,大小在 5MB 以内,支持 bmp、jpeg、jpg、gng、gif 格式;②语音素材,文件大小不超过 30MB,语音时长不超过 30min,支持 mp3、wma、amr 格式;③视频素材,大小在 20MB 以内,支持大部分视频格式。

1) 图文消息编辑

微信公众平台推送的图文消息主要有两种展现形式:一种是单图文消息;另一种是多图文消息。两者的区别在于:单图文消息一次只推送 1 篇文章,而多图文消息一条消息(一次)最多可以推送 8 篇文章。如图 2-2-24(a)所示为单图文消息,图 2-2-24(b)所示为一条多图文消息推送了 3 篇文章。目前设置图文消息内容没有图片数量的限制,但正文里必须有文字内容。

(1) 单图文消息编辑。进入微信公众平台→管理→素材管理→图文消息→新建图文素材,如图 2-2-25 所示,进入图文编辑页面,即可编辑单条图文。在编辑框里需要编辑的图文消息内容,包括标题、作者、正文、封面和摘要,如图 2-2-26 所示。

在正文部分,还可以根据内容需要添加图片、视频、音乐、音频、投票等。添加时将鼠标指针悬停在需要添加图片的位置,单击上方"图片"按钮,会弹出图片添加页面,然后单击"本地上传"按钮,可以上传图片。也可以在以往编辑信息时已上传的图片中选择配图添加至本篇图文消息中。添加视频操作和添加图片一样,可以选择本地上传视频,还可以输入腾讯视频网址进行分享。音乐、音频的上传方法与图片基本相同。

正文内容编辑完成后,下拉页面,可进行封面和摘要的编辑。封面和摘要很大程度上决

(a) (b)

图 2-2-24　单图文消息和多图文消息

图 2-2-25　新建图文素材

定了用户是否会单击所推送的图文消息，因此选择适合文章主题的封面图片、撰写引人入胜的摘要文字是非常重要的。

（2）多图文消息编辑。如果需要编辑多图文消息，直接单击左侧图文导航"＋"按钮可增加一条图文消息。如图 2-2-26 所示。单击添加后，系统会跳转至新的图文消息编辑框，接着就如添加单图文消息一样进行编辑操作即可。编辑好一篇图文消息并保存后，可单击左侧图文列表继续添加图文消息。

多图文消息一次推送不能少于 2 篇，最多可推送 8 篇。编辑完成后，可能还需要对文章的顺序进行排序。将鼠标指针放在图文消息列表中想要调整顺序的那篇图文上，就会出现"上移"和"删除"按钮，单击它可以实现对图文消息的调序和删除。

图文消息编辑完成后，千万不要着急发送出去，一定要先单击编辑框下方的"预览"按钮，进行检查。确认排版、配图、文字无误后，再执行"发送"操作。

2）图文消息编辑经验及技巧

（1）文字编辑。

字体：微信公众平台编辑文章一般都是针对手机用户的，因此字体不能过大，也不能过小。字体过大，手机屏幕一页显示不了多少字；字体过小，手机满屏都是字，用户看着也不舒服。文章正文的字号建议最好在 14～18px，以 16px 最为合适，文章篇幅较长，字体可以稍大一些（16～18px）。对于比较偏"文艺范"的文章，其字体可以适当小一些（12～14px），

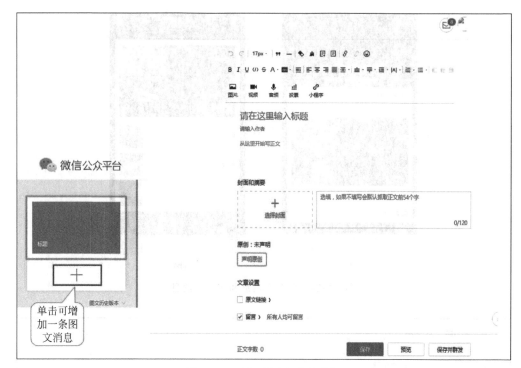

图 2-2-26　单、多图文消息编辑

会使文章显得更精致。

字数：微信公众平台编辑单篇文章的字数是有限的，不得超过 2000 个字。为了让用户获得更好的阅读体验，建议尽量控制在 1500~2000 字。

（2）图片编辑。

图片大小：因为微信公众平台的图文主要针对手机用户，过大的图片会影响用户的浏览速度。微信公众平台规定的是单张图片大小为 300KB 以下，维持在这个水平就行。在压缩图片的时候，要考虑图片的清晰度和质感，不要使图片失真。

图片数量：图片数量不宜过多，过多会影响浏览速度，要适当控制图片数量，做到图文结合。

封面图：单图文消息和多图文消息的第一篇文章的封面图尺寸建议为 900 像素×500 像素，多图文消息的非首篇文章的封面图建议为 200 像素×200 像素，在相应位置配图的时候按照这个尺寸来作图，可以保证效果最佳，避免显示不完整或者图片变形。

封面图要尽量选择干净、色彩统一的图片，在挑选图片时也要清楚自己的微信公众平台定位，尽量挑选与自己形象定位一致的图片。如果能对图片进行一定的加工，突出文章的主题则更好。另外，封面图片中的主要内容要尽量居中，因为在读者将内容分享到朋友圈的时候，微信公众平台会自动截取封面图居中位置的正方形内容，这样做能够保证图片的精彩内容在转发至朋友圈时也能被读者看到。

正文配图：文章正文中的图片要尽量选择与文章内容相近，多图文的配图，要注意整体风格保持和谐一致，在挑选这些图片时尽量做到图片内容、色彩冷暖的一致性，并且正文图片最好与文章封面图相呼应。

3) 图文消息的排版

图文消息的内容和素材的重要性是无可厚非的,而赏心悦目的图文排版也能给读者带来更好的阅读体验。

图文排版的目的主要有两个:一是提升读者的阅读体验,加深读者印象;二是突出内容,借助排版突出微信公众平台想传达的情感或思想。所以,排版的好坏,不是单纯看花样、看创意,而是看是否有助于实现这两个目的。如果没有,那么花样越多,反而越容易造成干扰。排版需要注意以下三点:①颜色和字号,突出重点内容;②段间距和行间距,形成平衡的布局;③线条和符号,引导视线。

排版是为了提升读者的阅读体验,不是为了增加读者的阅读障碍,做到简约、突出重点内容,实现必要的引导即可。

图文排版的工具:进行微信公众平台图文消息排版的时候,可以利用一些排版工具,这些工具称为微信编辑器,或者微信排版器,比较常用的有"135 编辑器""96 编辑器""秀米""i 排版""小蚂蚁编辑器"等。不管是哪种编辑器,作用都大同小异,最终效果无非是锦上添花。图文排版的美观固然重要,但是要注意不要本末倒置,把精力全部用在排版上,还是要更加重视文章的内容和素材。另外,对一个微信公众平台而言,形成固定的风格很重要,这样更具有辨识度。因此,选择一款使用顺手的并且适合微信公众平台风格定位的排版工具即可。

4) 图文消息的群发

(1) 进入微信公众平台首页,单击总用户数下方的"新建群发"按钮,进入群发编辑页面,如图 2-2-27 所示。

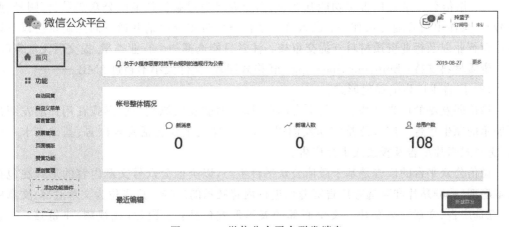

图 2-2-27　微信公众平台群发消息

(2) 单击"图文消息"按钮,此时出现"新建群发"界面,如图 2-2-28 所示。我们可以直接"从素材库选择"编辑好的图文消息进行发送;也可以单击"自建图文"按钮,此时出现的编辑界面与"单、多图文消息编辑"界面是一样的,可以进行图文的编辑;还可选择"转载文章"进行转载。也可以直接单击"图文消息"右边的"文字""图片""语音""视频"按钮进行编辑。

微信公众平台的图文消息群发

(3) 编辑完成后,首先选择需要群发的对象等选项,然后进行预览、检查,确定无误后,单击"群发"按钮。也可以单击页面底部的群发下拉按钮,选择定时发送。

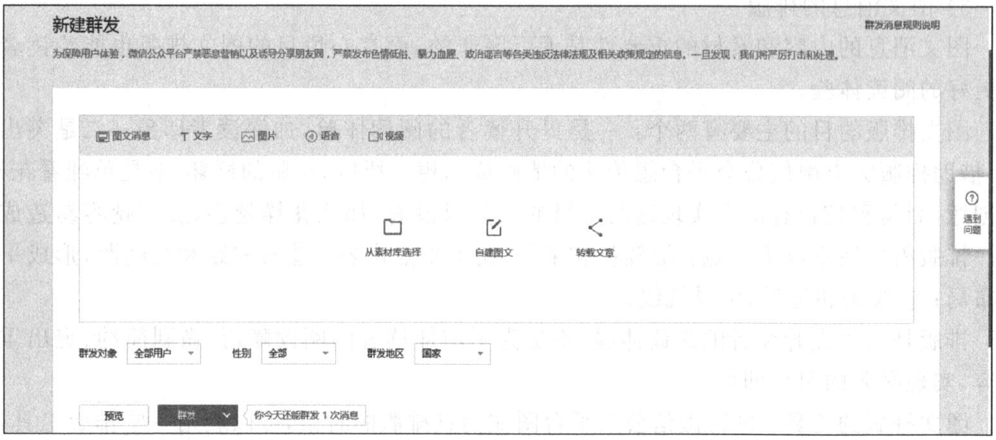

图 2-2-28　微信公众平台群发消息

(十二) 推广模块

微信公众平台的推广模块主要包括广告主、流量主和返佣商品推广三个功能。

1. 广告主

(1) 微信公众平台的运营者通过"广告主"功能可向不同性别、年龄、地区的微信用户精准推广自己的服务,获得潜在用户。广告主的广告可以是朋友圈广告、公众号广告或小程序广告。简单来讲就是广告主是需要发广告、投放广告的人(或企业),即广告的需求方。

(2) 微信公众平台广告主功能开通时,需要有已通过微信认证的公众账号(订阅号、服务号)。具体申请开通方法如下:进入公众平台→广告主→申请开通→同意确认协议→选择主营行业以及行业资质材料→提交审核。注意只能选择一个行业类型,提交后无法修改。

资质材料支持:bmp、png、jpeg、jpg、gif 格式图片,文件大小不超过 2MB。

(3) 广告主广告的展现形式。

微信朋友圈的广告是基于微信生态体系,以类似朋友的原创内容形式在用户朋友圈进行展示的原生广告。广告位是在朋友圈展示,广告样式主要包括常规广告、基础式卡片广告、选择式卡片广告及投票式卡片广告。

微信公众平台的广告是基于微信公众平台生态,以类似公众号文章内容的形式在包括文章底部、视频贴片和互选等广告资源位进行内容展示的广告。广告位为文章底部、文章中部、互选广告、文章视频贴片。文章底部的展示形式包括:①图片(或视频)+链接;②下载+关注,如图 2-2-29 所示。

小程序广告由小程序流量主自定义展现场景,根据各自小程序的特点,灵活设置展现页面与位置。常见展现场景:文章页—文章末尾、详情页—页面底部、信息流—信息流顶部或信息流之间。

2. 流量主

1)"流量主"是微信公众平台为公众号运营者提供的变现方式

符合一定条件的公众号运营者(微信公众平台粉丝数达到 500 人以上)自愿将公众号内指定位置分享给广告主作广告展示,即可成为微信公众平台广告流量主,按月获得广告收

(a) 图片+链接　　　　　　(b) 视频+链接　　　　　　(c) 关注+下载

图 2-2-29　微信公众平台广告——文章底部广告展示形式

入。流量主可实现流量变现,获取可持续收入,并在高价值的内容属性和鲜明的特色下,不断塑造个人品牌,提升流量主的品牌形象。简单来说,流量主就是坐拥微信公众平台用户,根据广告结果向广告主收费的公众号运营者。一个公众号主体最多可以对其他 20 个公众号开通流量主的资格。

公众平台流量主可开通的广告位包括底部广告位、文中广告位、返佣商品 CPS 广告位、互选广告位(仅对受邀公众号开放)。

2) 微信公众平台流量主申请开通的步骤

(1) 开通条件。公众平台关注用户达到 500 人以上且符合平台运营规范,运营者即可提交申请,审核通过后即可开通流量主功能。

(2) 申请方式。微信公众平台→流量主→申请开通→同意协议→选择广告标签→开通并提交即可。

3) 流量主数据查看和数据推送

(1) 数据查看。公众平台流量主可进入流量主页"数据报表",查看曝光量、点击量、点击率等广告关键数据。

曝光量指广告被用户看到的次数;点击量指广告被用户点击的次数;广告点击率=广告的有效点击量/广告的曝光量×100%。

流量主的广告收入与广告主出价及广告素材质量、用户有效的点击量等因素相关,随着用户点击的实际扣费动态变化,以后台展示的实际收入为准。

流量主报表数据在第二天 7:00—9:00 进行更新,如遇延迟,可以晚些时候查看,如图 2-2-30 所示。

(2) 数据推送。微信公众平台流量主通过数据推送入口绑定个人微信号,即可接收每天的数据推送,及时获取前一日广告收入关键数据。

进入"流量主"→"账户设置"→"数据推送",单击"+绑定微信号"按钮,选择推送内容→绑定微信号,使用需绑定的个人微信在页面扫码关注"微信广告助手"公众平台,关注后即可在微信收到推送消息。微信推送数据的时间在第二天上午,如遇推送失败,则会在下午

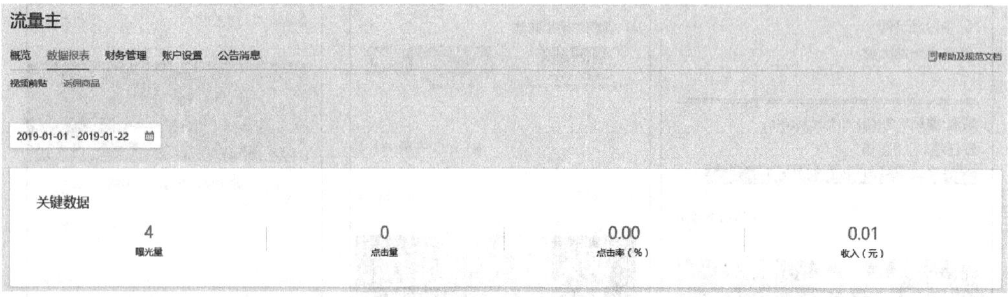

图 2-2-30　流量主报表数据

补推送。

3. 返佣商品推广

1)"返佣商品推广"的概念及申请条件

"返佣商品推广"主要面向拥有小程序且需要推广小程序及其服务（如商品）的广告主。广告主可通过"返佣商品推广"入口申请开通。完成资质审核后，使用官方标准接口将小程序内的商品素材同步至微信后台，并根据指引设置佣金比例、充值费用，即可开启推广。已开通流量主的公众平台在编辑图文消息时，可在侧边栏"商品"组件中选择商品进行推广（需要开启返佣商品广告位，当前内测中，后续将开放）。实际交易产生时扣减广告费用，广告主为最终效果付费。

返佣商品推广的申请条件如下。

(1) 品牌商家或拥有品牌一级授权的商家，以及交易类的综合电商平台。广告主名称如涉及企业商标，需有商标注册证或商标授权证明。

(2) 通过微信认证，且开通广告主功能。

(3) 需拥有绑定本广告主公众平台的小程序，且该小程序已开通并使用微信支付，提供商品购买服务。小程序内所有的商品服务需要有完整的客服、退货、退款等售后流程。

2)开通"返佣商品推广"的步骤

(1) 开通广告主，且符合"返佣商品推广"所开放的广告主类目。

(2) 登记返佣商品推广信息。广告主需要填写主营类目及小程序等资质。此处的主营类目与广告主的类目相关，只能选择与之相对应的类目。主营类目为商家主要经营的类目，目前开放的类目主要有图书、女装、男装、美妆个护、母婴、食品生鲜、数码家电、珠宝配饰、鞋靴箱包、运动户外、家居百货、汽车用品、综合电商共计 13 个类目，如图 2-2-31 所示。

(3) 推广的小程序需支持微信支付。特殊的，当广告主的小程序存在关联跳转时（见图 2-2-32），如推广最终引导的交易发生在直接跳转的小程序内，同样认为是"返佣商品推广"带来的收益，广告主也需要为此付费。单击签署协议，即可完成功能的开通。

(4) 开通功能后，第一次使用将看到如图 2-2-33 所示的四个步骤。

(5) 设置佣金比例。首先设置返佣比例，该比例不得低于主营类目基准佣金比例（各类目基准佣金比例要求见《微信公众平台返佣商品规则》），设置完佣金比例后，才可以通过商品接口导入商品。如果除主营类目之外，还需要导入其他类目的商品，则佣金比例设置不得低于这些类目中的最高基准比例要求，才能确保所有类目商品都可正常导入。佣金比例每

图 2-2-31 返佣商品推广设置——登记推广信息

个月可以修改 3 次。

(6) 导入商品。仅支持使用接口导入商品,商品信息的后续更新需使用接口开发,并且达到自动同步最新信息的效果,以此确保商品始终是最新信息。当商品成功导入后,广告主可以通过设置体验白名单来查看商品的展示。

体验白名单可以设置任意一个公众平台,设置成功后,可登录白名单公众平台,并进入编辑图文页面的侧边栏"商品",在选品面板中筛选自己的商家名称,从而查看自己的商品信息,以及体验实际公众号推广商品的流程。输入公众号 appid,搜索出公众号,选中后,单击"确定",即可完成白名单的设置。

(7) 充值推广金。需要预充值至少 5 万元,才可开启推广。支持微信支付、网银支付、银行转账三种方式。

返佣商品推广的充值需要在返佣商品推广的功能页面进行(而非公众号后台侧边栏"推广-广告主"功能页面内的充值入口,两者资金用途不同)。单击"充值"按钮旁的下拉按钮,可进行开票、退款、查询银行转账记录(使用银行转账方式的)。目前开票会跳转至广告主功能页面,与广告主那里的充值金额一起合并开票。退款则需走邮件申请。

(8) 开启推广。完成上述三个步骤后,即可开启返佣商品推广。在开启推广前,系统会校验一次信息,此时的可推广商品数并不代表最终能上线推广的数量,实际可上线的商品还

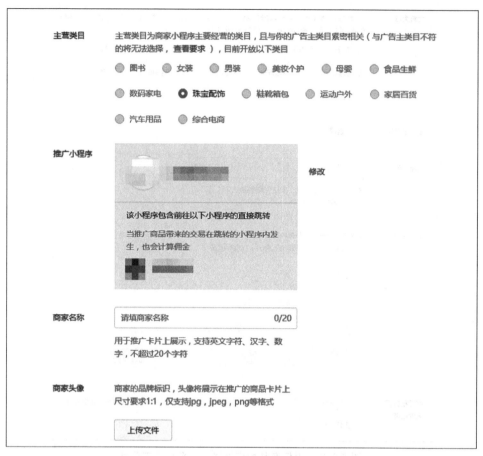

图 2-2-32　返佣商品推广设置——小程序关联跳转

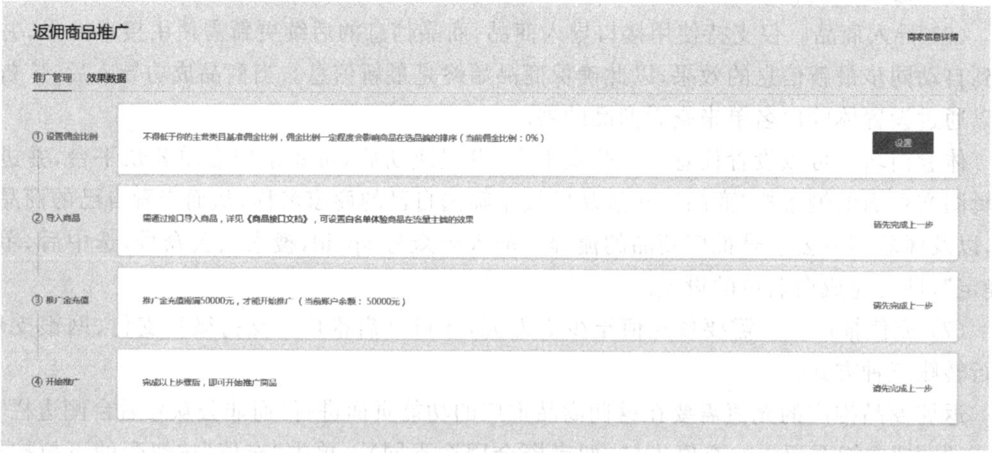

图 2-2-33　返佣商品推广管理

与商品当前的上下架状态、库存相关。

推广成功后,系统将会切换至正式管理页面。其中支出记录即为结算记录,当商品发生交易,在订单支付成功 30 日后会进行佣金结算,广告主可下载结算明细订单。

(十三) 统计功能

微信公众平台数据分析对微信公众平台的运营有着指导作用,非常重要。微信公众平台具有强大的数据库和分析能力。微信公众平台的数据来源一方面是后台,如用户分析、内容分析、菜单分析、消息分析、接口分析、网页分析;另一方面则是第三方接口,如微信指数、百度指数等,大大保证了数据的真实性,有利于精准化运营。

1. 用户分析

"用户分析"即利用后台数据对已关注自己公众平台的用户进行分析,通过用户分析可以了解用户的来源、属性、增减情况及留言,与粉丝互动,从而使活动得以有效执行,提高粉丝的黏度。

进入微信公众平台后台,单击功能列表中的"用户分析"模块,可进入用户分析界面。平台为运营者提供了三类用户分析体系,即用户增长、用户属性、常读用户。

1) 用户增长

"用户增长"用于统计昨日公众平台粉丝动态。数据包含了有关粉丝的数量和增长来源,主要记录新增人数、取消关注人数、净增人数、累计人数等各种数据。数据代表的意义如表2-2-6所示。会在界面上分别列出相关数据,还会以数据趋势图的方式表现。每日数据统计截至24:00,在第二天12:00前显示昨天的最新数据。运营者可以通过选择不同的时间段进一步进行数据分析,可以选择"最近7天""最近15天""最近30天"来查看,也可以手动选择时间段。

表 2-2-6 "用户增长"各种数据代表的意义

数　　据	代表的意义
新关注人数	新关注的用户数,一般指前一天推送带来的变化,不包括当天重复关注用户
取消关注人数	前一天取消关注的用户数量
净增关注人数	前一天净增长的关注用户数量,即净增关注人数=新关注人数-取消关注人数
累计关注人数	前一天关注公众号的用户总数

用户数量的增减变化最能直接体现一个公众平台整体运营质量。如果"净增关注人数"短时间内比平时增多,可能是前一天的推送或者活动有效果,以后可以多尝试这类活动或者推送。如果"取消关注人数"在短时间内比平时突然增多,可能是前一天推送或者活动出现质量问题,大量掉粉,应该及时做出调整。

如果一个公众平台侧重提供服务,则用户增长这部分数据比阅读量更重要;如果微信公众平台无法和订阅用户形成一种持续性的互动或者无法提供订阅用户需要的刚性内容,粉丝量再大也没有实际意义,取消关注只是时间问题。

2) 用户属性

用户属性是指按照各种分类标准,对现有的粉丝的属性进行分析,具体有性别、省份、城市、终端、机型。这些数据都会通过统计图直观地显示出来。用户属性数据分析可以帮助运营者查看自己的品牌、产品、服务与所对应的目标人群画像是否相符。这是一个公众平台运营定位的重要数据参考,用户分析做得好,可以准确地画出目标人群画像,可以精准抓住大多数人的偏好,根据用户特征进行有针对性的运营,从而更有针对性地推广,使发布的内容更加符合用户需求。

例如推送内容的配色应该偏向哪种？可以通过"性别"数据做选择，覆盖面是地方性的公众平台、要开拓全国市场或者是举办线下活动，可以根据"省份"或"城市"等数据作为判断标准。因此根据"性别"比例可以确定公众平台运营的主要受众群体，据此定位平台属性，确定将其打造成什么样的风格更容易适合这类受众群体的心理预期和需求。根据"省份"或者"城市"可以判断重点开拓哪些市场、市场潜力如何、市场销量如何。

2．内容分析

内容消息的浏览量、转发量等数据是判断一篇推文是否成功的标准，也是判断公众平台运营情况的依据。内容分析数据能够帮助运营者了解文章推送出去之后被读者接受的程度。单击微信公众平台后台功能列表中的"内容分析"模块，可以看到包括"群发数据"和"视频数据"两块内容。单击"群发数据"按钮，里面有"全部群发"和"单篇群发"两个选择。

"全部群发"提供的是最近30天（7天或15天）文章的分析数据，可查阅的数据包括"日报""小时报""阅读""分享""跳转阅读原文""微信收藏"，以及"数据时间""传播渠道"的情况（如公众号消息、聊天会话、朋友圈、朋友在看、看一看精选、搜一搜、历史消息）等。

"日报"是指以一天为单位，将一段时间内的数据放在一起进行分析，日报中有4个图表，分别是"昨日关键指标""阅读来源分析""趋势图"以及Excel形式的"表格"。"日报"以"周"为单位，可以用来分析在一天的时间内哪一篇文章最为成功。

"小时报"以一小时为单位，将一天之内的各项数据进行对比。根据这些数据的波动可以看出什么时间段是阅读高峰期。但是，单靠这些数据也有很大的局限性。大多数运营者都会发现趋势图最高点通常是发布消息的当天，这是由于订阅用户出于习惯主动查看的结果，这样的统计数据意义不大。因此，还需要对数据做进一步的分析，根据某个时间段阅读人数的比重来判断。

例如：8月18日这天，微信公众平台在22:00发布了当天的信息，当天阅读人数为10000人，而在随后的一个小时里，阅读人数是1500人，占比为15%。而8月22日21:00发出推文，当天阅读人数是6000人，随后的一个小时里，阅读人数是2000人，比值为33%。根据以上数据，可以大致确定21:00很有可能是阅读高峰期，这样就能选择一个比较精确的发布时间。微信文章编辑人员可以更加准确地把握用户的兴趣范围。而从"小时报"可以看出大多数用户的阅读时间，有利于更好地把握微信群发时间。微信文章的推送时间不是随意确定的，一篇好的文章在最适合的时间推送出去，效果会翻倍。

"单篇群发"提供的是某篇文章的数据，如"时间""送达人数""阅读人数""分享人数"，仅统计群发后7天内的数据。计算机端和微信客户端展示的阅读数的计算方法略有不同，数值可能不一样。2019年8月19日后群发的内容为新数据统计样式。各个指标的概念都代表着不同的意义。单击"详情"按钮后可以看到总阅读（次）、总分享（次）、引导关注（人）数据。还有图表数据，包括送达转化（公众号消息阅读次数与送达人数之比）、分享转化（分享产生的阅读次数与总分享次数之比）、数据趋势（包括图文阅读数据及图文分享数据、传播渠道数据）、阅读完成情况（跳出比例、仍读比例）、用户画像（包含性别分布、年龄分布和地域分布）等。

其中，"送达人数"是指群发图文消息时送达的人数，因为有些人可能开启了"不接收消息"功能，有些人可能是你推送消息之后关注的，所以送达人数小于或等于公众号粉丝人数；

"阅读人数"指阅读图文消息的人数,包括粉丝及非粉丝的阅读数;"跳出比例"指跳出人数与总阅读数的比值;"仍读比例"指仍读人数与总阅读数的比值。

做品牌、做传播的文章最关注的就是"阅读人数",标题是影响该数据的主要因素。

如果说文章的标题决定一篇文章的打开率,那么文章的内容质量则决定了这篇文章的转发量,所以"分享人数"是评判一篇文章质量的重要标准。

"送达转化"高,意味着这篇文章被许多粉丝用户看过了,说明是一篇优秀文章。

"跳出比例"可以间接帮助运营者衡量文章的内容质量。如果跳出比例过高,大概率说明标题起得好,但内容质量较差。"仍读比例"可以用于直接衡量文章对读者的吸引程度。在100%处,"仍读"的人数越多,说明文章的吸引力越大。

3. 菜单分析

菜单分析只针对开设了自定义菜单栏的公众平台,通过菜单分析中的实际点击次数以及人数,可以很好地判断用户的活跃度,同时也能对那些实用性较低的功能进行修改。菜单分析界面如图 2-2-34 所示。

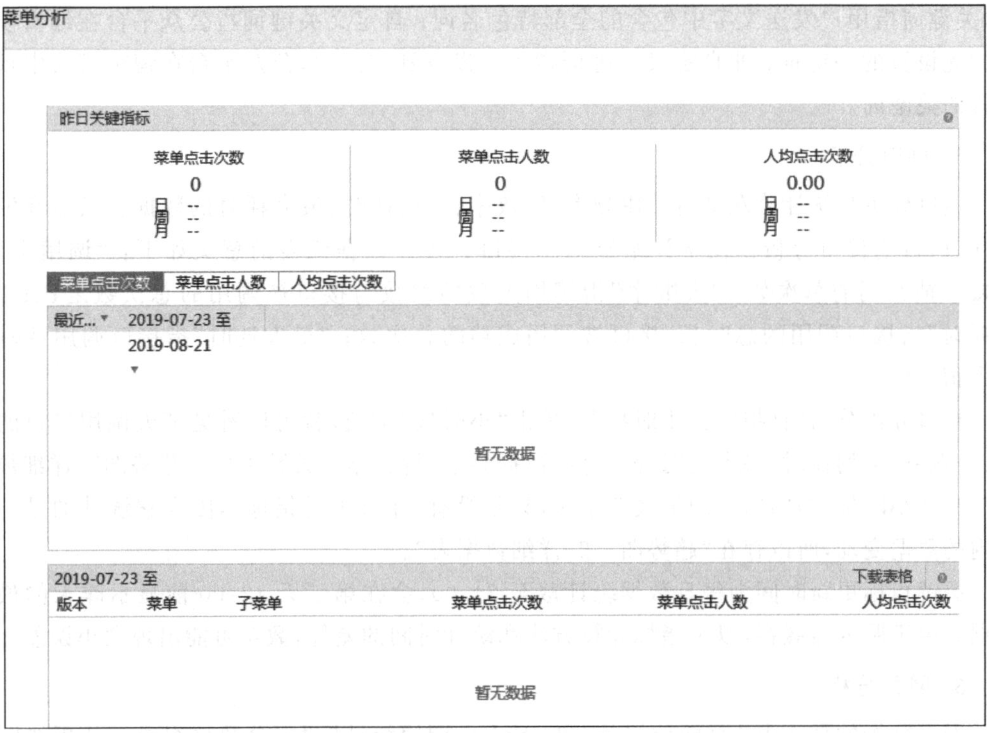

图 2-2-34 菜单分析界面

菜单分析有"菜单点击次数""菜单点击人数""人均点击次数"三个运营指标,可以通过时间段来查看 7 天、15 天、30 天或任意某个时间段的菜单点击情况。

菜单是粉丝与公众平台互动的一种方式,作为运营者可以通过菜单数据来了解用户的喜好以及对公众平台的满意程度,点击次数越多,说明使用的人越多,使用的人群也越广泛;人均点击次数数值越大,说明用户越活跃。菜单数据分析可以帮助我们更好地了解用户的喜好。

如果希望与用户多沟通、多互动，在制作菜单的时候，就要注意菜单文案的写法，尽可能地吸引用户点击菜单，如在用户点击菜单后，可以设置有趣的彩蛋等。

4．消息分析

消息分析用来查看文章的群发效果，运营者在时时关注用户数据的同时，还要注意自己公众平台的产品发布、推广、促销活动方面的信息。在公众平台发布推文或者活动，可以在微信公众平台后台查看群发的效果。

查看信息的群发效果，可以登录微信公众平台后台，通过消息分析模块实现。进入后单击"消息分析"按钮就会跳出图文分析界面，平台为运营者提供消息分析和消息关键词两种消息分析途径。

从"消息分析"中可以看到消息发送的人数、消息发送次数以及人均发送次数。其中消息发送人数指关注者主动发送消息的去重用户数；消息发送次数指关注者主动发送消息的次数；人均发送人数指消息发送总次数与消息发送的去重用户数之比。

消息关键词数据指标可以反映出订阅用户对哪些功能或者内容的需求量比较大。其中，关键词指用户发送文字中包含的全部特色名词；自定义关键词指公众平台在编辑模式中预先设置的关键词；非自定义关键词指用户发送到消息中，公众平台在编辑模式中预先设置的关键词。

5．接口分析

接口分析是统计公众平台使用频率、失败率、平均耗时、最大耗时的数据。只对开发用户开放，目前接口分析仅仅统计基础消息接口。各种数据代表的意义如下："调用次数"指接口被调用的总次数；"失败率"指调用失败的次数与接口被调用的总次数之比；"平均耗时"指接口调用的总时长/接口被调用成功的总次数；"最大耗时"指接口调用耗时的最大值。

接口分析分为"日报"与"小时报"。单击"小时报"按钮，就可以看见某天调用接口的频率、失败率、平均耗时、最大耗时等。这些数据会呈现在"昨日关键指标""趋势图""详细数据表"中。"小时报"与"日报"的形式差不多，只是没有"昨日关键指标"，因为它统计的是一天之内的数据变动，所以存在"趋势图"和"详细数据表"。

关键指标更新时间为每日数据统计截至24：00，会在第二天12：00前显示昨天的最新数据。由于服务器缓存，以及指标计算方法和统计时间的差异，数据可能出现微小误差。

6．网页分析

网页分析的页面由"页面访问量"和"JSSDK调用统计"两部分数据组成。从折线图部分可以看到页面每天的访问量。页面访问量下面包含了所有后台接口的名称，单击相应的名称，也可以看到每个接口每天被调用的数据。

"JSSDK调用统计"将每个接口调用的次数和人数清晰明了地展现出来，单击接口后面的"详情"可以看到具体的页面明细。"网页分析"功能的上线方便拥有后台接口来源的公众平台及时查看每个接口被调用的数据；开发者也可以根据这些数据对细节进一步优化，如在哪个接口的调用量较高，就可以在该接口对文章标题、图片等进行优化，提高用户体验与曝光度。

自我练习

一、单项选择题

1. 微信公众平台的投票主题、问题项、选项长度以（　　）以内为佳。
   A. 20个字　　　　B. 35个字　　　　C. 55个字　　　　D. 100个字
2. 微信公众平台的页面模板功能包括（　　）。
   A. 媒体行业模板　　B. 自媒体模板　　C. 个人模板　　D. 文字模板
3. 微信公众平台的小程序开发成本是开发一个APP成本的（　　）。
   A. 3%～5%　　B. 10%～15%　　C. 20%～30%　　D. 25%～30%
4. 微信公众平台文章的图片素材，大小在（　　）以内。
   A. 5MB　　　　B. 10MB　　　　C. 20MB　　　　D. 30MB
5. 微信公众平台的运营者通过（　　）功能可向不同性别、年龄、地区的微信用户精准推广自己的服务，获得潜在用户。
   A. 广告主　　　　B. 流量主　　　　C. 返佣商品推广　　D. 用户反馈
6. 在微信公众平台后台设置佣金比例每个月可以修改（　　）次。
   A. 1　　　　B. 2　　　　C. 3　　　　D. 4
7. 微信公众平台的充值推广金除了（　　）方式以外都可以充值。
   A. 微信支付　　B. 网银支付　　C. 银行转账　　D. 现金支付
8. 微信公众平台的"全部群发"提供的是最近一些天的文章的分析数据，以下无数不正确的是（　　）天。
   A. 5　　　　B. 7　　　　C. 15　　　　D. 30
9. 微信公众平台的"接口分析"是统计公众号使用频率、失败率、平均耗时、最大耗时的数据，只对（　　）开放。
   A. 公众号　　　　B. 使用者　　　　C. 企业　　　　D. 开发者
10. 微信公众平台做品牌、做传播的文章最关注的就是（　　）。
    A. 送达人数　　B. 阅读人数　　C. 分享人数　　D. 关注人数

二、多项选择题

1. 微信公众平台头像的作用是（　　）。
   A. 品牌识别　　B. 减少认知成本　　C. 体现个性化风格　　D. 整体形象
2. 微信公众平台功能设置中包含（　　）三个内容的设置。
   A. 隐私设置　　　　　　　　　B. 品牌推广
   C. 图片水印　　　　　　　　　D. JS接口安全域名
3. 微信公众平台后台的"人员设置"包括（　　）。
   A. 管理员信息　　B. 运营者管理　　C. 消费者群体　　D. 公众
4. 微信公众平台的自动回复分为（　　）三类。
   A. 关注回复　　B. 收到消息回复　　C. 关键词回复　　D. 及时回复
5. 微信公众平台"素材管理"的具体内容包括（　　）。
   A. 图文消息　　B. 图片　　C. 语音　　D. 视频

任务三　微信公众平台内容运营

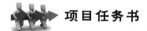
项目任务书

课内学时	12	课外学时	累计不少于12
学习目标	1. 了解微信公众平台内容写作技巧,通过写作训练,能够掌握一般的技巧,如标题起名、写作框架搭建、基本的软文撰写等 2. 了解并熟悉微信公众平台的排版、配图、发布等技巧 3. 掌握专业的工作方法,学会运营公众号文件的分类方法,会定期进行整理,高效开展工作		
项目任务描述	1. 撰写微信公众平台文章 2. 进行微信公众平台文章的发布,掌握配图、排版等发布技巧		
学习方法	1. 听教师讲解相关知识 2. 动手实践		
所涉及的专业知识	微信公众平台内容产出的模式、收集素材及建立素材库、文章标题的选取、微信公众平台文案的结构形式、文章内容的创作思路、文章的开头撰写方法、文章的结尾、图文运用、微信公众平台文章的排版		
本任务与其他任务的关系	本任务与前面的任务有顺序关系,只有完成前面的任务后才能完成本任务。本任务是一个综合性的大任务,里面由许多步骤组成,各步骤基本上是顺次关系。本任务和下一个任务之间可以顺序来完成,也可以并行完成		
学习材料与工具	学习材料:项目任务后所附的基本知识、在线视频资料 工具:项目任务书、任务指导书、评分标准、手机、计算机、笔		
学习组织方式	部分步骤以团队为单位组织,部分步骤以个人为单位组织		

任务指导书

完成任务的基本路径如下。

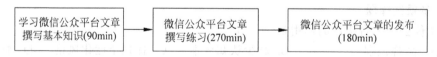

第一步,听教师讲解微信公众平台文章的撰写知识。

第二步,撰写微信公众平台文章。根据微信公众平台的定位,建立素材库,进行撰写规划安排,保证微信公众平台文章能按期交付。团队间适当地沟通,以个人为单位进行微信公众平台文章的写作(课上时间累计6课时,每2课时应完成一篇原创文章的撰写)。所撰写的文章中,至少包含一篇软文。

(1)请每个人建立自己的素材库,在云盘中制作好素材目录,每次收集到的素材按类目存放,按数字顺序编号。随着公众号的运营,可以不断地对素材库进行优化。制定撰写规划安排,请填写表2-3-1。

表 2-3-1　任务产出——素材库目录规划、撰写规划安排

1. **素材目录规划**：填写该表或在右边制作自己的文件夹目录,已给出的目录右边空白部分可继续添加,注意都标上序号(画图或截屏展示,见图1)。

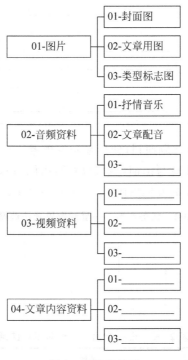

图 1　文件夹目录

2. 请填写收集素材的方法(至少三个)：_____

3. 收集素材的工具使用练习：请试用以下工具,并在已学会使用的工具后面方框内画"√",至少应学会使用 5 个,见表1。

表 1　工具使用

序号	工 具 名 称	是否已学会使用	序号	工 具 名 称	是否已学会使用
1	Librestock	□	7	搜狗微信搜索	□
2	花瓣网	□	8	新榜	□
3	觅元素	□	9	新媒体管家热点中心	□
4	Pngimg.com	□	10	西瓜公众号助手	□
5	Giphy	□	11	清博大数据	□
6	堆糖网	□	12	微小宝/微果酱	□

4. **撰写计划安排**：如果每周不同,应每周制订一个,计划在上周的周末完成,每个成员均应明确自己的任务,见表2。

续表

表 2 每周任务		
时　　间	文章交稿(姓名)	主题类型
周一		
周二		
周三		
周四		
周五		
文章审核人：_____		

（2）进行一次选题及文章标题研讨(使用曼陀罗思考法)，确定最近的文章选题，选题确定后，确定文章标题(可以在文章写出前，也可以在写出以后)，一个主题对应多个文章标题，在最终选定的选题及标题后面的方框内画"√"，填写表 2-3-2 和表 2-3-3。

表 2-3-2　任务产出——曼陀罗思考法选题过程

表 2-3-3　任务产出——选题研讨结果

序号	内容主题	选择	文章标题	选择
1		□		□
2		□		□
3		□		□
4		□		□
5		□		□
6		□		□
7		□		□
8		□		□

（3）根据所确定的选题写一篇原创微信公众平台文章，填入表 2-3-4 中。

表 2-3-4　任务产出——原创微信公众平台文章

原创微信公众平台文章1：
原创微信公众平台文章2：

第三步,在各自团队的微信公众平台上发布所撰写的文章(自己写的文章由自己发布)。每天一篇,每个团队每周至少发布 5 篇。

要求:文章表现要丰富,至少应包括图文。封面图配图恰当,文章排版美观、内容配图合理,文字大小合适、易于阅读。建议至少使用一种合适的非平台自带编辑软件。发布完成后分享给教师及全班同学。

项目任务评分标准及评分表

微信公众平台内容运营(总分 10 分)

学生姓名:_____

评分说明:本任务中的团队分由教师评出,队长根据团队分进行成员打分,上下浮动不超过 10%,队员的平均分应为团队分。其中阅读量的评分,通过团队比较来评,如阅读量排名第一的团队得 1.2 分(满分),排名第二的团队得 1 分,依此类推,教师也可自行确定差额。个人分+团队分=任务总分。

任务产出	素材库目录规划、撰写规划安排(2分)		第一周微信公众平台文章(团队分,4分) 年 月 日— 月 日					第二周微信公众平台文章(团队分,4分) 年 月 日— 月 日				
评分标准	明细标准	实际得分	明细标准	1队	2队	3队	4队	明细标准	1队	2队	3队	4队
	素材库目录规划(个人)(0.7分)		数量(2.4分)					数量(2.4分)				
	选题研讨(团队)(1分)		阅读量(1.2分)					阅读量(1.2分)				
	撰写规划安排(团队)(0.3分)		排版(0.2分)					排版(0.2分)				
			内容及表达(0.2分)					内容及表达(0.2分)				
实际得分	—		—					—				
小计	—		—					—				
	团队 1 总得分:_____		团队 2 总得分:_____					团队 3 总得分:_____		团队 4 总得分:_____		

基本知识

一、微信公众平台内容产出的模式

微信公众平台的内容运营主要是指通过图片、文字、音频、视频等形式,采用创作采集编辑等手段生产内容来满足用户的需求,达到吸引并留住用户为产品或品牌带来商业转化的目的。微信公众平台内容产出的模式主要包括原创、转载和约稿。

1. 原创

原创即独立完成的创作,而非改编、翻译、注释、整理他人已有创作而产生的作品。能够持续输出原创内容的微信公众平台是很不容易的,需要在不同的选题下创作出新的内容。

正因为如此,微信公众平台很早就推出了原创保护机制。如今,各内容平台流量之争的思路已经落到对优质原创作者的争夺上。

2. 转载

能够写出高质量原创内容的永远是少数,于是很多微信公众平台运营者会选择转载一些与自己定位相关的内容来缓解压力,这种模式也是可取的,但是要学会用正确的流程来转载。转载时一定要注意版权问题,要找原作者拿到授权再转载。微信公众平台不仅是一个账号,它还代表着一家企业,任何逃避、不负责的行为都会给企业带来负面影响。尊重原创也是新媒体职业人的一项基本职业道德。

如果没有找到转载声明,可以在微信公众平台的后台或者评论区留言转载需求,等待回复。如果想要转载的内容没有注明作者,可以通过百度、搜狗等平台搜索关键词查找作者的微博、知乎、微信等联系方式争取授权,获得转载授权后,自己的微信公众平台会在通知中心收到消息提醒。

3. 约稿

如果运营团队自身不具备某个类别的内容创作能力,可以主动向擅长该内容的创作者进行约稿,也可以与杂志社早期特约专栏作者约稿。约稿和转载不同,约稿是和作者达成长期合作关系,为了促成合作,要说明合作可以为对方提供的价值,例如提高作者的曝光度、稿酬的提高等,达成合作后可以签署正式的合作协议,以此约束双方履行合作事项。

二、收集素材及建立素材库

无论是个人还是企业运营微信公众平台,都必须了解受众群体,进行明确的内容定位。在此基础上撰写文章,好的文章往往是吸引用户的一个决定性因素。微信公众平台营销以内容为王,一条质量好、有热点的推文可以迅速增加粉丝量,增加粉丝的黏度,从而给公众号带来更多的正面影响。一篇好的推文不仅要根据企业的特点、产品的特点、粉丝的阅读习惯撰写,还要让文章得到高质量的转发,这样才能达到预期的效果。

在编辑微信图文的时候,大家可能习惯了临时写内容、找配图、找背景音乐和视频,但这样找素材每次都会浪费很多时间,所以在运营微信公众平台之前,必须做好素材的积累,建立素材库。素材可以为文章创作提供依据,从素材里能发现新的亮点,微信公众平台持续的推文更加需要一个完整的素材库来支撑文章创作。

建立素材库需要有目的地积累大量知识并且及时进行迭代,新媒体的阅读顺序大致为视频—语音—图片—图文—纯文字,一个运营成熟有着众多粉丝的公众平台大都囊括了这几个方面,第一步就是要丰富自己的素材库,以便使公众平台的内容更加丰富多彩。

(一)合格的素材库应具备的属性

1. 素材种类繁多

素材种类繁多是一个合格素材库必备的条件之一。素材如果太过单一,使用起来可能还是会有手无寸铁的感觉。素材库包括排版素材库、配图素材库、文章素材库、标题素材库等。

(1)排版素材库。排版让内容易于阅读理解,树立品牌的视觉形象。排版不仅非常重要,而且需要花费不少时间,因此,为了让排版效率更高,排版内容的效果更好,需要一个排版素材库。

(2) 配图素材库。配图的重要性会影响文章的打开率。配图素材库应该包括动态和静态的,也应区分封面配图和文章配图。另外,表情包、特色图片等也是值得单独分类的。需要注意的是,配图库同文章一样,也应挑选符合自己公众平台的定位。

(3) 文章素材库。可分为专题文章素材库和热点文章素材库,如人物访谈文章、重大历史事件文章、每年的节假日或购物节文章等,都可以单独建立素材库。这几个方面的素材可以在特定的日子里提供很多灵感和数据支撑,节省策划选题和收集素材的时间。

(4) 标题素材库。主要是收集爆文标题,可以对爆文标题进行拆解,平时看到的不错的标题也可以纳入标题素材库里。

文章开篇和结尾处的引导设计也可以作为独立的素材库。素材库的种类没有上限,可以根据自己的需要进行分类收集,这对文章的写作大有好处。

2. 分类清晰,便于查找

由于素材库种类繁多,那么素材库的另一个必备属性就是分类清晰、便于查找。混乱的素材库不仅找起来非常费时费力,而且使用不方便,击退灵感。所以,收集素材时,一定要分门别类,以便使用时能够快速找到。

3. 及时更新

很多素材是具有时效性的,所以一定要每隔三个月进行检查更新。如果文章已经内化为自己的知识体系,就可以果断删除。

好的素材库可以做到:

(1) 查找素材快。重复使用的素材归整到素材库中,使用时直接调取即可,方便快捷。

(2) 寻找灵感快。在无素材可用时浏览素材库,可以有方向性地获得灵感。

(3) 形成风格快。有意识地积累类似风格的素材并将之用在微信公众平台中,可以快速建立微信公众平台的风格,提高微信公众平台的辨识度。

一提到素材库,很多人首先想到的就是某个计算机的硬盘或移动硬盘。这是一个不错的选择,但也可以充分利用云盘,这样更换设备时可以直接从云端取用素材,如百度网盘、腾讯微云、360安全网盘、印象笔记、有道云笔记等都可以使用。

(二) 一般素材库的分类方法

如何对素材进行分类呢? 通常人们所积累的素材分为以下三种。

第一种是常用素材,这类素材通常是无须再进行设计或改编的材料,重复使用频率高,包括常用图片(如头图、导航图、二维码、表情、动图等)及文字(开头、结尾语等)。

第二种是二次加工素材,指从其他网站或文章中积累的、需要加工后才可以使用的素材。例如,图片需要经过裁剪或添加文字等处理后才能使用,或者好的表情、动图需要重新拼接,音乐、视频需要剪辑等。这些经过处理的素材可以按照文字、图片、音频、视频等分类整理。

第三种是灵感素材,这类素材一般具有启发性和可模仿性。例如:好的文章标题、引导语设置、排版样式等都可供模仿改写,好的句子、故事、热点文章可以启发引用或者创作文章。

一些高频使用的素材库还可以建在微信后台,特别是常用的图片,可以在微信后台的图片素材库里建立常用图片分组,这样可以直接从素材库插入,无须每次都上传。

(三)收集素材的方法

如何利用好网络素材并写好文章?首先要有一双发现素材的眼睛,收集素材能够节约时间成本,同时也是创作灵感的来源。

1. 关注热点

热点话题是大家都乐于关注的,把握住热点话题,等于拥有一个写作的点,再根据这个点去发挥,关联到写作,就能写出用户感兴趣的内容。例如,电视剧《亲爱的,热爱的》热播的时候,可以从电竞这个点入手。如果你是电竞博主,可以就电竞比赛情况做点评。如果你是情感作家,可以就韩商言的爱情观做一番剖析。除此之外,也要根据公众平台写作领域关注一些行业的新闻,百度新闻客户端、网易、腾讯新闻客户端、头条、微博的热点也可作为收集素材的助手。

2. 关注同行作者

每一个领域都有非常优秀的推文作者,时刻关注此类作者的动态和写作内容,善于向他们取经。在微信公众平台,也关注一些行业内的作者,他们的写作内容以及写作手法,研究他们的选题以及故事情节,多看他们的文章,从中寻找灵感。善于利用微信公众平台的置顶功能,将一些优质的行业账号置顶,从同行作者身上找到创新点,为自己写推文做准备。

3. 善于利用关键词搜索

巧用搜索就是带着主题去寻找自己想要的内容,例如百度搜索、知乎搜索、新榜文章搜索、微信公众平台搜索等,都可以好好利用,输入主题或者写作关键词,就能得到一系列文章,再经过筛选、整理和加工,就能写出一篇不错的推文。

4. 取之于生活

艺术来源于生活,素材也一样。一件极小的事情,经过加工和思考,就可以推文发表出来。优秀的作者往往能以小见大,平时多留意身边的人和事,参与行业的线下聚会,从中找出写作灵感,养成多记录、多思考的习惯。写文章最艰难的往往在于选题和构思,初步的创作思路源于素材的积累。学会观察、思考和记录,是积累素材的一条重要途径。

(四)收集素材的工具

如果图片、文字等素材涉及版权,要注意其使用说明。

搜索素材的工具1

1. 常见的高清图片收集网站

(1) Librestock。Librestock是国外的一个无版权的免费图片网站,需要用英文关键词进行搜索。

(2) 花瓣网。花瓣网是一个优质图片灵感库,这里有各式各样的图片,大家可以直接保存或收藏,还能通过花瓣中的超链接找到更多类似的主题图片,非常实用。

(3) 站酷。站酷作为一个设计师互动平台,聚集了很多专业设计师、插画师、摄影师、艺术院校师生等设计创意群体,非常活跃。但是这上面的图片和作品都是属于原创作者的,可以浏览,如果要使用,还需要遵照平台规则并经过作者本人的许可。

（4）背景透明的png图片网站。

① 觅元素。51yuansu.com去背景设计元素免费下载,中文网站,支持中文关键字搜索。普通会员一天可以下载5张图片。

② pngimg.com。免费去背景图库,目前该网站收集了超过34481张去背景图素材(每天仍在不断增加中),均可免费下载,并允许非商业使用。网站的维护者是一群设计师团队,他们在工作中需要用到这些"去背的PNG图片素材",于是就收集并上传自己抠好的素材,分享给大家。

③ stickpng。stickpng.com可以免费下载非商业使用的去背景图片素材,该网站有来自用户上传的超过16000张去背景图片。与pngimg不同的是,stickpng提供了很多特殊产品、另类人物的去背景图片。

④ pngmart.com。提供了动物、艺术、食品等分类。

2. 常见的gif动图收集网站

（1）Giphy。Giphy提供的gif材质非常全面,但是需要用英文关键词进行搜索。

（2）堆糖网。可用中文关键词搜索,简单易上手。

此外还有很多gif网站,如狐图网、Golden Wolf、Rafael-varona等,这里不再一一列举。

搜索素材的工具2

3. 常见的内容收集网站

（1）搜狗微信搜索、新榜。搜狗微信搜索网址是https://weixin.sogou.com/。这是找好文、找热点的必备工具,可以直接搜索文章和公众号,也可以在下面看到实时热点,十分方便,如图2-3-1所示。

图2-3-1 搜狗微信搜索页面

新榜的网址是 https://www.newrank.cn/，与搜狗微信搜索的功能类似。

（2）新媒体管家热点中心。安装网址：https://article.xmt.cn/#/wechat。实时性的文章经常更新，可辅助使用，如图 2-3-2 所示。

(a) 安装

(b) 使用

图 2-3-2　"新媒体管家热点中心"安装及使用

（3）西瓜公众号助手。试用网址：https://zs.xiguaji.com/?chl=sem-xigua0714-pinpaici。大数据打造专属的文章素材库，每时每刻最热门、最值得关注的内容。内容丰富，分门别类。

（4）清博大数据。进入网址 http://www.gsdata.cn/后页面如图 2-3-3 所示。

图 2-3-3　清博大数据搜索页面

（5）微小宝。进入网址：https://data.wxb.com。里面提供强大的微信编辑器、多账号管理、免费爆文、定时群发、海量素材资源等，让公众号运营变得轻松高效，页面如图2-3-4所示。

图2-3-4 "微小宝"界面

（6）微果酱。进入网址：http://www.wpweixin.com/。专注于公众平台媒体人物、资讯、数据分析等的分享；微果酱新媒体商业联盟，聚合了20大类别原创公众平台，核心联盟成员资源覆盖8100W＋用户，且聚合力量不断扩充中。

此外，文字类素材还可以去微博、简书、豆瓣等网站搜索，新闻热点可以去今日头条、网易新闻等网站搜索。

（7）中国知网、知乎、百度知道、百度经验等数据库或内容搜索平台。

4. 常见的素材制作工具

微信官方对原创的保护力度越来越大。使用素材时也应该尊重版权，要合理地使用图片素材，有些图片完全免费，有些图片使用时需要标注来源，有些图片是允许个人和非商业使用的，需要遵循相关的协议。

为规避风险，寻找素材不如创造素材，如拍摄素材是创造素材的一个好方法，自己拍摄的图片无需担心版权问题。现在的图片后期处理APP都很强大，用手机就可以拍摄和处理精美的图片。

下面推荐几款常见的创造素材的工具。

（1）PPT。PPT软件可以应对常见的图片处理设计，可代替Photoshop软件，降低设计的难度，特别是美化大师等PPT插件的出现，使长图拼接、生成图片等更为便捷。

（2）画图。画图是计算机系统自带的功能，可以通过选择图片后单击鼠标右键，利用"打开方式"打开。画图可以用于简单地更改图片像素、比例等操作，不需要下载更专业的软件来处理。

（3）美图秀秀。美图秀秀除可以下载使用外，还可以在线使用，可对图片进行简单的美化。其操作简便、省时、便捷，技术难度低。

（4）创客贴。创客贴是一款简单易用的线上图形设计工具，该工具的平台上提供了丰富的图片、模板等素材，用户通过简单的拖曳操作就可以轻松设计出精美的海报、PPT、邀请函、信息图和名片等各类图片，解决了大多数人设计图片的难题，让不会使用专业制图软件的人也能快速制作出自己想要的图片。使用者可以将作品直接分享给他人,也可以导出为png、pdf等格式的文件。

(5) ScreenToGif。ScreenToGif是一款免费、小巧、实用的gif动画录制软件。如果找不到想要的gif动图,可以通过该软件对素材进行处理。

三、微信公众平台的内容创作

(一) 内容创意

创意是文章的灵魂,奇思妙想、超高转载率和点击率的好文章都离不开创意。在生活中,处处存在着充满创意的事物,这种创意既是生产销售需要的,也能满足用户的需要,对文章进行选题、创意、构思需要多种方法,常见的包括以下几种。

1. 用户需求分析法

在微信公众平台运营规划部分,曾让大家确定过公众平台的栏目。使用用户需求分析法可以更好地确定选题内容,以便进行内容的创作。

首先通过客服、销售等这些经常与用户一线接触的岗位,收集用户高频的困惑、诉求、咨询(即了解用户的痛点)。然后以这些困惑、诉求、相关的咨询作为选题的出发点,确定选题形式。常见的选题形式举例见表2-3-5。

表2-3-5 常见的选题形式举例

序号	选题形式	举例
1	行业新闻	行业内最新的热点消息
2	深度解读	能抓住用户注意力的干货
3	名家视点	邀请名家就某些事情发表观点
4	达人专栏	就某一主题进行专栏连载
5	活动消息	给订阅者提供活动福利或优惠
6	在线调查	了解群众对某些话题的看法
7	在线访谈	在线和用户进行深度互动
8	产品推荐	根据不同的时节向用户介绍产品
9	企业文化	丰富有趣的企业内部文化可以吸引更多的人才加入
10	生活技巧	有趣实用的技巧背后是要刺激用户对产品的兴趣

2. 搜索查询法

使用常见的内容收集网站,搜索相关的关键词,查看关注度、热度最高的相关问题获取选题灵感。

3. 曼陀罗思考法

曼陀罗思考法是一种图形化的思考和记录方法,其被系统化利用之后,成为绝佳的计划、思考工具,可应对学业与工作中的各项疑惑,开发创意,使灵感不断自然涌出。

就其形态来看,依托于曼陀罗思考法的曼陀罗九宫格共分9个区域,形成能诱发潜能的"魔术方块",与以往条列式笔记相比,可得到更好的激发效果。使用者只要在九宫格的中间填上想要发挥的主题,便会自然地想要把周围的 8 个空格填满,而这种填满也正是创意发挥的过程,潜能便可在连续反应下持续地被激发。

例如,要做一个"美食"的微信公众平台,在曼陀罗九宫格中把"美食"作为关键词放在中间,向外扩展 8 个联想到的词,如图 2-3-5(a)所示。

填写时不要受任何限制,可以发动集体力量,甚至可以把九宫格周围 8 个格子的想法继续向外扩散,这样一来,8 个关键词可以生出 64 个关键词,依此类推,一共生出 512 个关键词,从这些关键词可以延伸出很多有趣的选题。

不同的主题还可以进行碰撞,如这个美食定位的账号要做与西安相关的选题,就以"美食"和"西安"为中心分别画一个曼陀罗九宫格,如图 2-3-5(b)所示。

舌尖上的中国	食谱	妈妈做的菜
营养	美食	火锅
减肥	小吃	甜点

(a)

舌尖上的中国	食谱	妈妈做的菜	秦始皇	历史	兵马俑
营养	美食	火锅	回民街	西安	西安交通大学
减肥	小吃	甜点	阿房宫	秦腔	丝绸之路

(b)

图 2-3-5 曼陀罗法示例

然后随意从"美食"的九宫格中挑选一个词,再随意从"西安"的九宫格中挑选一个词,将两个词碰撞结合出一个新的选题。

- 舌尖上的中国+回民街=《一道曾经入选"舌尖上的中国"的回民街美食》
- 小吃+丝绸之路=《沿着丝绸之路的小吃大全》
- 食谱+秦始皇=《秦始皇的用膳食谱》

4. 延伸借鉴法

如果看到一篇阅读量很高的文章,想从中借鉴思路、获取灵感,可以采用延伸借鉴法。

另外,可以选择同类型的、类似的选题;可以对某一个选题继续深挖,以便创作出更多的深度和高度;还可以与其他选题碰撞,以便找到另外的跨界角度。

例如,秋叶 PPT 团队曾经创作出一篇文章《PPT 七大搞笑操作,你挨了几枪?》获得很高的阅读量,于是其他人迅速反应,很快推出《Word 七大搞笑操作,你又挨了几枪?》,也获得不俗的阅读量。

再如,一篇《目录页万能设计公式,任何 PPT 都适用!》成了爆款文章,如果以这篇文章为借鉴,可以有如下选题延伸。

(1) 同类选题。《封面页万能设计公式》《转场页万能设计公式》《结束页万能设计公式》等。

(2) 深挖选题。《学术风目录页如何制作》《党政风目录页万能设计公式》等。

(3) 与其他选题碰撞。《跟网站学目录页的设计公式》《从地铁海报学目录的万能公式》等。

5. 借势法

借势法就是借助话题顺势营销。广义的话题就是新闻、热点信息,具有未知性和爆发性。营销人员对于热点话题需要具备迅速反应、迅速执行的能力。由于热点新闻具有超高的话题关注度,是天然的传播载体,所以一旦发生了引起公众关注的事件,就会引发各大小品牌的营销狂欢,也成就了不少经典案例。

在借助时事热点的东风过程中,不能让宣传的对象独立于热点之外,应该把时事热点和软文宣传点、利益点紧密结合,在找准切入点的基础上借势。例如《上海迪士尼因进园要先搜包成被告,宁波的游乐园是怎么做的?》借助上海迪士尼翻包事件,宁波的方特乐园顺势宣传,推文中叙述宁波方特东方神画使用机器设备对游客携带的包进行扫描安检后,如果发现包内有安全隐患物品,会经对方同意后开包检查,而且未拆封的食品或饮料可以携带。这既顺应了热点,又把热点时事与推文宣传紧密结合,起到了很好的广告宣传作用。

6. 挖掘内幕法

大多数人都有好奇心理,总会对一些不为外人所知的情况感兴趣,尤其现在的网民,越是无法知道的事情,越想看个清楚。因此在撰写推文时可以适度爆料"行业内幕""明星内幕",通过对各种内幕的构思,一方面吸引读者的注意力,另一方面帮助读者了解公众平台、企业及品牌,从而增加信服感和价值感。

内部运作方面,在企业许可和涉及隐私的情况下爆料,不失为一种明智的创意和构思方式。例如:企业微信公众平台运营的各种流程可以作为爆料的具体事例。

未公开信息方面,更多的是企业发展和产品、品牌前期蓄势宣传,一般选择的是企业将要发展的方案部署、下一期新品,如知名企业未上市产品的宣传。其实质就是借助未公开的信息吸引读者的注意,进一步借宣传为企业的发展助力。例如:《华为9月6日发布新一代麒麟处理器;或率先用于Mate 30》这篇推文就以内部爆料的形式提出华为处理器采用Mate 30,华为官方并没有公布,但是从华为官方给出的预告来看,新的麒麟处理器将会进化,特别是在支持5G网络、AI上。之前曾有消息称,新处理器可能会冠以麒麟990的称号,这一点似乎已经提前在华为昇腾910 AI处理器的发布会幻灯片中证实过。

7. 讲故事法

讲故事是一种常用的写作切入方法,因此推文需要用讲故事的方式来宣传企业和产品。首先,要对讲故事的具体目的进行考虑,软文正文对故事切入的最终目的是实现产品宣传的媒介。其次,考虑故事来源,可以关注并结合国内外的热点,最后,对故事的内容要有知识性、趣味性和合理性。

8. 提炼特色观点法

无论是文章还是产品,若想打动读者或者顾客,都必须有自己独特的"卖点"、有自己的主张。文章的卖点是打动读者的关键因素,这一点要体现出所推广的产品和服务的最大优势,因此在找角度时,同样的题材,角度要比别人新;同样的诉求,表现要比别人独特,行文独辟蹊径、独具慧眼,见人所不能见,或者采用"逆向思维",这些都是文章创意创新的方法。

(二)文章标题的选取

一篇好的微信文章,标题很关键,一个好的标题往往能够准确表达文章的主题,具有很强的吸引力,它可以吸引作者的注意力,激发读者的阅读欲望,标题是整篇文案的"眼睛",无论内容怎么出彩,都必须有一个具有吸引力的标题。微信公众平台曾经流传一句话:"标题决定了80%的流量。"如何设置好的标题,下面列举9种标题类型供参考。

1. 故事性标题

故事性标题是最常见的一种标题形式,这类标题由于体现出故事性,读者易理解,能够极大地激发读者的兴趣及阅读欲望,引导读者进行更深层次的思考,达到自动传播和分享转载的效果。故事性标题需要用讲故事的思维去提炼表现,而不是长篇大论地讲故事。

例如,"宝宝成长计划"微信公众平台里的微信推文《8岁男孩被扇40个巴掌:孩子,如果有人欺负你,一定要讲出来!》采用的就是故事性的标题,利用新闻报道讲述了一个8岁男孩遭遇校园霸凌事件。这篇推文从真实事件入手,解析校园暴力,分析家庭教育对孩子的影响,以及如何解决此类问题,这与"宝宝成长计划"公众平台的定位是非常契合的,因此是一篇比较不错的故事性标题的推文。

故事性标题有以下三个创作技巧。

(1) 突出故事性。虽然标题字数限制在十几个字,但是故事性标题要多设置一些人物或者情节,如在《8岁男孩被扇40个巴掌:孩子,如果有人欺负你,一定要讲出来!》这个标题里,8岁男孩是人物,被扇巴掌是事件描写。再如《我和男朋友的180天》,人物是"我和男朋友",虽然没有具体的细节描写,但是所谓的"180天"就能给人以想象的空间,这些亮点可以吸引有类似经历的读者。

(2) 完整表达意思。一般来说,一个完整的故事必须包括人物、时间、事件、结局四个要素,但是由于故事性标题的字数限制,不可能全部表现在标题里,因此一般标题用人物+事件的模式,这样能够比较完整地表达意思,知道什么人做了什么事。例如《6岁女孩读完四书五经》。

(3) 故事情节不能虚构。故事不能虚构,用户能够感受到故事的真假。有事实根据的故事,感情充沛,感染力强,能够打动人心;虚假的故事,会难以自圆其说,感情虚伪。只有源于生活,才能更加引起关注。有些故事虽然有故事性,但有着明显的虚假性,会让人感觉被欺骗,例如《浙江某女大学生开百万保时捷报道,还是这个暑假刚考取驾照的新手》,虽然标题是采用故事性的,但是点进去后,这篇文章基本上都是广告,因而这样的标题只是噱头,是典型的广告软文,其中的人物和事件很有可能都是虚构的。

2. 对比式标题

对比式标题是通过与竞争对手的产品进行比较,来突出自己产品的特点、优点,加深读者对产品的认识。用户在比较过程中,"货比三家""不怕不识货,就怕货比货"的根本原因就在于希望通过对比,让自己的利益最大化。因此在做文章标题的时候也可以采取这种思路,先做比较,写两个及两个以上相对或者相近的事物,将它们做对比,让读者自动分辨好坏、高下。随后通过分析,突出优势。

例如:"基础瑜伽课"微信公众平台上有一篇名为《40岁的年龄,18岁的身材:岁月只对这种女人手下留情》的推文,标题采用的就是没有特定对象的对比法,通过普通40岁中年妇女与通过健身的女人做对比,来烘托出瑜伽锻炼对提升中年妇女整体气质和生理素质有非常好的帮助,这样的软文标题很多。又如:《三国鼎立OR蜀吴曹操》《诺基亚的今天难道会是小米的明天》《华为 MateBook 与小米笔记本应该买哪个？》等，在对比式标题中，对比对象可以是特定的两种事物，也可以非特定的。

对比式标题有以下四个写作技巧。

（1）对比双方可以是特定事物，也可以是非特定事物，可以是多个，也可以是一个事物的两个方面。

（2）两个或者多个对立的事物是平行关系，无主、次之分，对比的修辞主要为了用比较的方式提出事物的本质，不能人为地提高一方，而贬低另一方。

（3）可以加入其他类型的标题创作手法，这样的标题会更加吸引消费者的注意。例如，《面对肯德基、麦当劳，这家中式快餐人气怎么这么足》，这样的标题将某种中式快餐与肯德基、麦当劳相比较，更加吸引读者的注意。

（4）企业在运用对比式标题时，文中内容与标题要符合，不能只夸自己产品的优点，也要指出对方产品的优点。

3．经验式标题

在生活中，由于读者会带着目的去阅读推文，希望从推文中吸取一些经验或者是总结性的想法，以提高自身的能力，因此经验式标题特别受读者的欢迎。而这些带有类似标题的文章通常也会给读者提供丰富的有价值的经验和技巧，以吸引固定的粉丝，增加粉丝数量。

这种类型的文章标题对文章编辑者要求很高，主要是通过大量文章对比阅读给读者眼前一亮的效果。同时，经验式标题下的文章内容需要具有一定的权威性、学术性及正规性，而且效果明显，提供了大量使用的技巧和经验。

经验式标题有以下三个写作技巧。

（1）全力展示经验的具体内容。例如《中考语文必备的五十篇范文》《新媒体营销必备 APP 大全》等，这些都是属于全力展示经验的具体内容，属于经验分享式的标题。

（2）尽可能运用有冲击力的字眼。冲击力强的字眼给人的印象深刻，引起读者的兴趣，增加读者的阅读意愿。

（3）不一味堆砌经验。经验式标题的优点在于干货多，而且善于归纳总结，实用性强，不能一味地不加提炼堆砌经验。例如：《两年赚了 186 亿养老保险基金成绩单羡煞投资人！》《用它来洗澡，赶走全年湿气，一年身体好！》就是较好的经验式标题。

4．权威性标题

权威效应是指当一个人或者一个机构具有较高的社会地位时，其思想与观点主张很容易被认同，受到尊重，发挥其影响力。当权威人物或者权威机构的要求与社会规范一致时，遵从是最正确的做法，文案的标题设置利用权威效应，将会在很大程度上影响并改变用户的行为。

美国一位心理学家针对权威效应做过一个实验：在一次授课时，这位老师向学生们介绍一位外聘教师，外聘教师是一位德语教师，而导师对学生们说外聘教师是一位来自德国的著名化学家。"化学家"小心翼翼地拿出一个空瓶子说他发现了一种新气体，有淡淡的香气。当他打开瓶盖时，问在场的学生谁闻到香气了，结果所有学生都举起了手。对于一个没有气味的空瓶子，为什么学生都承认自己闻到香气了呢？这就是"权威效应"，用一句话解释就是"人微言轻、人贵言重"。有人问你是否相信权威的时候，你心里一定是肯定的回答，心理学将这种普遍的心理现象称为"权威效应"。这种效应的根源是人们内心对安全需求的渴望。因为大部分权威人物是行为的楷模,服从他们满足了自身安全感的需要,增加正确选择的概率。

权威效应在文案标题设置中表现为以下不同形式。

(1) 明星效应。很多文案都会利用明星的光环增强粉丝对产品的认可程度。例如,《李嫣自拍揭秘,天后也爱FOREO洗脸神器》《赵雅芝年轻20岁的秘密》《王菲最喜爱的几款LV包包》等。明星具有强大的吸引力。例如有的知名女星出席所有场合的搭配,几乎都能在淘宝网找到同款。

(2) 专家效应。业内专家的话和主张或者专业资料里的内容,都代表着一定的权威,能够增强受众的认可度。如果文案策划人员在设置文案标题时,通过引用专家的话或者使用专业资料证实自己的观点,称其为业内共识或者受到专家推荐,更容易引发用户的阅读兴趣。

(3) 职位效应。文案策划人员如果有自己的上司,可以在设置标题时称"我们老板……"。更高的公司职位赋予了他们更高的资格,可以产生更可信的说服力,经常可以获得一呼百应的效果。例如,促销文案设置主题时,可以借用上司的名义给消费者发放福利,并将其写在标题里吸引用户。权威效应是一种辅助手段,最重要的还是内容质量。文案策划人员不可以利用权威效应弄虚作假,因为虚假的权威早晚会被戳穿,造成不良后果。

权威性标题是一种以表达观点为核心的标题撰写形式,会把人名镶嵌在标题中,一般会在人名后加上对某件事的看法或者观点。这种标题非常常见,使用范围广,常用的模板一般是:"某某:……""某某称……""某某指出……""某某认为……""某某资深……,他认为……"等。在实际撰写中,一般会灵活运用此类模板,模板只是给我们提供大致的方向。

权威性标题的写作技巧是观点的提炼准确且重点突出;标题长度根据表达意思完整性而定;观点的内容与文字的内容一致;常见用"人物+观点"形式容易吸引读者。

例如,"人物"发布权威性标题《郎咸平:中国制造业不必妄自菲薄!》,这样的文章标题就是运用了专家效应权威性标题形式。明星效应的标题如《巩俐:欧莱雅,你值得拥有》等。

5. 悬念式标题

看名字就知道,此类标题的关键在于要制造悬念,制造诱惑力。好奇是人之天性,悬念式标题正是利用了人的好奇心吸引读者的兴趣,激发读者的阅读欲望。在标题制作中留有悬念,让读者在标题中找到自己期待的内容。

通常读者看到标题里存在的疑问和悬念,就有往下看的好奇心。也就是说在标题中的悬念相当于一个诱饵,引导读者阅读文章内容,这就是悬念式套路。悬念式标题的文章在微信公众平台推文里非常常见,受欢迎的程度也高。例如《是什么让她重回少女时代?》《40岁,真的可以回到20岁吗?》等标题。

悬念式标题有以下四个写作技巧。

(1) 利用反常现象造成悬念。
(2) 利用变化现象造成悬念。
(3) 利用用户的欲望造成悬念。
(4) 利用不可思议现象造成悬念。

写出高质量的悬念式标题，其核心就是把握住"悬"和"疑"两个关键，一方面多嵌入带悬念的、引发思考的关键词，如"原来是这样""据说""秘密""真相的背后""秘诀""万万没想到"等。另一方面要多用反问或设问句式。先提出问题，抛给读者，暂时不管这个问题是否合理，有无正确答案，目的就是先引起读者注意。同时，一定要确保文章内容能够引起读者的好奇，并且充满了悬念。否则会引起读者的不满和失望，进而就会让读者质疑公众平台的质量，甚至取消关注微信公众平台。

例如：某微信公众平台曾经发表了一篇《黄磊饭桌上"撕破脸"，怎么就情商低了？》的推文，讲的是某综艺节目中的桥段，先描述了场景"饭桌上撕破脸"，但是不仅给关键词加了引号，还用了"怎么就"。标题的内容含而不露，给读者很大的悬念。类似的还有《朋友圈所有秀恩爱的人中，我最羡慕这一种》，其关键词是"秀恩爱"，但是秀恩爱到底有多少种？最羡慕的一种又是什么呢？这些都吸引着读者往下看。

6. 热点借势式标题

在文案标题中，有一种方法运用得非常多，即紧跟热门事件和任务，又称作借势。人们普遍对社会热点事件、明星名人八卦等感兴趣。这种事件的传播速度非常快，而且波及范围广，受关注程度高，产生的社会效应也很大。巧妙结合话题、事件、明星人物、流行元素、新闻事件等，给标题贴上热门标签，可以吸引读者，给文章造势，增加点击量。借势是完全免费的，而且效果很好。标题借助这些热点可以被读者轻而易举地搜索到，从而吸引读者阅读文章。

热点借势型标题有以下五个写作技巧。

（1）时刻关注时事热点。

（2）懂得把握标题借势的最佳时机。

（3）利用名人效应，关注其生活、学习以及工作等。

（4）直接嵌入人物或者事件。

（5）借助热点词汇。

标题里直接嵌入热门人物或事件是最直接的方法。例如，"心理健康师"就根据最新热点发布了推文《热依扎自爆死过很多回才知道生的意义——什么让她徘徊于生死之间？》，利用在《长安十二时辰》里饰演檀棋的女演员热依扎曝光自己患有重度抑郁症以及焦虑症这样的社会热点来强调心理健康疾病应积极面对的推文，植入流行、热门的词汇和语句。例如网络中流传的"世界那么大，我想去看看""共赴鸿蒙""洪荒之力"等，这些词语正是因为能够引起大多数人的共鸣而备受追捧，在标题中也可以巧妙植入这些元素，如宜家就在某次促销活动时推出了《宜家那么大，5.1我想去逛逛》的文章。

热门借势式标题用得好会吸引人，用得不好就是一把锋利的刀，所以不能盲目使用，特别是涉及明星人物，使用此类标题应该本着科学、合法的原则，让每个热点元素都发挥作用，吸引读者关注。

例如：专门针对塑身减肥的 Keep 的公众号，Keep 的代言人是 2019 年夏季最热的男明星李现。作为一个不仅通过运动让自己身材更有型，更是将运动变成生活方式一部分的年轻演员，李现在 2017 年成为 Keep 史上第一位"践行者"，他与 Keep 的专业团队一起推出了"李现 HIIT 燃脂挑战"和"碎片时间腹肌雕刻"课程，更是出于彼此关于运动所共有的理念，李现成为 Keep 首位明星代言人，与 Keep 一起用专业的内容，鼓励和陪伴着亿万运动爱好者。因此《李现与他的运动哲学：身体即精神，自律即自由》这样的文章发表在 Keep 的公众平台里。标题加入当下最热门的明星李现成为文案的一大亮点。试想一下，如果没有"李现"二字，这就是一篇极其普通的运动精神类文章，关注的人恐怕并不多，但是加上"李现""自律"等关键词，就会吸引更多的读者。

7. 利益式标题

任何一篇文章都具有一定的信息价值，一篇质量高的推文传递的有用信息会很多，因此要提炼要点、选择用户最为关切的内容并将之呈现在标题上。同时也要注意标题与公众平台的关联性，一篇推文发布后，第一受众就是关注该公众平台的订阅用户，用户只有对文章感到满意才会转发，才能增加文章的转发率。

例如经济类的公众平台，订阅用户最关注的是效益与价值，所以在标题中直接表明该文章能为读者带来哪些效益和借鉴意义，直接点明利益点。如果是情感类的公众平台，关注的粉丝大多比较感性，那么标题上就应该直接突出文章最动情的部分，使得订阅者有关注消息的兴趣。

利益最大式标题的表达方法分成直接式和间接式两种。直接式的会在标题上直接写有"好处""福利"等字眼，读者一看就知道该文章能给自己带来哪些好处。间接式是通过与利益具有相同表达意思的词语来传递，如"实用法则""导航"。

利益式标题有以下四个撰写技巧。

(1) 了解受众者想得到的效益和价值，直接言明既得利益。
(2) 提供的价值和效益具有可实现性或者可运用。
(3) 多用叮嘱、希望、劝勉的语气。
(4) 多用行动类的词语。

有价值、有趣味和情感触动是引发媒体文章被转发的重要因素，因此，一些微信平台抓住用户关注点提炼文章内容，撰写标题，直接从标题中获取有用的信息，例如介绍一款产品，可以直接写其用途、特色、使用方法或者其他利益等，使得读者快速圈定目标，产生需求。

同时用劝勉的语气有利于引导读者沿着文章思路、情感步步深入。多用行动类的词语可以促使读者采取行动，因此可以多用一些鼓动性较强的标题，例如《面部瑜伽让你年轻 10 岁》《长靴，这样穿才更时尚》，这些标题让人一看就有兴趣读下去。当然，在用词和语气上要把握好度，尺度把握不好，会引起读者不悦。

例如："中国养生"微信公众平台上推送众多的养生文章，标题《久坐成疾，7 招让你远离椎间盘突出》就是类似思路。"久坐成疾"是面对的问题，"7 招"就是诉求点和利益点，紧紧抓住这部分人的需求，是吸引读者阅读的最核心部分。

8. 提问式标题

提问式的标题相对于平实普通的陈述句式更有吸引力。提问式有引起他人注意、引出话题、自我解嘲、启发读者思考等作用，因此反问式、设问式问题是标题的一部分，封闭式提问、选择式提问、强调式提问等都是问句式标题的延伸。

这样的标题往往会激发用户的好奇心，从而产生阅读动力，并激发他们进一步思考、讨论。对于微信公众平台文案人员来说，要撰写好文案，就必须掌握以下五种撰写技巧。

(1)封闭式提问。封闭式提问就是泛指需要对所提的问题回答"是或者不是""有或者没有"等答复的问句。这种提问方式的特点是快问快答,能让读者更加直接地获得特定信息,但是语气过于强硬,信息量少,没有什么干货。例如《你知道你的百度积分还可以做一件你意想不到的事情吗?》。

(2)选择式提问。选择式提问是指在提出自己的意见和建议的同时已经给出了特定的答案,读者通过阅读就可以做出明确的选择。这类提问本身就隐含着答案,某种程度上是迫使读者在两者之间做出选择。例如《众筹,到底是骗子还是创新》。

(3)强调式提问。强调式提问的标题虽然采用提问的方法,但是一般不是为了得到某个答复,而是强调一个观点和立场,要对方做出肯定性的回答。例如《如果有70万元巨款在你面前,你会这样选择吗?》。

(4)借助式提问。借助式提问是借助第三方来改变或者影响对方的一种提问方式,第三者的选择非常重要,最好是读者熟悉的,或者在大众中权威的、有重大影响的人或组织。例如《明星大咖云集,你确定还不来报考西华建筑学?》。

(5)诱导式提问。诱导式提问是根据提出的问题启示对方去思考,或者给予一定的暗示,来激发对方的需求,把对方的思路引导到自己的思路上。这类问题的内容肯定已经给出答案,读者只需要了解即可。例如《究竟是什么新功能能让小伙伴们赞不绝口?》。又如苹果公司为其旗下苹果音乐撰写了一篇题为《苹果公司是否能撬开中国人的钱包?》的文案,该文案里分析了苹果音乐在中国市场遇到的问题:"不是本土的竞争对手,而是中国消费者根深蒂固的免费观念,这是中国市场的禁区,连BAT都不敢随便踏进的地方。"在苹果公司发表这篇文案后,引发了果粉的热议,提问式的标题总能以"问"呼人,让受众感觉亲近,更加乐于参与、拉近了人与人之间的距离。问句式标题可以让受众群体通过思考和回答,更加乐于探寻文章本身。

在微信公众平台文章的标题撰写上,采用提问式问句的标题效果是非常好的,提问式所涉及话题多数与读者联系密切,从心理层面上,读者会抱着解决问题的心态去看这些标题。

9. 文章标题的常用模板

一篇文章最重要的组成部分是标题,标题可以使得文章更加丰富、直观。因此给文章起一个好标题也需要一定时间的锻炼。有时候把文章推送到平台上,却因为标题不好而耽误推送时间是非常不值得的。因此标题模板可以为推文起一个好的标题提供一些思路。表2-3-6是一些常用的标题模板。

表2-3-6 常用的标题模板

序号	标 题 模 板	序号	标 题 模 板
1	10个为____节省金钱/时间的技巧	9	不同寻常但可以实现的____
2	获得____最优惠价的秘密	10	在不增加____的情况下推广你____的5个方法
3	如何在网上找到最好的____生意		
4	____的最好小工具	11	进行____预算的____种方法
5	____值那么多钱吗?	12	____和盈利的____种方法
6	获得更便宜的____全攻略	13	____种大胆并具有创意的____点子
7	方便____的最好10个方法	14	还有谁想____
8	____元钱以下最好的____	15	现在你可以免费____

续表

序号	标 题 模 板	序号	标 题 模 板
16	如何在较短的时间内获得 ____	55	7 个 ____ 危险信号
17	10 位明星和他们的 ____	56	____ 永远不该做的 7 件事
18	名利双收的 ____ 生活方式	57	每个人都应该知道的关于 ____ 的事
19	如何揣摩和扮演 ____	58	____ 性格测试：你的 ____ 是如何说你的
20	现在你可以花费较少的努力获得更多更好的 ____	59	____ 谎言以及如何识别它们
21	____ 像个电影明星	60	____ 的事实和奥秘
22	可以使你 ____ 得比预期要好的 9 种方法	61	关于 ____ 的真相
23	如何在 10 秒之内 ____	62	____ 专家不想你知道的 21 个秘密
24	拥有一个足以让你自豪的 ____	63	101 个最流行的 ____ 奥秘
25	21 种 ____ 交流技巧	64	10 个你应该知道的 ____ 事实
26	发现你最好的 ____	65	____ 成功的秘密
27	计划一个完美的 ____	66	很少人知道的 ____ 方法
28	这是 ____ 真正需要的	67	____ 中的真实和谎言
29	你是/可以 ____ 的 7 种迹象	68	你所需要知道的关于 ____ 的事
30	现在开始 ____	69	我们告诉我们的 ____ 10 个谎言
31	____ 的历史（或过去，可以是人物，实践等）	70	没有告诉 ____ 的 101 件事
		71	揭示：为什么 ____
32	____ 年的 ____ 将如何影响 ____	72	如何识别一个虚假的 ____
33	____ 的过去和现在	73	什么时候比较适合 ____ 或者 ____ ？
34	关于 ____ 未来的 40 个预测	74	很少人知道的 ____ 方法
35	____ 的现代规则（例如：男女关系的现代规则、财富的现代规则）	75	____ 比较好的 10 个理由
		76	如何计划最优的 ____
36	来自历史的 ____ 教训（数目或者形容词）	77	如何像 ____ 一样
37	____ 的故事	78	你可以自己做的 ____ 工作
38	____ 是一个濒临灭绝的品种吗？	79	一个有利于 ____ 的方法
39	如何克服对 ____ 的恐惧	80	一个 ____ 的快速方法
40	10 种 ____ 诈骗以及如何避免它们	81	7 个有创意的 ____ 方法
41	你的 ____ 有多安全？	82	如何成为一个 ____
42	____ 个最令人害怕的 ____	83	你可以 ____ 的 9 件令人惊喜的事
43	最吓人的 10 个 ____	84	10 步 ____ 像一个专家
44	蛮横的 ____ 以及它们如何影响你	85	21 个专家 ____ 技巧
45	永远摆脱你的 ____	86	你应该 ____ 的 5 个理由
46	你的 ____ 可以成为 ____ 吗？	87	____ 个最傻的 ____ 创业（或者点子）均获得成功……
47	你的 ____ 并没有告诉你		
48	提防 ____ 以及如何识别他们	88	世界上最便宜/最好/最贵的 10 ____
49	不 ____ 的 10 个好方法	89	你可以购买的世界上最 ____
50	如何安全地 ____	90	世界上最差劲的 ____
51	潜伏的/最大的 ____ 危险	91	世界上最不同寻常的 ____
52	____ 该做和不该做的	92	最有趣的 ____ 故事
53	把 ____ 搞砸的 21 种方法	93	世界上最好和最坏的 10 ____
54	不 ____ 的 10 个理由	94	对 ____ 最友好的 19 ____

续表

序号	标 题 模 板	序号	标 题 模 板
95	100 个有用的或者漂亮的 ____	98	影视界关于 ____ 最 ____ 的 20 个剪辑
96	____ 比 ____ 要好的 5 个理由	99	我们不想看到的 ____ 情况（或结果）
97	世界上 10 个最重要的 ____	100	

（三）微信公众平台文案的结构形式

微信公众平台上的推文特色纷呈，这与文案的呈现方式有关。文案呈现方式分为外在和内在两个方面，外在是格式编排，内在是行文布局。两者高度统一才能打造出高质量的文章。文案的行文布局就是对文章的篇、章、段、句进行编排。结构合理、主题突出、首尾呼应是判断一个文案质量高低的标准。撰写文案需要在结构上合理布局，这样可以更有利于读者的阅读。

1. 对比式布局

文章由正反两个部分组成，而且两个部分都代表着不同观点，在构思此类文章结构时，通过正反方鲜明对比，突出正确的一方，从而印证文章主题。

构思此类文章，需要引出要评论的事物或者观点，简明扼要地说明人们在这个问题上的不同看法。提出一种看法，阐述其分论点和承上启下过渡句后，再提出另外一种看法。阐述其分论点，最后平衡两种看法，给出自己的观点。

用对比的方式布局全文，观点更加鲜明，内容更具有说服力，让读者仿佛置身于辩论大赛中。

2. 归纳式布局

细节表述在前，概括性表述、结论、结果居后，最后在结尾处点明主题。由于很多读者没有耐心看完全文，所以此类布局文章开头需要浓缩要点，简短精练交代细节，设置诱饵。正文通常以段子形式来写，目的是让文章的信息被读者高效快速接受。结尾部分点明主题，进行归纳总结，让读者产生心理上的触动和行为上的行动。

3. 平行式布局

文章各段之间没有太复杂的逻辑关系，属于互相平行式并列，因此只需要将所表达的各个部分平铺直叙就可以。

这种布局适合多个主题或者是一个主题多个方面，各个主题之间没有主次之分。这种布局方式，可将各个部分有条理地串联起来，或者一个主题从不同角度、不同侧面阐述透彻，让读者阅读和理解。

4. 总—分—总布局

这是最常用的一种布局方式，开头引出主题，提出一个中心论点，正文部分详细叙述，再在尾部进行总结归纳。具体来说，就是在文章开头概括性提出问题、说明问题，综述问题或者事件；中间部分对问题进行分述，需要几段互相独立，从不同角度分述，但最终要回归到中心论点；结尾对问题进行总结得出结论，干净洒脱，并且与开头相互呼应。这样的文章逻辑性强，读者按照文章引导一步步走下去就能得到结局。这种布局方式一定要注意前后呼应,不偏离主题。

5. 问题解决式布局

这种写法就是提出问题—分析问题—解决问题的逻辑结构。文章内容环环相扣,从现象到本质,非常符合大多数人思考问题的思维模式。

(四) 文章开头的撰写方法

如果想让读者从头到尾一字不落地读完文章,除了一个引人注意的标题、一个好的创意想法外,还需要一个精彩的开头,让读者饶有兴趣地读下去。好的文案开头必须成"凤头"。如何有个好开头?可以参考以下几种方法。

1. 开门见山型

开门见山型的文章开头,要直奔主题、开宗明义,不躲躲藏藏、干脆爽快。要么是点明主题、归纳文章中心思想,要么引出重要人物、故事情节,让读者快速了解文章的大致内容。开门见山型可以用朴实、简洁的语言表达内容,不故弄玄虚。使用开门见山型的开头,正文的主题或者事件必须足够吸引人,如果主题或想要表达的事件无法快速吸引读者,那么这种方式的开头就不适用。

例如:"兰心书院"微信公众平台上的一篇文章《曾国藩的 12 条自律准则》。文章一开头就是这样一句话"做人当学曾国藩,做事要学胡雪岩",这样的文章开头就是为了告诉读者文章的用意,就是教读者学习曾国藩的做人准则,通过曾国藩的 12 条自律准则告诉我们生活上自律的人更容易成功。这样的推文很符合"兰心书院"这样的公众号标准。文章虽然少了很多情感的铺垫,但是对于那些想获得成功的读者来说,直接点名文章主题、表明观点,就是开门见山型开头最大的优势。

2. 经典引用型

在文章开头,如果引用一些经典的、有趣的资料,既可以提升文章的深度、内涵和整体价值,也可以增进文章的可读性。在公众号平台写文章的时候,经典引用可以是名人名言、诗词歌赋、民间故事、农事谚语,也可以是影视桥段、图片、短视频以及网络热语。这种写法可以吸引读者,提高平台文章的可读性,能更好地突显文章的主旨和情感。

除了引用名人名句,还可以使用一些蕴含哲理的小故事作为文章的正文开头,也能很好地吸引读者。经典引用型通常有以下三种方式。

(1) 直引式。直引式是指根据文章需要,在文章中直接引用名言或名诗句,有时引用得恰当比直接论述更有说服力。

例如,科学工作者的核心是创造,要敢于创造、善于创造。在科学工作者中想要有一番真正的作为,就必须解决一个"敢"的问题。1979 年荣获诺贝尔物理学奖的温伯格教授曾说过,理论物理学家很重要的一个素质是"进攻性",对自然的"进攻性"。所谓"进攻性",也就是说要敢于向自然界索取知识,敢于面对重大科学研究课题。只有这样,才能谈得上科学上的真正创造性。

这段文字中的"进攻性"与作者论点中提出的"敢"字恰好吻合,有力地支撑了文章的中心论点。

(2) 修饰式。修饰式是指引用名句作为修饰成分,借助引文的内涵,增强文章的表达深度。

例如：综观天下有志者,总是夙兴夜寐、百折不挠、孜孜以求、心甘情愿为社会做奉献。千百年来,奉献精神如同血液,流淌在炎黄子孙的躯体中,奉献精神如同乳汁,哺育了一代代中华儿女的灵魂;奉献精神如同火炬,点燃了中华民族精神文明的熊熊烈焰。从为治水患三过家门而不入的大禹,到"亦余心之所善兮,虽九死其犹未悔"的屈原;从"繁霜尽是心头血,洒向千峰秋叶丹"的戚继光,到"我自横刀向天笑,去留肝胆两昆仑"的谭嗣同;从"愿与人民共患难,誓将热血固神州"的朱德总司令,到"亏了我一个,幸福十亿人"的南疆卫士,真是英雄万千! 英雄们为国为民献终身,却从未想过要什么回报,而是心甘情愿地把自己的聪明智慧乃至生命,贡献给崇高的事业。

这段文字在列举历代无私奉献的英雄人物时,引用了他们的诗句作为修饰语,既体现出他们的思想境界,又有力地证明了"综观天下有志者,总是夙兴夜寐、百折不挠、孜孜以求、心甘情愿为社会做奉献"这一论点,还增强了语言的节奏性。

(3) 化用式。所谓化用式,既非直接引用,也不是用引文作修饰语,而是将名言、典故或某种意境化作自己的语言,用在文章里增加语言的色彩。

例如:诗,是色彩斑斓的梦,这梦里有灞桥伤别的烟柳暮云,有鲲鹏击水三千里的羽翼,有小轩窗里默默无语的对视,有大漠长河的遥遥思念;诗,是一支神来之笔,勾勒出鹦鹉洲上的芳草,点化出二十四桥的明月,渲染出香炉峰的霞色……我爱诗,诗让我体验屈夫子不能从俗的喟叹,让我领略魏武帝广如大海的豪情,让我沉浸于康桥边静谧的月夜,让我品味雨巷中那份丁香似的忧伤……

这两段饱含情感的抒情文字,没有直接引用一句名言诗句,却涉及了不同时代的几首著名诗作的意境:这里有柳永的《雨霖铃》、庄周的《逍遥游》、归有光的《项脊轩志》和边塞诗人的思乡之作,还有古代的屈原、曹操,现代的徐志摩、戴望舒。这里不仅借助诗的意境表达出作者对诗的热爱,更显示出作者在诗歌方面的修养。

3. 提问式

文章的开篇可以采用提问的方式。开篇提出问题,可以启发读者的思考和想象,进一步控制读者的思维,让读者跟着文章思路走。《海底世界》一文中开头就这样写道:你可知道,大海深处是怎么样的呢? 在许多人眼里是陌生的。在这里,作者以设问开篇,引起读者注意,使读者想读下去找到答案。"星巴克"公众平台里有这样的一篇文章,开头就是运用提问的方式,可以说是给读者描绘了一幅美食之旅,激发了读者的无限遐想。《说走就走? 让味蕾带你去旅行》开篇这样写道:"想要环游世界品尝各地美食却没有时间没有预算? 小星来帮你实现梦想,现在就跟着小星来一场美食的环球之旅吧。味蕾的旅行,出发。"巧妙的开头,带动了读者阅读欲望,也激发了读者对美食的追求和向往。

提问式的开头还可以是一连串的问题,可以自问自答,也可以自问不答,目的不在于问题本身而是在强调情感。但是要注意,要与提问式标题区分开,提问式开头通常是起诱导的作用,而提问式开头的问题重在分析,统领全文,所提的问题必须令人深省和思考。

4. 幽默分享型

幽默感是人与人之间沟通最好的工具之一,能够快速搭建自己与对方的桥梁,拉近彼此的距离。

幽默的特点是令人高兴且愉悦的。微信公众平台文章的编辑如果能在文章开头灵活运用幽默，会取得很好的效果。在微信平台上，很多商家会选择通过一些幽默、有趣的故事做开头，吸引读者的注意力。

5. 描绘利益型

例如："手机拍照已成为我们生活中必不可少的一部分，但是有些人不一定了解手机拍照技巧。其实不需要用到高级拍摄装备，也能把手机相机发挥得淋漓尽致。"

（五）文章的结尾

一篇好的文章，不仅需要有好的标题、好的开头、好的创意，也需要一个好的结尾，否则一篇本来不错的文案，标题、立意、行文都非常好，只是结尾草草了事，容易让读者失望。

1. 首尾呼应式

首尾呼应式是由于文案最常用的结构布局方式是总—分—总。在这种布局下，结尾需要根据开头来写。文章开头提出了观点，中间对观点进行了分析，结尾处回到开头的话题，进行总结。一般来说，议论性的文案经常运用首尾呼应的方式结局。这个收尾技巧能使文案的结构布局更加完整，使得文案从头到尾都有条理，浑然一体，能引起读者心灵上的美感。

例如：微信公众平台"十点读书"里有一篇文章"人性最大的善良，是'不让人为难'"，标题画龙点睛，开头写到"人为什么会有痛苦？因为人和人之间总是在互相为难、彼此怨怼，一张口就充满戾气。与人相处最舒服的状态，莫过于让彼此都舒服。俗话说，天上最美是星星，人间最美是温情。不为难别人，是一种善待，更是一种智慧。"在结尾处写道："所以，做人要懂得与人为善，不互相为难。只有这样，路才会越走越宽，越走越远。"这就是一个很好的首尾呼应的例子。

2. 行动号召式

微信公众平台的运营者如果想让读者参与某项活动中，就经常会在最后用号召来结束全文，同时很多公益性的微信公众平台推送的文章使用这种方法结尾也比较常见。

行动号召式结尾的文章能够在读者阅读完内容后，使读者与文章的内容产生共鸣，从而产生强烈的加入文章发起的活动中去的欲望。需要注意的是，同时提出几个不同的号召是一种错误行为，会搅乱文案。例如，同时要求用户关注公众平台、下载电子书以及购买产品。不同的行动号召相当于给用户多个不同选择，这会使得他们感到困惑，从而降低文案的转化率。因此，提出行动号召式结尾最好的方法是设置一个明显的色彩亮丽的号召。

例如：立顿茶在其公众平台里的一篇文章《送给抽烟的你》就采用了号召结尾方式，在开头和中间部分分析了抽烟的坏处，以及喝茶的好处。讲完喝茶的好处之后，在文章的结尾处就发出了戒烟的号召。"虽然常喝茶对吸烟者有一定的好处，但绝非鼓励人们去吸烟，更不能因为喝茶可缓解吸烟的危害而肆无忌惮地去吸烟。饮茶只能作为戒烟过程中的一项补救措施而已，以尽可能减少吸烟的危害。因此，戒烟是大势所趋明智之举。"发出号召的目的是突出主题，植入文章要表达的核心目的，这样既巧妙，也不显得突兀。

3. 归纳总结式

归纳总结是通过前面详细的阐述和分析，在结尾处用极简洁的语言进行概括、总结、得出结论。这样的结尾有深化主题的作用,同时可以帮助作者对全文有一个全面的认识。

例如:"憨爸在美国"这个育儿类公众平台经常会推送一些教育知识,这些知识都是以软文的形式出现,既能为用户提供知识,也能很好地宣传自己的服务。其中有一篇《困扰1小时的数学难题,画张图1分钟搞定》的文章,从题目上看,这篇文章旨在通过以一道数学题目的困扰引出画图解决的方案,最后在文章结尾处,通过归纳总结的方式,介绍了建模这种解题方法,并且引出了新加坡数学关于建模的教学网站。得出在建模思维方式下,孩子解题的逻辑思维能力得到很大提升。

归纳总结被认为是最简单的结尾,运用最多,也最容易掌握,但细分方法较多,针对不同的文案特点采用不同的技巧。一般有评论式、点拨式、揭示式、水到渠成式。

(1)评论式。在结尾处,对前面正文中的内容进行高度概括和总结,得出一个较为全面的结论,且这个结论要紧扣主题,体现文案的核心。

(2)点拨式。指在对前面正文内容深刻理解的基础上,运用极其精练的语言,将文案的主要内容进行部分总结,这种总结只起点题的作用,并非是对全文进行总结。

(3)揭示式。这种总结方式多用于议论文的文案中,先提出问题、列举事例、充分展开,而又不亮观点,直到文章收笔,才会亮出论题,讲明论点或道出主旨。

(4)水到渠成式。这是一种在标题里勾起用户好奇心,通过铺垫,最后得出结论的方式。这个方式不仅标题可以用,很多文案的正文也会这样卖关子。所以经常读到这样一些文案,它的标题很吸引人,正文里也讲了一个非常有趣的故事,不管是标题还是正文,都引导着读者到结尾去寻找答案。或者是通过前面的铺垫,文案在结尾时才自然而然地提出某种倡议,水到渠成。

例如:标题是《抛开书本到街上去》,正文是这样写的:抛开阿莫多瓦的高跟鞋到街上去。抛开村上春树的弹珠游戏到街上去。抛开聚斯金德的低音大提琴到街上去。抛开彼得梅尔的山居岁月到街上去。街是开放的、没有边限的书。太阳底下永远都有新鲜事。请你暂时抛开书本到街上来,看舞、看人、看街、看音乐。你有没有被一种抛开一切走上街、尽享狂欢的氛围感染?或者你已经预感到,在这条街上,可能即将举办一场盛大的、全民的活动,但究竟是什么呢?答案就在结尾里:"诚品书店敦南店新开幕,有一连串节庆在这里发生,3月29、30日,音乐、文化、安和路全民活动,日以继夜,逢场作乐,计时24小时,请你及时作乐!"

当气氛都渲染好之后,写作对象——诚品书店,还有这次活动就可以水到渠成在所有爱书人的期待中登场了。同时,在结尾的最后一句,还要唤起用户的行动力,"计时24小时,请你及时作乐!"这句话听起来就像是对你发出邀请,向你提出一项倡议。

(六)微信公众平台的图文运用

当今时代,阅读体验决定了读者对文章的喜欢程度。微信公众平台上发的优秀推文多数是配图与文章相得益彰的,用心配图,会起到锦上添花的作用,能极大地优化阅读体验感;随意配图,则会造成信息干扰,对读者有害无益。

好的插图,是对文章内容(包括思想、情感和事物)的形象化表达。让读者一眼就能感受到文章的"精髓"。形象化思维,就是把文章表达的抽象内容转化为形象、具体和可感的东西。

1. 人物、场景和主旨形象化

叙事类文章通常都会从三个方面来叙述,即对人物进行塑造、对周边环境描写以及对主旨进行表达。人物形象、表情动作、周围环境都可以从素材库里找到相匹配的图片,但主旨是一篇文章的核心,往往体现作者的文化素养、认识水平和思想深度,一般没有能够直接相匹配的图片。此时需要对中心思想进行提炼,然后学会转化。但是无论人物、场景还是主旨都需要形象化,此过程可以参考如下的思路:从文章中的场景来提炼关键词,根据关键词到素材库或者网络上云搜索,然后选择合适的配图。

例如:"小米有品"公众平台曾经在一篇推文里写到"雾霾"这样的场景。如果直接到网站上搜索关键词"雾霾",未必能找到合适的图片。此时可以提炼场景中的关键词,如"咳嗽""口罩"等,就可以搜索到匹配场景的图片。"新华网"公众平台有一篇题为《战争给人民带来创伤》的文章中,由于战争是可怕的,需要对这样的主旨形象化,提炼出"痛苦"这样的关键词,其文章配图如图 2-3-6 所示。

图 2-3-6 伊拉克小女孩画妈妈

一个在战争中失去妈妈的小女孩,在孤儿院冰冷的水泥地上,凭着自己仅存的印象和想象,勾勒出妈妈的模样,之后,她为了不弄脏妈妈的"衣服",小心翼翼地脱下鞋子,乖乖把鞋子放在画外,在"妈妈的怀里"卷曲着自己虚弱的身体睡着了,仿佛回到她未出生时还在妈妈的肚子里一样。这样的配图不仅使得文章转载率达到数十万次以上,更加突出了文章的核心思想——战争给人民带来痛苦。

2. 情感、思绪和作者意志形象化

情感类文章的写作,讲究文字的感染力。打动人心的文章是每一位作者所努力追求的。但是情感、思绪和作者意志是看不见摸不着的。那么,如何表达它们呢?除了要运用写作技巧使之具体、形象,用好配图也是不可或缺的。例如要体现重要情感的"温暖",可以选用一个瞬间——宝妈与宝贝碰鼻尖,让读者很快感受到"温暖"之情。

(1)匹配体现"瞬间"的好图。情感、思绪和作者意志往往通过某一种典型的"瞬间"流露出来。抓住这样的"瞬间"图片,就能将其形象地表达出来。

(2)匹配体现"细节"的好图。细节不但能打动人心,而且能体现人物的情感、思绪和意志力。人物的举手投足、微笑蹙眉,每一个细微的动作无不是内心世界的流露。找到表现细节的好图,自然能达到使情感、思绪、作者意志形象化的效果。

例如:"宝宝堂亲子教育"是一类育儿类的公众平台,它发过一篇文章《最失败的教育:孩子不努力,爸爸不出力,妈妈用蛮力》,在文章中对孩子的教育问题发起了反思,情感、思绪和作者意志往往通过某一种典型的"瞬间"流露出来,该文的配图如图 2-3-7 所示。

图 2-3-7 母子亲情流露

3. 知识、原理和重要规律形象化

干货类文章往往会涉及有关的知识、原理或者重要规律,有时也可能是作者个性化的经验。这些内容抽象化的程度是最高的。如果不能用图片加以表达,读者的阅读体验感就会大打折扣。

首先找出抽象化程度高的知识、原理或者与思想对应的核心语词,然后找一个相对比较具体的近义词。这一步就把抽象化程度降低了。

(1) 可以匹配具体场景。如果能找到原理、规律的具体运用场景,就可以使抽象变得形象化了。

(2) 可以搭配类比情形。有时,某些原理和规律或者经验,可以通过联想的办法找到类似的情形,这个类似情形就可以有效地化抽象为具体。运用联想,找到类似的典型案例,再挑选合适的配图,使文章阅读体验感得到优化,同时让文章的内容也易于理解。

例如:一篇发表在"简书"上的《如何有效提高写作的三大敏感度》文章,为了使"注意力、思考力和表达力发挥得又快又好"更形象化,就采用了匹配具体场景的办法。文章中提到注意力发挥得又快又好、思考力发挥得又快又好、表达力发挥得又快又好的地方只有课堂,于是文章配上了图 2-3-8,后面又提及三大能力提升要有足够的锻炼和实践、要细致,因此配上了刺绣的图样,图 2-3-9 就是将细致形象化的表现。

图 2-3-8 课堂

图 2-3-9 细致

（七）软文撰写技巧

早期的"软文"是以新闻的面目出现的。传统媒体时代，话语权掌握在报纸、电视和杂志等媒体手中，它们对于受众而言代表着权威和官方，享有较高的信誉度和认可度。由于企业看重新闻媒介的公信力和美誉度，个别新闻记者便在新闻稿件的字里行间将企业拔高、为企业站台，以此帮助金主达到营销推广的目的。相比硬广告，它更加隐蔽、更能够吸引消费者的关注，宣传费用更低、效果更好。但是从新闻的真实性和社会良知的角度而言，它是不被认可的。随着商业社会和互联网的发展，媒介呈现形式的多样化，论坛、社区、微博、微信等多种传播载体为"软文"提供了发展的空间，这一宣传方式也逐渐被用户所接受，也越来越被企业的营销部门重视，由此延伸出了多种形式、不同类型的网络营销软文。软文是一种广告呈现形式，它们都有一个共同的目的，即为了树立企业品牌影响力和提高销售业绩。

1. 软文的概念

软文是相对于"硬广告"而言的一种宣传类文体，是通过特定的概念诉求，以摆事实讲道理的方式使信息接收者走进运营人员设定的"思维圈"，以强有力的、针对性的心理攻击对用户造成产品认知改变和消费行为引导，为组织创造社会效益或经济效益。在微信公众平台的运营过程中，运营人员在充分把握软文的特点和呈现形式的基础上，可以通过软文的形式，将宣传内容巧妙地融入文章中，让用户在阅读的同时潜移默化地接受运营人员所传递的价值和理念。

2. 软文的优势

（1）用户接受度高。互联网高速发展的今天，人们处于一个信息量过剩的时代，对于信息的选择和接收，人们的要求更高，口味更加挑剔。相比传统的硬广告，软文所具有的阅读体验、趣味性和知识性，更容易被用户接受，所以软文不似硬广告那样容易遭到用户抵触，它能让客户放下心中的警觉。

（2）低投入、高回报。相比电视广告、平面媒体广告，新媒体平台软文操作简单，成本费用低；在文章中，除使用传统的图片和文字以外，还可以添加音频、视频、互动游戏和网络链接等，承载信息量大，能够有效地将企业希望传达的信息统统呈现。通过巧妙的技术手法处理后，能够吸引众多用户阅读，起到良好的品牌宣传效果。

（3）辅助搜索引擎优化。搜索引擎优化人员每天都需要把软文发布到新闻源或者权重高的网站平台上，以此增加网站的收录量，提高高质量的外链数量，在各大网站平台留下链接，还可以引导权重的传递。大量优秀的软文可以提高产品的曝光度和搜索引擎排名，让目标用户在搜索的第一时间能够接触到企业信息，达到宣传企业的效果。

（4）提升知名度和影响力。一篇精心打造的软文，大量的阅读量、转发量和评论量，能够为微信公众平台吸引大量的粉丝，对企业、产品和品牌形成高曝光度，从而提升企业的整体知名度和影响力，并且在潜移默化中，让用户对企业、产品或者公众平台产生信任和好感。

3. 软文的撰写技巧

软文能够对公众平台的运营、企业的营销产生重要影响，那么，优秀的软文有哪些撰写技巧呢？

1）洞察心理，以文攻心

软文的重点讲究以文攻心，通过文字的力量在情感上与用户产生共鸣，迎合读者的需求，获得对方认可，进一步转化为商业效应。"攻心"过程中需要掌握四种用户心理：窥隐心理、逆反心理、个性心理和消费者心理。

（1）窥隐心理。人类生而存有好奇心，对于不能知道、不便知道或者他人不愿意告知的内容，就更想探知。在撰写软文时可以抓住这一心理，在文章中以"行业内幕""商业机密"等形式呈现，能够吸引众多粉丝的关注。当然，以曝光内幕迎合粉丝只是一种运营手段，这种手段必须在法律允许的范围内进行，不能泄露他人隐私，挑战法律底线。

（2）逆反心理。这是人的一种常规心理，越是不能做、不敢做的事，人们越想去尝试。软文撰写人员可以充分运用这一逆反心理，激发人们的阅读欲望，让用户情不自禁想要去点击阅读。

（3）个性心理。人们在朋友圈、QQ空间或者群消息中转发文章，主要是为了用这篇文章来表达自己的观点，塑造自己的个性。例如，父母会转发关于子女孝顺、常回家看看等文章给自己的子女，不用过多言语，一篇文章足以表达自己的意愿。因此，撰写软文时，要去思考文章的受众群体的需求，以及这些文章能否体现他们期望表达的观点。

（4）消费者心理。作为一名消费者，总是禁不住商铺打折、大减价、大优惠等诱惑。软文应对的也是广大的普通消费者，文章信息能否为用户带来便利，产生好处和利益，会在很大程度上影响用户的点击和阅读。

除以上心理以外，亲子关系、夫妻关系、原生家庭等，各种情感、心理和情绪都是用户心理的关注点，也应多加关注和运用。

2）脑洞大开，创新为赢

互联网时代，短视频、微博段子、微信公众平台文章、知乎论坛等，每天都会产生无数个点子和创意，这些创意能够在短时间内为博主吸引超大流量，甚至转化为商业效益。微信公众平台软文撰写想要赢得用户的喜爱，创新必不可少。那么如何创新呢？首先，长期的积累和学习、大量的实践和操作有利于找到自身定位的创新点；其次，创新并不是全盘否定和推翻，它可以是文案标题、图片、内容或者主题任何一个环节的创新，都可以构成软文的灵魂，独特的构思和别出心裁的想法，是软文冲出同质化重围的有力武器。

3）提炼卖点，注入灵魂

软文的核心是向用户传递产品的具体信息和相关理念，针对要推出的具体产品，必须提炼它的特点，突出优势，让用户能够在心理上对产品产生好感，进而产生消费行为。例如，央视频频播放的"小罐茶"广告，整体节奏缓慢，播放时间长，令人印象深刻。它的主要目的是从包装的角度切入，介绍"小罐茶"在使用方便度、清洁度方面的优势，并将新包装与传统茶叶的精髓相融合，以此提炼核心卖点："小罐茶、大师作"，后期整体产品的营销推广也以此为核心，简洁醒目，符合碎片化思维，能够高效率地将品牌信息迅速传递给用户。

4）平民视角，情感对话

互联网社交平台为网民塑造了一个可以自由言论和探讨的公共空间，草根和普通民众也成为活跃的主体。而微信软文应对的受众恰好是最广大的普通网民，相较于说教、刻板、严肃等高大上的传统文章，人们最喜欢朋友之间的平等对话。结合公众平台的"拟人化"定位，微信公众平台的运营人员可以采取与用户对话的方式来撰写软文，根据文章内容和时间节点,以拟人化的口吻和姿态,以普通民众的、草根的视角来传递信息。

除平民化的视角以外,人与人之间的交流更多的是有温度的情感沟通,如果没有情感,就会显得苍白和枯燥。因此,微信公众平台文章的撰写也应融入自己的情感和思想,通过文字将情绪传递给读者,从而带动他们的情绪,引发情感共鸣。当然,这种情感是正面的、催人奋进的。

5) 广告融入,巧妙自然

一篇高境界的软文就是要让用户读起来没有感受到广告的意味,甚至觉得这篇文章很有知识性和趣味性,让人称赞。那么如何自然地融入广告呢?首先,明确广告的目的和内容,并进行精准的提炼,将文案的内容进行深度融合,包括主题融合、配图融合以及标题融合。如果是较为明显的商业信息,建议放置在开头起第二段,让读者被第一段吸引之后自然进入软文的"陷阱"。如果没有高超的写作技巧,广告切勿放在最后,因为如果文章内容不够吸引人,读者很可能读到一半就关闭页面。

如果是企业类公众平台,并且软文的广告植入是在用户心理预期范围的,则无需控制广告的数量;对于非企业类公众平台,进行广告植入是盈利的重要手段,想要实现盈利又不掉粉,广告的投放比例需要有一个合适的"度"。因为有平时的内容支撑,偶尔出现广告,用户也是能够接受的,但如果是过量、生硬且与公众平台风格完全不搭的广告投入,则势必会引起用户反感。

例如,微信公众平台"GQ 实验室"是一个以中产阶级为目标对象的年轻时尚类账号,实现了 1 年内推出 280 篇 10W+ 的文章,超过 200 个的合作品牌,最贵产品单价达 3000 万元,营收近 2 亿元的成绩,可称公众平台运营界的大师级的账号。"GQ 实验室"孵化于时尚杂志《智族 GQ》,有传统媒体杂志运营的基础,也成为它的优势,即高品质的内容。整体内容以当下白领、青年群体常用的语言和画面风格体现,可谓脑洞魔幻,画风独特,趣味性超强。

GQ 出版人唐杰在接受采访时说过:"GQ 实验室"所合作过的品牌,从奢侈品到汽车,再到互联网、快销等各行各业,其中包括了很少在微信上投放的品牌,例如法拉利、国航、朗格腕表等。虽然合作品牌众多,但"GQ 实验室"始终保持一个原则,即与目标用户的生活息息相关。"GQ 实验室"的文章中是如何从图文主体转折到产品上的呢?其软文以脑洞大、神转折著称。不熟悉 GQ 的新用户经常把文章翻到底才知道是广告。最厉害的是,大部分"上当"的用户不仅不会觉得被欺骗,反而觉得 GQ 很厉害。

(1) 作为解决矛盾的方法出现。GQ 的软文经常会描写一些有矛盾的场景,然后在结尾提出用×××产品可以解决这些矛盾,从而引出产品。例如《情侣吵架一般会在哪一句开始动手》一文中,描写了夫妻因为晾衣服、洗碗等琐事,上了"金牌调解"节目表演吵架真人秀。吵到最后,一个看不下去的观众怒骂道:"用一套'海尔智慧家庭'就能解决问题",广告产品顺利出场。

(2) 作为选择题的意外答案出现。选择题是 GQ 比较常用的一种形式,让用户根据题目和漫画内容猜答案,然后点击下方空白处即可看到答案。在这样的文章末尾,广告产品总是作为意外的答案出现。例如,在《为什么他总是快人一步》中,GQ 列举了很多生活中的矛盾,然后让我们猜谁能够占得先机,类似"和女友大吵一架后,谁会更先获得女友原谅"。文中的最后一个问题是"同样上班快迟到,谁能更早打卡?"选项分别是驾龄 1 年的 A 先生和驾龄5年的B先生,看似很显然应该选B,最后答案却是A,原因是A开的车是×××车,顺利引出产品。

(3)"升华"文章主旨后引出。虽然GQ大部分文章纯属娱乐,但是也有部分会以娱乐的形式表达观点。在这类文章中,广告产品往往在文末提出观点,"升华"主旨之后引出。例如《啊啊啊啊啊啊啊啊你居然不分"的地得"》一文中,描写了各种各样的精神洁癖,类似听歌一定要用专业耳机的影音洁癖,不希望同事把垃圾扔在自己垃圾桶里的领地洁癖……之后把这些精神洁癖归因于"生活上的洁癖正在被不断满足",然后引出广告产品——扫地机器人。

还有《现在年轻人的夜生活也太太太太太太疯狂了吧》一文中,列举了十位年轻人精彩的夜晚,最后提出观点"没关系!这才是年轻人的理想生活。夜晚就要更精彩!",然后引出了"天猫全明星计划",新加入的一个明星就是这样的生活态度。没错,这就是天猫的广告。

四、微信公众平台文章的排版

优秀的排版能够让文章结构清晰、逻辑严谨,便于用户理解和阅读,减轻阅读压力,让阅读也成为一种享受。糟糕的排版不一定能埋没一篇优秀的文章,但精良的排版可以让文章锦上添花。

(一)排版工具

优秀的排版可以增加文章的可读性,也可以提高文章的阅读体验,还可以形成个性化风格,这是从形态上所呈现出来的区别于其他公众号的关键。微信编辑器只能进行一些简单的内容排版,如果希望提高排版效率,有丰富的样式效果,推荐使用第三方微信排版工具。

1. 秀米编辑器(xiumi.us)

秀米编辑器相对来说比较容易上手,它的界面友好清新,推荐新手入门使用。秀米2.0增加了许多贴心的设计,不仅能够满足新手的设计需求,而且可以进行自由编辑。

1)亮点设计

(1)模板质量好,不仅可以进行单击模板编辑,而且单击模板时会自动浮现编辑栏。秀米2.0还增加了"布局排版"功能,可对选中的模板进行自由调整。

(2)菜单栏设计简单,只有一些最常用的功能,界面也清新友好,并且2.0版本的菜单栏增加了满足更多自由设计的实用功能。

(3)收藏功能针对整体图文和单模块,收藏之后可以反复使用,减少重复编辑的次数。

(4)秀米可以设计文章被用户分享后的效果,还拥有"另存图文给用户"发至指定邮箱、"生成长图"等小功能。

2)不足之处

(1)上传图片的时候较麻烦,需添加图片链接。

(2)采用单模块编辑模式,在进行整体修改时,需要手动更改每个模板。在用秀米进行排版前,最好有一个清晰的排版规划,防止重复修改。

(3)浏览器兼容性比较差,使用谷歌浏览器时最稳定。如果将文章复制到其他浏览器,可能会无法正常显示。

2. 135 编辑器（135editor.com）

1）亮点设计

（1）自带"一键排版"功能，适合新手操作，可以对图片、空行、标点进行批量更改。

（2）模板样式非常丰富，拥有基本的图标样式，更新速度非常快。

（3）整体编辑很方便，粘贴后可以进行设置行距、清除格式等操作。

2）不足之处

（1）每次进去页面都会有广告弹出，30s后才会自动关闭。

（2）需要付费才能收藏编辑好的图文、导入外网文字内容。

（3）虽然提供丰富的模板，但是质量参差不齐，需要花时间挑选。模板套用很容易出现问题，修改也十分麻烦。

3. i 排版编辑器（ipaiban.com）

i排版的设计和运营都很用心，是口碑非常好的一款微信编辑器。

1）亮点设计

（1）会提供新手运营建议和基础排版教程。

（2）会根据季节和节假日推出特定的模板。

（3）界面的设计处处体现文艺范儿，适合简约风格的文章。

（4）编辑菜单可以插入表格，HTML源代码编辑也可以轻松上手。

（5）很多小图标和符号非常简洁，适合形成公众号风格。

2）不足之处

保存草稿后再编辑进行另存就会直接覆盖原稿，无法收藏已经编辑好的文章。

4. 其他微信编辑器推荐

上述三个排版工具目前使用比较广泛，当然，这三个编辑器也可以综合使用，在不同的编辑器中分别挑选出适合自己的样式组合成完整的模板，以后写文章时直接套用即可。

下面的编辑器也是各有特色，有兴趣的读者可以自行探究与总结。

96微信编辑器：http://bj.96weixin.com/；易点编辑器：http://wxedit.yead.net/；小蚂蚁微信编辑器：http://www.xmyeditor.com/；新榜编辑器：http://edit.newrank.cn/。

（二）排版规范

1. 字号

微信公众平台的文章一般在手机页面显示，字体太小了看不清，太大了看着不方便。微信文章字号默认16px。正文推荐使用14～16px，目前流行的正文字号是14px，这个字号既能够看清，也显得精致。

标题的字号要比正文大，一般选择18px，最好在16～20px。

标注部分推荐12～14px，要比正文小一点。

2. 字体颜色

文章中除了图片，正文颜色不要超过三种，颜色太多会显得杂乱。另外，不要选择太鲜艳的颜色，这些颜色看起来比较廉价并且刺眼，会影响阅读感受。

主题色：选择一种颜色作为主题色，可以用于标题、重点内容、二维码、头像、顶部和底部的引导等。

正文颜色：不建议用纯黑（#000000），手机端会比较刺眼，灰色会温和一点。常用的有#595959、#3f3f3f。

标注色：用作引用内容、注释、声明等，常用的颜色有#888888、#a5a5a5，如图2-3-10所示。

图 2-3-10　字体颜色

3. 字间距

在编辑器中对字间距进行调节，0.5～2px都很常见，建议设置为1px或1.5px。

在文本设计中，字号越小，字母之间的间距就要越大，以使文字易于辨认；反之，字号越大，则字间距应该越小，这样的间距让字符看起来更紧凑易读而不松垮。

4. 行间距

根据行业经验，行间距一般为字号的1.5倍。推荐1.5倍或1.75倍，字号14～16px。

5. 段间距

段间距一般用回车空行代替，正文的段间距一般设置15磅比较合适。

段间距也有不同层次的划分，当两段文字讲述的是一个内容，只是在阅读时需稍做停顿的情况可以换行不空行；在段落与段落间，内容较接近，可以空一行；在二级标题下的分隔可以空两行；在小节与小节结束的时候可以空3行。

6. 段落长度

文章如果都是长段落，黑压压的大段文字会让人觉得压抑，段落最长建议不要超过一屏。但如果是一连串的短段落又会阻碍阅读的连续性。因此把握段落长短的布局，将长、中、短段落相结合，是非常重要的排版技巧。

7. 页边距

页边距是文字两端与页面边缘之间的距离。微信默认比较窄，可以用编辑器进行调整，给读者更多的阅读空间。建议两端缩进尺寸为1.0px，还有一些比较文艺风的公众平台，会设置较大的页边距。

8. 对齐

对齐方式主要有三种：左对齐、两端对齐和居中对齐。

左对齐和两端对齐适用于深度阅读，干货类的文章多使用这种方式。居中对齐适用于浅度阅读，娱乐型的文章多使用这种方式。

注意左对齐型排版首行不需要缩进。在网页端和手机端，首行用两个字符的缩进容易出现参差不齐，反而影响读者的阅读感受，并且书本式的排版会让读者感到压力，可以改用空行做段落的区分。

没有了首行缩进之后,文章左侧整齐,但右侧容易出现锯齿一般长短不齐的边缘,可以在编辑器中,使用两端对齐功能,将右侧也对齐,显得更加精致。

注意不同的对齐方式不要混淆在一起,否则就打破了整体上的视觉统一,会让人感到混乱。

9. 突出强调

在文章中,经常需要强调某一部分,可以通过设计在视觉上使其突显出来,帮助读者快速浏览掌握重点,最常用的强调法包括加粗、变斜、下划线和引用。

如果用下划线进行强调,会喧宾夺主,对文字的阅读形成干扰。建议除超链接外,其他句子尽量不要使用下划线。

斜体是英文的排版规则,但中文不同,中文没有斜体用法,中文斜体后失去了中文字形原来的结构和美感,所以不要在中文中使用斜体。

加粗是最理想的强调方式,也是最通用的做法。想要强调某些内容,除采用加粗方式外,还可以改变字号或颜色。

引用常用于开头的摘要、别人的资料、人物对话、重点语句。引用的内容要独立成段,引用功能的句子,可在前面多加道竖杠,推荐使用标注色,即♯a5a5a5或者♯888888,如图2-3-11所示。

10. 加空格

中英文之间最好加空格,如新推出的 iPhone X 很好用。

中文与数字之间加空格,如这件事已经过了 3 年。

如果文章中字间距很大,就不需要再加空格。

这一部分重点强调
这一部分重点强调
这一部分重点强调
| 这一部分是引言

图 2-3-11 突出强调

11. 标点符号使用规范

标点的乱用会大大损害排版。中文标点符号应全部使用全角符号,下面举例说明。

(1) 引号。推荐使用直角引号「」;如果引号中再用引号,可使用双直角引号『』。

直角引号可以在中文输入法中"特殊符号-标点符号"中找到,或者是直接用日文输入法输入,键盘上的括号键即是。

直角引号源自日文,弯引号源自英文。相比弯引号,直角引号在汉字排版中更美观,也避免了在全角与半角不分的情况下乱用弯引号导致的格式错乱。

表示讽刺、反讽、暗示、强调语气、人物对话时,使用弯引号""。

(2) 省略号。不要用六个句号"。。。。。。"做省略号,也不要用3个点"..."来做省略号,3个点是英文中的省略号。

输入中文省略号"……",可以在中文输入法下,同时按"Shift"键和数字"6"键。

(3) 破折号。破折号占两个汉字的空间,不能用连字符"-"代替。

在中文输入法下,同时按"Shift"键和"-"键(键盘0右侧的键),即"——"。

(4) 项目符号。

① 有序列表。如1、2、3……。数字序列是最常见的有序列表,除数字之外,还有英文、

罗马文序列等,注意数字后面加的是圆点而不是顿号。

②无序列表。如●、■、○等。小黑点是最常用的,小圆圈多用于注释内容。

③三角符。正三角形(▲)经常放在照片下方,注释图片的信息,起指示作用。倒三角形(▼)经常单独居中成行,分隔上下两部分,引出下文。

(5)分隔符。除倒三角形外,还有很多符号,都可以用作分隔符。

(6)行首与行尾禁则。点号(顿号、逗号、句号等)、结束引号、结束括号等不能出现在一行的开头;开始引号、开始括号、开始双书名号等不能只有一半出现在一行的结尾。

自我练习

一、单项选择题

1. 下列不是运营微信公众平台的合格素材库应具备的属性的是(   )。
   A. 种类广泛   B. 分类清晰   C. 及时更新   D. 幽默风趣
2. 下列(   )不是运营微信公众平台的一般素材库的分类方法。
   A. 常用素材   B. 二次加工素材
   C. 三次加工素材   D. 灵感素材
3. 以下(   )是常见的内容搜集网站。
   A. 搜狗微信搜索   B. Giphy   C. 站酷   D. 创客贴
4. 以下(   )不是微信公众平台文章内容创意的方法。
   A. 用户需求分析法   B. 曼陀罗思考法
   C. 延伸借鉴法   D. 经典引用法
5. 提炼要点、选择用户最为关切的内容呈现在标题上的是(   )文章标题。
   A. 热点借势式   B. 利益式   C. 提问式   D. 权威式
6. 既非直接引用,也不是用引文作修饰语,而是将名言、典故或某种意境化作自己的语言是(   )经典引用型开头撰写方法。
   A. 直引式   B. 修饰式
   C. 化用式   D. 开门见山式
7. 通过文字的力量在情感上与用户产生共鸣,迎合读者的需求,获得对方认可,进一步转化为商业效应是(   )软文撰写技巧。
   A. 洞察心理,以文攻心   B. 脑洞大开,创新为赢
   C. 提炼热点,注入灵魂   D. 平民视角,情感对话
8. 以下(   )是第三方微信排版工具。
   A. 创客贴   B. 135   C. 易企秀   D. 新媒体管家
9. 微信公众平台文章正文字号一般使用(   )。
   A. 10~12px   B. 12~14px   C. 14~16px   D. 16~18px
10. 微信公众平台文章字体颜色不建议使用(   )。
    A. #595959   B. #3f3f3f   C. #888888   D. #000000

二、多项选择题

1. 微信公众平台内容产出的模式包括(   )。

    A. 原创　　　　　　B. 转载　　　　　　C. 约稿　　　　　　D. 视频
2. 撰写微信公众平台文章收集素材的方法有(　　)。
    A. 关注热点　　　　　　　　　　　B. 关注同行作者
    C. 利用关键词搜索　　　　　　　　D. 来源生活
3. 设置微信公众平台文章标题有以下(　　)类型。
    A. 故事性标题　　　　B. 对比式标题　　　　C. 经验式标题
    D. 权威性标题　　　　E. 悬念式标题
4. 微信公众平台文案的结构形式包括(　　)。
    A. 对比式布局　　　　B. 归纳式布局　　　　C. 平行式布局
    D. 总—分—总布局　　E. 问题解决式布局
5. 微信公众平台文章结尾有(　　)类型。
    A. 首尾呼应式　　　　　　　　　　B. 行动号召式
    C. 归纳总结式　　　　　　　　　　D. 问题解决式

任务四　微信公众平台用户运营及活动运营

项目任务书

课内学时	6	课外学时	累计不少于4
学习目标	1. 对微信营销粉丝量提升方式有初步的了解 2. 对微信营销阅读量提升方式有初步的了解 3. 能够撰写微信软文 4. 能够使用微信公众平台进行活动策划(有条件的实施)		
项目任务描述	1. 利用所学的技巧,进行微信公众平台的推广 2. 撰写一篇互推的文章并发布(或撰写一篇软件) 3. 应用微信公众平台查看推广的效果,对推广的情况进行总结、汇报		
学习方法	1. 听教师讲解相关知识 2. 动手实践		
所涉及的专业知识	如何增加粉丝量、如何提升阅读量、如何做活动、微信公众平台与其他平台之间的推广		
本任务与其他任务的关系	本任务和上一个任务之间可以按顺序来完成,也可以并行完成		
学习材料与工具	学习材料:项目任务书所附的基本知识、网上视频资料 工具:项目任务书、任务指导书、评分标准、手机、计算机、笔		
学习组织方式	部分步骤以团队为单位组织,部分步骤以个人为单位组织		

任务指导书

完成任务的基本路径如下。

```
学习公众平台推广      微信公众平台         微信公众平台推广总结、
的技巧(90min)    →   推广实践(135min)  →  汇报(45min)
```

第一步,听教师讲解微信公众平台推广基本知识。

第二步,微信公众平台推广实践。

(1) 请使用所学到的知识,对自己的公众平台进行推广。看看用户增长情况并写出推广心得和总结(使用的方法、推广效果等)。

(2) 设计并完成一次微信公众平台活动,填写表2-4-1。

表 2-4-1 任务产出——微信公众平台活动设计及实施

一、活动策划
1. 活动目的:
2. 活动主题:
3. 活动对象:
4. 活动形式:
5. 活动时间:
6. 活动流程:
7. 执行情况: 截图加说明
二、活动总结
1. 数据收集: 发布文章数量是_____;分享转发数量是_____;粉丝增加情况是_____; 在看数量是_____;互动评论数量是_____;活动参与人数是_____。 2. 活动复盘: (1) 粉丝评价 询问至少5位粉丝,了解他们针对小组本次微信活动及软文的评价。 粉丝评价 1: _____ 粉丝评价 2: _____ 粉丝评价 3: _____ 粉丝评价 4: _____ 粉丝评价 5: _____

续表

(2) 小组总结
① 本次活动的结果与预期计划比较,分析差距在哪里?

② 分析本次活动最吸引粉丝的部分,并加以总结。

③ 分析本次活动在人员分工、活动策划和落地实施各个阶段存在的问题,并提出解决方案。

(3) 案例分析及软文撰写。以团队为单位,阅读以下软文案例,进行案例分析并填写表 2-4-2。通过分析、学习,仿写(撰写)一篇公众号软文,并在团队内部进行交流,修改后上传、发布(选做)。

表 2-4-2　任务产出——案例分析

案例分析:
1. 该软文的目的是什么?主题是什么?

2. 根据前面所学的用户画像的内容,分析目标用户的特征。

3. 该软文是以什么样的形式呈现的?

4. 这篇文章符合用户哪些心理需求?

5. 该软文的语言风格是怎样的?

6. 该软文的内容特色有哪些,请结合文章分析。

微信公众平台"视觉志"是一个情感类的账号,粉丝量近98万人,文章平均阅读量10W以上,可以说是一个运营较为成功的微信公众平台。2019年8月22日,该账号推送一篇软文《聊天记录曝光残酷真相:你真的,还在乎我吗?》,截至8月24日23:00,通过微信平台数据显示,这篇文章阅读量10W+,在看量1588次,精选留言达到90条。

聊天记录曝光残酷真相:你真的,还在乎我吗

记得有句话是这样说的——

友情这东西,总是走着走着就散了,即使曾经无话不谈,也总会有相顾无言的那天。

你要是在十年前跟我说这句话,我肯定是不信的,就像热恋中的小情侣,认定了一人就觉得一定能走到海枯石烂。

然而,小孩子总是很天真,直到多年后的今天,当无力感逐渐在全身蔓延时,我才发现:原来,友情也能成为一种无奈……

无力感最深的瞬间大概是上周末,那天加完班已经很晚了,打开手机,茫然地看着上百条未读消息,麻木地在微信页面上一点点下划,突然看到了闺蜜的头像,瞬间停住了手指——

我们俩已经有多久没聊过天了? 明明是曾经的绝对置顶,如今却被各种各样的工作群刷到了置顶的最后一位。

打开聊天界面,最后一条消息还是上周一……

而这些年中,类似的情况经常发生。

猛然间想起刚毕业时,我俩曾信誓旦旦地约定,不论工作多忙都要见面,一开始是每周一次,后来是每月一次,再后来,不光见面成了奢侈,就连聊天的次数都开始减少(图2-4-1)……

而我想,这大概就是友情中的疲倦期吧。

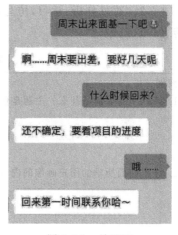

图2-4-1 约见面

01

不光爱情会疲倦
友情也会

一直以来,关于爱情疲倦期的问题,总是能引起网上无数人的讨论。但是你知道吗,其实友情中的疲倦期同样残忍。

微博上曾有一个话题让我印象深刻,它问大家——

你是从什么时候开始,觉得自己和朋友关系疏远了?

网友的回答五花八门,但字里行间流露出的无奈与不甘,却出奇的相似。

友谊也怕第三者

有句话说得好,在三个人的友情中,总有一人会显得多余。

有人说,她从小玩到大的发小,最近和另一位女生越走越近,原本属于两个人的互动里,硬生生夹入了第三人,而或许是因为新鲜感,比起她,发小总会更在乎另一位的想法——

"我不喜欢现在的状态,吃醋又不敢说,怕她嫌我小气。"

彼此的距离,总会被观念拉远

三观这东西,不光在爱情中重要,在友情里同样。

"闺蜜人很好,但有时候真的会觉得心累,比如我说去旅行,她就会说你真有钱,我说谁长得好看,她就非说谁整过容……反正在她眼里,不管你说什么都是错的。"

因为对事情的不同看法,她们总是互相争吵,不光伤了和气,也拉远了距离。

忙了,也就记不起彼此了

是从什么时候起不联系的呢?大概就是从彼此有新生活开始吧。

"毕业后她当了记者,我选择在同一城市读研,或许是因为接触的圈层不同,我们的话题总是对不上……我毕业那年她升职了,加班时间越来越长,我们差不多两个月见不了一次面,微信也不怎么聊,从那时起就觉得,这段友情,或许真的没必要了。"

你不闻,我不问;你不言,我不语;你不来,我就不往。

友情中,多得是说不清的误会

"我的朋友是我主动丢的,毕业后她经常约我见面,但我混得不好,手头拮据,距离又远,我真的怕支付不起见面的各种费用,也怕她会露出错愕的眼光……她很关心我,是我对不起她。"

生活中的不如意,让她连最基本的友情都没信心维护。

人们总说,友情这东西很脆弱,而在我们的整个人生轨迹中,似乎有无数可以印证这句话的瞬间——

在学生时代的节点

亲密无间的好友

却考出不同的高考分数

情窦初开的年纪里

你嫉妒她和你喜欢的男孩说话

工作之后

你们开始有了不同的观念

她嫌你不会打扮,不会生活

生了宝宝后

你第一时间通知远在海外的她

却迟迟收不到回复

生日会上

她不小心把蛋糕洒到你的名牌包包

那一瞬间的静止,突显的全是尴尬

而这世间有多少好友都是这样——

"年龄相仿,志趣相投,原本可以一辈子莫逆相交,可谁料到会在一件件的小事中,看着彼此的背影天涯路远……"

02

岁月可以改变一切
但唯爱永恒

人们总说,友谊敌不过时间。

曾经的你们百无禁忌,可当时光的列车开启,你们终究被带去了不同的彼岸,而横亘在中间的,是不同的三观,是被拉远的距离,也是难以言说的误解……

其实彼此间也没什么巨大矛盾,但心情就像初夏的雨天,找不到小时候喜欢的雪糕,也找不回从前的感觉。

渐渐地,无话不谈变成了无话可说,"好友"变成了"朋友",后来又成了"同学"。

然而,友谊真的脆弱到难以维护吗?或许下面这则短片,可以告诉你答案(图2-4-2)。

图 2-4-2　短片

这一路走来,我们越来越酷,丢失了很多朋友。

然而岁月如海,汹涌的浪花会带走人生的过客,但那些最坚定的友谊,永远不会被席卷而去,它守在原地,也把你守在了心里——

就像那条跨不过去的分数线

她不为自己伤心

你错失的三分

才是她流泪的意义

华美的毕业舞会

她把你的酸涩看在眼里

她牵着你喜欢的男生过来

小心地守护你难于言说的秘密

后来啊,你们长大了

你损她,怨她

她却依然用银行卡

保护着你的自尊与骄傲

又过了几年,你生宝宝了

家人都围着孩子转

幸好她及时赶回

守候你的脆弱与孤独

而真正的友情

扛得住金钱的诱惑

敌得了物质的考验

她的真心

才是你生命中最珍贵的馈赠

真正的好友从来不是先来的人,也不是认识最久的人,而是那个来了之后,就再也没走的人。

就像前文中那个因自己的窘迫,没信心维护友谊的姑娘,后来我又点开她了微博,看到这样一条置顶——

"谢谢你的远道而来,谢谢你的包容理解,谢谢你没有嘲笑我的窘境和心酸,这份30岁的生日惊喜,我永生铭记。"

文字下方的照片中,两个姑娘手捧蛋糕,笑得明亮又自然。

你看,这就是真正的友情,即使相隔甚远,误会丛生,多年未见,但那颗挂念彼此的真心,却一直都在,就像那句话说的——

淡淡友情满衣袖,红尘红颜两相就。

爱,永远不会被时光打败。

都说眼睛是心灵的窗户,它承载着人类的全部情绪,每个人的眼神中,都流淌着一个不同的世界。

然而,流水般的岁月总会带来光阴的痕迹,那若隐若现的细纹,仿佛在诉说着它们的饱经风霜,而欧珀莱,总会及时给予你最贴心的陪伴和保护——

欧珀莱时光锁抗皱紧实眼霜中富含的五种海藻萃取精华,能够激发五型胶原蛋白增多,强力提拉紧致眼周。

而其中的2倍莲胚芽提取物,更能令眼周的胶原蛋白致密。

初次使用时,淡纹紧致的效果就能肉眼可见。

连用28天后,眼周问题明显改善。

一个用心的品牌,总是致力于为顾客提供最完美的体验。

而这次,欧珀莱与聚划算欢聚日联手,重磅发售"小仔钻"眼霜——

8/23—8/26日 打开淘宝/天猫APP,搜索"欧珀莱小紫钻",购买即可得同系列水乳旅行装,前2000名还有蓝牙音响加赠哦～

复制下方淘口令

打开淘宝/天猫APP也可直达欢聚日首发现场～

在流动的岁月中,唯有爱是永恒,一个好的品牌不仅要了解顾客,更要了解爱的真谛。

正如短片中呈现的那样,岁月如海,友情如歌,真正的姐妹永远在你身边。

而欧珀莱也如它的品牌名AUPRES(法语意思为伴你左右)一样,用最贴心的产品,给你姐妹般的爱与关怀,了解你,陪伴你,做你最好的知己。

第三步,微信公众平台推广总结、汇报。

以团队为单位,对团队微信公众平台推广情况进行总结、汇报(参考表2-4-3)。要求:制作PPT上台汇报,团队内有分工,汇报流畅、内容完整、表现有力。

表 2-4-3　任务产出——汇报内容

1. 微信公众平台推广所用的方法
2. 数据收集情况分析 原粉丝数量：_____　　推广后粉丝增加数量：_____ 总阅读数增加情况： 用户相关的数据情况(如性别、年龄、地域分布等)及分析
3. 推广过程总结、效果总结,经验及教训等

项目任务评分标准及评分表

微信公众平台推广评分标准及评分结果(总分 10 分)

学生姓名：_____

任务产出	项目任务书	活动设计及实施	推广总结及汇报	得分小计
评分标准	所用推广方法,三种以上(2 分)	活动设计方案完整,质量好(2 分) 有效实施(2 分)	团队成员参与情况(1 分),汇报 PPT 及内容(1 分,需有照片、数字等),上台讲解情况(5～8min 汇报,2 分)	
团队 1				
团队 2				
团队 3				
团队 4				

基本知识

一、微信公众平台用户运营

根据腾讯公布的 2019 年第一季业绩显示,微信及 WeChat 的合并月活跃账户数达 11.12 亿,同比增长 6.9%；QQ 的智能终端月活跃账户数同比略有增长至逾 7 亿,同比增长 0.9%。其中,年轻用户在 QQ 平台的活跃度提升,其月活跃账户数同比取得双位数增长(资料来源：腾讯财报)。从数据可以看出,腾讯旗下两大社交平台的用户量,聚集了中国绝大部分的网民。和实体店铺一样,人流量大,店铺才能生存;网络空间也一样,有人的地方,就意味着有机会和市场,因此腾讯平台用户是商家的必争之地。

建立一个微信公众平台很容易,难的是建完之后进行的运营和推广,这些往往需要花费更多的精力。不管运营微信公众平台的目的是为了分享信息、宣传品牌或产品,还是为了给广大客户群体提供便捷有效的服务,都需要进行微信公众平台的推广,让更多的用户了解并关注公众号,才能够更好地实现传播或者服务。微信公众平台运营的价值取决于用户量和用户价值,用户运营的工作内容主要为拉新、促活、留存和转化。其中拉新就是我们常说的增粉,促活是让留下来的粉丝活跃起来,留存是把新增的粉丝持续留下来,转化则是让用户付费实现营业收入。拉新的目的是要提升用户量,后三者则是为了提升用户价值。

(一)如何增加用户量

1. 用户(粉丝)的质与量

微信公众平台是半开放的社交平台,因此用户需要主动关注后才能收到微信公众平台的推送消息。传播路径主要分为两个:一是内部传播,主要来自于用户的朋友圈分享、微信群和人际传播;二是外部传播,用户通过微博、QQ、贴吧等进行外部分享。通过在内、外两种途径的传播过程中引起其他用户的关注,并吸引他们成为新的用户,依此循环,构成下一个传播链。可以说,用户构成了微信公众平台传播影响力的核心环节。但用户也是易变的、盲目的、从众的,总是需要更新、更有趣、更有用的内容,才能让他们停留,持续保持关注和热度。如果传播的内容不能引发用户的兴趣,他们也可能不阅读、不转发、不购买甚至取消关注。那么,如何留住和吸引用户便成为微信公众平台运营的关键之一。

既然用户量对于微信公众平台的运营如此重要,那么是否只要用户量足够多就可以了呢?实则不然,微信公众平台的运营最终目的是为企业或组织服务,实现商业化的利益。粉丝如果不能进一步转化成为消费者,那么这个营销就不能算成功。因此,微信公众平台运营不仅要重视用户数量的提升,还要重视用户"质量"的保障。这里的质量,也就是粉丝能否成为企业的目标用户或者潜在目标用户,能否具有进一步转化的可能性。所以,微信公众平台在运营之初就需要定位好自己的目标用户,有针对性地进行推广运营。

2. 基于场景化的方式增加用户(粉丝)量

在前面的学习中,微信公众平台的规划让我们了解了微信公众平台的目标用户,明确了目标用户的属性。那么在运营推广过程中如何做到在保证粉丝质量的基础上提升粉丝的数量呢?这里要引入一个概念——场景化,即从用户使用、阅读、打开公众平台的场景运用出发。运营人员从具体的场景中寻找用户的需求,这样的需求也更加真实和迫切,从而引导用户的进一步行为,如关注、评论和分享等。只有明确用户处在哪些场景或区域,才能提高获取效率。

1) 找到粉丝

目标用户从根本上来说也是普通网民,他们的生活场景大都相似,即通过线上或线下获取资讯,进行购物、消费和娱乐。因此,企业微信公众平台的目标粉丝聚集地也是存在于线上和线下。可以从线上聚集地和线下产品、活动的渠道找到用户。

(1)线上聚集地。一般来说,一个微信公众平台的目标用户主要聚集在以下几个地方。

一是企业已有的新媒体平台，如企业官方网站、企业官方微博、抖音官方账号等，这些平台都会聚集大量关注该企业的目标用户，有一定的品牌熟悉度和信息基础，如果加以引导，这些用户也可能会成为微信公众平台的忠实粉丝。

二是用户属性相同的大体量公众号。也就是可以寻找目标用户重合度高，且用户量大的微信公众平台进行合作。

三是其他新媒体平台。对相似属性的信息或产品有需求的微博、抖音、QQ、知乎等相关新媒体平台的粉丝，或者已经成为其他相关企业微信公众平台的粉丝，他们需要了解更多相关行业企业的信息，因此他们也会成为微信公众平台的目标用户的人选。因为用户的行为具有相似性，是有迹可循的，习惯、爱好相同的用户，可能便会在网络上形成特定的圈子，因此微信公众平台的目标用户群体可以从特定的圈子中进行寻找。例如，美食类微信公众平台可以在贴吧、知乎等美食板块发掘目标用户，读书类公众平台可以在喜马拉雅、网易云课堂等平台发掘目标用户。运营大号"GQ实验室"在用户第一次添加后，就会出现"@黑凤梨实验室"和"@悦游"两个公众平台的引导标语，以此为旗下账号进行粉丝引流。

另外，要想做出影响力，在明确用户画像之后，多渠道覆盖进而获取大量用户是必经之路。

在不断发展的互联网平台中，目前被广泛使用的三个平台阵营分类如表2-4-4所示，只有了解了平台各自的特征，才能做到有的放矢，选择合适的平台，分配不同的投入成本。通过分析用户画像，找到相应的渠道，然后通过数据对比、试错，锁定最好的3~5个渠道，用心经营好这些渠道，会带来长期效益。

表2-4-4 三个平台阵营分类

阵营类型	包括的平台类型	具体内容
新媒体第一阵营	微信平台	微信公众平台、微信个人号、微信群
	微博平台	新浪微博
	问答平台	知乎、百度知道、分答、悟空问答
	百科平台	百度百科、360百科、互动百科
新媒体第二阵营	直播平台	斗鱼、映客、一直播
	视频平台	美拍、秒拍、抖音、快手、优酷
	音频平台	喜马拉雅、蜻蜓FM、网易云音乐
新媒体第三阵营	自媒体平台	头条号、一点号、百家号、网易号
	论坛平台	豆瓣、贴吧

（2）线下服务找到粉丝。对于购买了企业产品的用户，在后续服务中可以通过微信公众平台向其提供客服咨询和产品信息告知，用户便会主动关注成为粉丝，顺利完成"路转粉"。例如，用户购买了一款方太的烟机灶具，安装师傅在上门服务时便会告知客户，后续有维修需求、使用疑问等可在方太厨卫的官方微信进行自助申报。因此，可以在产品包装、线下活动、门店海报等能够引起用户关注的地方，将微信公众平台的二维码进行展示，让用户在接受产品和服务时，能够顺理成章地转化为粉丝。通过这类方式吸引的粉丝，价值含量很高，他们既是产品的目标用户，也是后续营销的重点人群。

对于具有地域聚合属性的用户,一定不能忽略线下地推。通过做活动,找到用户。例如校园的学生群体都具备地域聚合属性,"秋叶"团队积极开展线下讲座,提升在大学生群体中的影响力,一年在高校做100多场公益讲座,在开展讲座过程中,有些大学生关注了他们的微信公众平台,有些大学生直接搜索课程,而更多的则是曾经在某些地方见过、知道秋叶这个人,这些人更容易被转化为学员或用户。

2) 获取新用户的三大方向

知道了目标用户的聚集区域,接下来就要采取一系列运营手段来涨粉了。获取新用户采取的运营手段主要有以下三大方向。

(1) 流量。直接通过导流获取用户,例如购买微信广点通、在平台大号上投放广告或者合作投稿、互推。运营者最重要的工作就是知道自己需要什么样的用户,能吸引用户的载体是什么,这样才能优化导流的各个环节,提高转化率。

(2) 挖掘。微信生态中有大量可以聚集某一特征人群的场景,如通过线上主题微课将潜在用户挖掘出来聚集在一起,进而导入微信公众平台。例如公众平台"运营研究社"的创始人陈维贤,在获取前1000名粉丝时,就曾经到大号"乔布简历"的社群做了关于自己怎样从校招面试失败,到通过社会招聘进入百度的经验分享,一场分享下来,吸引了300个粉丝。

另外,每一个人都有圈子,运营者要善于挖掘老用户背后的用户群,在运营过程中采取相应策略,让老用户通过一些裂变营销方式不断引进新用户。

(3) 利益。直接通过利益诱导用户关注,或诱导老用户带动新用户关注。例如,关注领取礼包或邀请好友关注可以获得课程免费名额、产品打折优惠等。

3. 增加用户的技巧

1) 努力方向

找到了目标用户的聚集地之后,作为微信公众平台的运营人员需要思考如下问题:怎么才能让目标用户成为自己的粉丝?为什么目标用户要关注自己的微信公众平台?需要从以下几个方面进行努力。

(1) 品质服务是关键。现在是一个信息爆炸的时代,无论是社交、咨询、购物还是专业软件等,每天都会推送各类消息给用户,充斥着用户的每一个碎片化时间。从运营人员的角度而言,如何在这信息洪流中吸引用户的关注,并使其成为忠实粉丝呢?从用户的角度分析,最重要的一个动机就是希望获得某种利益,即关注你的公众平台对我有何好处。否则,我为什么要在这么多公众平台里关注你,成为你的粉丝?也就是说,运营人员要推出符合用户利益点的内容才能引起用户的关注。微信公众平台是给个人、企业和组织提供业务服务与用户管理能力的服务平台,用户的利益点就是高品质的服务,满足用户的需求。例如,商场的微信公众平台吸粉的第一环节肯定是停车缴费需求,停车要缴费,缴费要通过微信公众平台,这样商场的微信公众平台就成功吸引了来商场停车缴费的用户成为它的粉丝,在大量粉丝的基础上,商场折扣、新款资讯等商业运营得以推广,形成商业效应。

(2) 内容运营是基础。公众平台运营的基础是内容,内容构成了公众平台的主体,也体现着公众平台的灵魂。无价值的内容、纯粹的广告推送,往往会引起用户的反感,而有趣的、符合受众需求的内容,则会吸引粉丝。因此,微信公众平台运营人员应在企业希望推送的消息和用户想要的消息之间做到恰如其分的协调,如此才能保证企业的信息能够准确传达,又不失用户的喜爱。因此，瞄准粉丝需求，把文案和内容的重心放在粉丝最关心的问题上，让用户在阅读文案、参与活动时，能够获得有价值的感受和有价值的信息（例如情感上的认同和理解）。

（3）口碑传播是引力。心理学家指出，家庭与朋友的影响、消费者直接的使用经验、大众媒介和企业的市场营销活动共同构成影响消费者态度的四大因素。其中，家庭与朋友的影响、消费者直接的使用经验构成了人们常说的口碑。口碑是以人为中心的社交链，会形成病毒式的分裂传播，传播速度快，影响范围广，在消费者态度方面具有重要影响力，对市场具有最强大的控制力。

微信公众平台的运营想要成功吸引其他用户成为粉丝，就一定要构建自身的吸引力。微信公众平台必须找到自己的定位，通过不断运营塑造个性化的品牌形象，形成社会效应，营造良好的口碑。让用户在使用过程中获得良好的体验，并主动分享给身边的人，对其他用户的行为进行引导，进一步扩大公众号的粉丝规模。

2）具体操作技巧

（1）个人微信号引流。

① 利用微信好友引流。刚开始建立微信公众平台时，可以通过导入通讯录或者是导入QQ好友等方式添加大量的个人微信好友，然后利用朋友圈，向好友推荐并吸引他们关注你的微信公众平台，发展他们成为你的第一批粉丝。

② 利用"附近的人"引流。个人微信有查看"附近的人"的功能，用户点击后可以根据自己的地理位置查找周围的微信用户，企业可以在私人微信中设置比较吸引人的信息，然后在不同的区域留下脚印，这样就会有很多人通过查看"附近的人"这一功能添加私人微信为好友。如果转化做得好，可以将私人微信中的好友全部转化为企业公众平台的粉丝。例如写字楼附近的快餐店、便利店，小区周围的健身中心、宠物医院，都可以使用这一功能。利用这一功能引流时，需要注意的是：微信的头像要使用企业的Logo，有助于提高可信度；个性签名的设置尤为重要，例如可设置成"健身中心开业酬宾，添加好友回复微信即可获赠免费体验课一节"，个性签名因为有字数限制，只能输入30个汉字，因此一定要简洁、突出亮点。

③ 利用"摇一摇"引流。微信的"摇一摇"的功能和查看"附近的人"一样，企业可以用私人微信在不同的区域使用"摇一摇"功能添加许多好友，然后将好友转化为公众平台粉丝。

（2）公众平台互推。在运营初期，利用公众平台进行互推是一种双赢的合作方式，当然，前提是找到一个"门当户对"的互推号。做互推，自己的公众平台先要有基础的粉丝数以及文章阅读量，不论多少，但一定要有。多有多的选择，少也有少的配对，那么，该怎么做互推呢？找互推的公众平台是关键，我们可以多多留意自己加的那些交流群，在里面寻找类似的微信公众平台，并询问有没有互推的意愿。要注意，必须根据自己的粉丝数和文章阅读量有选择地寻找，但要避免寻找低于自身粉丝数与文章阅读量的公众平台。

另外，千万不要忽略两个互推公众平台内容定位之间的契合度，不可能让一个做运营干货类的公众平台与一个专做旅游攻略的公众平台互推，这完全就是格格不入的。最后，注意服务号和订阅号的区别，做服务号的最好就找做服务号的互推，做订阅号的就找做订阅号的互推，因为两者的推送次数相差甚远，服务号每个月只能推送4次，订阅号则可以每天推送1次，当然，如果双方协商好，觉得没有问题，服务号与订阅号之间也是可以达成互推的。

公众平台互推的形式包括以下几种。

① 内容互推。互推合作的公众平台双方均在对方的公众平台上发表文章,并且各自留下自己的公众平台信息进行互推。

② 盘点式互推。既对某一行业或者某一领域的公众平台进行盘点,给人以权威、客观的印象,比较有说服力,如"12个值得关注的高质量公众平台"。在简介完每一个公众平台后,附上二维码进行推广。

③ 阅读原文互推。在互推的公众平台上发表文章引发读者兴趣,通过引导读者点击阅读原文链接,跳转到对方公众平台图文消息引导页实现互推。

④ 自定义菜单/关键词回复互推。单独拿出自定义菜单来推荐公众平台,点击后引导读者关注,如果没有设置自定义菜单,也可以采用关键词回复进行互推。

⑤ 诱导关注互推。不管是好奇还是利诱,总之诱惑总让人难以抵挡,一旦被诱惑住就可能关注。

⑥ 直接互推。最后直接推荐别人的公众平台。

⑦ 关注互推。刚被关注时就引导粉丝关注其他公众平台,这种互推一般是利益诱惑或者单纯为了推广对方。

(3) 公众平台广告主。可以通过在微信公众平台上做广告来推广自己的微信公众平台。

(4) 向各大媒体平台投稿。在公众平台运作的初期,如果仅靠自己少得可怜的粉丝来带动阅读乃至大量的转发传播是非常困难的。这时可以利用外部庞大的网络资源向各大自媒体平台进行投稿。投稿最大的好处就在于:不花费任何资金成本,却能让文章得到最大程度的曝光。例如同样的一篇原创文章,在自己的公众平台的阅读量是600+,而在"人人都是产品经理"投稿收录后,阅读量高达10W+,曝光率大增,读者可以通过文章来源关注公众平台。

向自媒体平台投稿时要注意以下几点。

首先要选择好自媒体平台。根据文章的内容,选择定位与之相符的自媒体平台进行投稿。不要盲目乱投一通,就像运营干货类的文章,不应该找一个创业平台投稿,这样不但浪费上传文章的时间,重要的是没有任何效果。

其次,文章要加入公众平台信息。为了引流到自己的公众平台,一定要在平台允许的情况下,在投稿的文章中适当加入自己的微信公众平台信息,可以是微信号,也可以是微信公众平台名称,甚至可以把公众平台的二维码也插进去。进行平台注册,填写个人资料时,也要记得带上自己的微信公众平台,就是要尽一切可能展示公众平台。

最后,还可以申请专栏作者,争取成为自媒体平台的专栏作者,这对于文章的发布以及曝光度都有极大好处。

(5) 已建平台引流。早期的很多微信公众平台能够很快拥有大量订阅用户,是因为他们基本上都是通过之前建立起来的新媒体平台进行推广,如官网、官方微博、知乎等。以微博为例,可以通过微博背景图植入二维码,在微博信息置顶中宣传微信公众平台,通过转发活动宣传等方式进行引流。如果公司已经有成熟的微信公众平台大号,那么让大号带小号,可以很快积累起第一批粉丝。

4. 留住用户

找到用户、吸引用户关注以后,需要能够留住用户,并将他们培养成公众平台的忠实粉丝。

微信公众平台的忠诚度,也就是粉丝黏性。在竞争激烈的微信营销市场,良好的用户体验以及由此而形成的高黏性用户是微信受到企业重视的主要原因。

与传统行业的用户忠诚度相比,在互联网世界,粉丝的黏性很弱。在传统行业的用户,像金融、航空业,当用户在使用某些品牌的产品或者服务后,会形成实际和心理上的依赖,放弃关联会有较高的转换成本和门槛。而在互联网中,用户取消与企业的关系,往往只需要一个动作。

1) 忠诚度高的粉丝的特点

忠诚度高的粉丝价值才高,那么什么样的粉丝是忠诚度高的粉丝呢?

(1) 互动频率高。粉丝与企业微信公众平台互动比较频繁,如果粉丝每天一定会打开微信等着当天的那一篇文章或者语音,则他可以算是忠诚度高的粉丝。

(2) 主动传播。在微信公众平台推出新的内容后,粉丝愿意主动向更多的人传播介绍,主动转发到朋友圈。

(3) 提意见。一个忠诚的粉丝也是一个对你有高要求的粉丝,他们不只是接受信息的粉丝,还会对微信公众平台的文章或者某个行为表示出意见和不满,会提出建议和要求。

(4) 持续关注,不会轻易取消关注。这样的粉丝会伴随着产品的生命周期,一直持续下去,如果推出了新的产品或者服务,也可以进行交叉销售、向上销售,或者衍生销售。

2) 增加粉丝忠诚度的做法

要提升微信公众平台粉丝的忠诚度,除常规的活动外,还应该注意以下几个方面。

(1) 细分客户。粉丝群体有着不同的属性和标签,应针对不同的粉丝群体,给予不同的内容和权益。公众平台80%的价值产出来源于20%的用户,因此不同客户对于公众平台来说价值是不一样的,其中一些用户为公众平台带来了长期的价值。这就要求公众平台能够做到跟踪用户、细分用户,并根据用户的价值大小来提供有针对性的产品和服务。例如,有些公众平台提供的特权,只有特殊的粉丝才能参与,可以针对特殊群体发送内容。

在微信公众平台的后台,可以将用户分组,这样便于对用户进行管理。

(2) 对粉丝的互动行为给予奖励刺激。人的行为是需要刺激和激励的,微信公众平台的粉丝也是如此。粉丝对于文章的关注度、文章传播度的贡献高低,都应该给予不同的激励和奖励。对于希望粉丝实施的行为给予物质或非物质的激励非常有必要,例如只要在朋友圈分享,可获得红包。

(3) 提升粉丝主体地位,增强互动参与感。每个粉丝个体都需要有存在感,运营人员可以让粉丝更多地参与到营销过程中。积极采纳粉丝的发言、引导粉丝参与话题讨论,这不仅能让公众平台的运营者准确把握用户需求,也使用户感受到尊重和参与感。具体互动参与的方式可以参考如下。

① 积极回复粉丝的留言。除回复粉丝的留言外,也可以在公众平台中设置关键词自动回复、语音回复功能。当粉丝向公众平台发送关键词时,系统会自动回复需要的内容,方便、快捷,用户也能及时得到回复。"罗辑思维"的公众平台每天定时发送60s的语音,培养了一大批忠实的粉丝。有人觉得60s的语音体验并不好,太烦琐了,翻看历史消息也不方便。然而这恰恰是"罗辑思维"筛选用户的一道门槛。

想要看到推送文章,必须先听长达60s的语音,获取"关键词",并回复"关键词"即可获取推送的内容。用户不听语音,说明不是"罗辑思维"的潜在用户,如果用户没看文章,这对

"罗辑思维"并没有损失。由语音引流进来的,才是"罗辑思维"的核心用户,他只要做好这部分人群的所需内容,自然就成功了。

② 设置互动栏目。有针对性地在公众平台栏目中策划一些互动性质的专栏,对增强粉丝黏性也可以起到很大作用。例如不少公众平台就有"企业招聘""人才求职""问答集锦"这样的栏目。用户如果有招聘、求职、疑难问题等需求,可以发过来,在公众平台中免费帮他们发布。这样会大大增强粉丝对你的好感,黏性自然大增。

例如"杜蕾斯"微信公众平台中有"一周问答集锦"专栏。杜蕾斯微信每周都会收集本周经典的互动对话,整理成一个特色栏目"一周问答集锦",发布出来,杜蕾斯还时不时与粉丝做有奖问答互动,围绕一些有意思的主题,吸引粉丝参加,还赠送奖品鼓励,这一系列活动都能够满足粉丝的需求,也牢牢地把握住了粉丝的心理。

类似的,还有如"北美留学生日报"微信公众平台,在自定义菜单中设置了"我们在招人"栏目,用户便可以直接发送应聘需求。这一做法,既解决了企业的招聘需求,也为粉丝带来了方便,从而提高了粉丝的黏性。

③ 内容互动。还可以在公众平台的内容中和用户互动。例如在文章中引用用户的评论、来信,或是调侃用户等。就像微信公众平台"共青团中央"被用户戏称"团团",它经常回复用户。

④ 互动调查。调查也是一种非常传统但却有效的方式,这种方式不但能与用户经常交流互动,还能搜集各种数据,了解用户习惯等,可谓一箭双雕。

⑤ 有奖竞猜。竞猜类的方式也很传统,但却经久不衰,如猜歌名、猜谜语等,任何时候都能让用户乐此不疲。当然,用些小奖品来刺激用户,效果更好。这个奖品不一定是企业花钱购买的,也可以是与其他厂商通过合作的方式互换而来。如果公众平台粉丝多,甚至可以直接寻求赞助。

⑥ 有奖征文。如果公众平台影响力尚可,用户群够大,征文也是一个非常不错的方式。如果征文有难度,也可以简单一点,如看图编故事。

⑦ 有奖征集。设计征集类活动,最好门槛低一下,越简单越好,规则越简单,越容易吸引用户参与。例如征名、征宣传语类就比较简单。

⑧ 答疑解惑。如果条件允许,可以设置一个答疑类的栏目或环节,每天在固定时间帮助用户解答问题。

⑨ 用户评比。可以周期性地推出一些用户评比活动,如最活跃用户、转载量最高的用户等,这么做的好处有三点:一是能够与用户产生互动;二是树立典型,培养核心粉丝;三是让用户之间产生竞争感。

(4) 价格策略。一些公众平台利用金钱的门槛来区分粉丝,如"罗辑思维"的收费会员、"吴晓波"会员体系等。对于虚假忠诚的用户,价格策略是必需的武器。

(5) 搭建社群平台,培养忠实粉丝。公众平台作为一种服务平台的形式呈现,它始终是人与人之间沟通的桥梁,是具有社交属性的。公众平台运营者可以利用这一社交属性,为有共同爱好的粉丝搭建社群平台,为用户与用户、企业与用户之间的互动提供平台支持,维持企业与粉丝之间的互动关系,形成良性互动,提升粉丝的留存率。

社群平台的方式有多种,包括 QQ 群、微信群和社区平台,只要是能够将用户聚集在一个圈子,让他们可以实现互相交流,就构成了社群平台。例如,有些学习类产品和健身房,就会有微信群打卡制度,在群内学员每天都会公布自己的情况,学员相互之间可以看到彼此的学习进度、达标情况,起到督促、共同进步的作用,从而增加用户的忠诚度,吸引用户继续学习或办理健身卡,避免半途而废。又如,金融保险类、家具家电类等平台,因为产品的专业属性较强,也会专门搭建自己的社群平台,在平台中针对用户如何购买保险、购买理财产品等专业性较强的知识进行解答,同时在交流中与用户建立信任,吸引用户成为自己的忠实粉丝,发生进一步的消费行为。

(6)与粉丝成为朋友,维系情感纽带。公众平台从运营之初已有相应的人设定位,要结合人设定位积极与用户之间保持互动,与用户成为朋友,同时也成为用户可以投射情感的对象。如果公众平台与粉丝的关系从编辑和读者的关系升级为朋友关系,那么毫无疑问,粉丝不会轻易取消对朋友的关注。此时,运营人员应该抓住时机,与用户之间建立情感联系,增加粉丝对公众平台的信任度和忠诚度,将普通消费者培养成品牌的忠实粉丝,直接作用于消费者的决策制定。现在很多运营人员会给公众平台拟定一个昵称,例如公众平台"康师傅"就给自己起了一个昵称"康康家族","共青团中央"给自己的昵称是"团团",这样做的目的都是为了让这个公众平台更加具有人性,拉近与用户之间的关系。

例如:微信公众平台"果子哥哥"是重庆本地以方言配音搞笑类视频的热门公众平台,根据"西瓜数据"2019年7月的数据显示,目前已吸引了近百万粉丝的关注,入围重庆前十位热门公众平台。通过查看这个公众平台的文章发现,"果子哥哥"的视频以重庆人说方言的口吻为动物、动画片、电视剧以及社会热点内容进行创作配音。呈现的就是一个典型的重庆人的形象,富有个性,很幽默,是一个受人喜爱的形象。用户在观看"果子哥哥"的视频内容时,能够明显感觉"果子哥哥"就像是身边众多的重庆朋友之一,非常亲切。尽管该公众平台此次更新的内容中除一条原创视频外,还附带明显的商业推广性质的文章,也不会影响粉丝对它的喜爱,因为粉丝和"果子哥哥"是朋友,朋友需要广告营销生存,粉丝怎么能不支持呢?

(7)打造品牌文化,增强粉丝认同感。随着社会经济的发展,消费者除重视产品本身的基础功能之外,也会更加关注品牌价值、文化象征等社交因素。运营人员不能单纯依靠功能属性来对接消费者的需求,还应依据品牌的文化特色及价值理念,增强用户对品牌的认同感,并以品牌为核心聚集粉丝。

例如:2017年,"百雀羚|陪你 与时间作对"中一组民国风长图刷爆了微信朋友圈,"一镜到底"的长图片形式,富有悬念的情节设置,制作精良的画面,让观众直呼走心。故事发生在新中国成立前的上海,一个时髦女郎在身上藏了一把手枪,准备出门执行刺杀任务。在经过一番曲折之后,她终于向刺杀对象射出了子弹,但是让人想不到的是,她刺杀的居然是"时间",这个时候,百雀羚品牌突然出现,打出广告语说,它就是来"和时间作对"的。

这则故事设定在1930年的民国时代,唤起了民众的历史记忆,恰好与百雀羚的国民老品牌的历史厚重感相结合;将百雀羚化身为一位民国优雅的女郎,完成了它与时间作对任务,不仅将百雀羚作为化妆品的功能性完整体现,还展示了百雀羚的东方优雅女性的品牌形象。这样一个社交爆款,让众多国人重新认识了这个国民老品牌。

(二)如何提升阅读量

阅读量是微信公众平台发布的文章的阅读次数。根据微信公众平台阅读量的计算方式,微信公众平台文章的阅读量是以微信客户端用户为基础,无论用户是否关注这个公众平台,只要是微信用户,就可以阅读文章,并记一次阅读量,但每篇文章每位用户的阅读量累计上限是5次。通过计算方式,可以看出微信文章的传播对象就是直接落实到用户,阅读量体现的就是公众平台的传播量和影响力。

根据公众平台大数据服务商"西瓜数据"2019年一季度的统计,该平台收录的全网活跃公众平台累计超过500万个,日均新增收录文章量约100万,日均更新文章数据超过500万条,而这其中有80%的公众平台头条平均阅读量为1000以下,只有万分之七的公众平台(大约400个)头条平均阅读量达到10W+。

要想让自己的微信公众平台文章在大量的数据下冲出重围,成为人人转载分享的10W+是有很大难度的。

从微信公众平台的内容传播路径进行分析,文章的第一次传播,是用户接受公众平台点对点的推送,用户的范围局限于关注公众平台的粉丝;第二次传播是用户觉得内容不错,在朋友圈、QQ群、微信群和论坛转发分享,是点对面的传播,用户的范围从粉丝扩大到非粉丝;根据内容的品质和用户的需求,文章还会进行第N次传播,不断地打开、阅读、分享和互动,形成了一篇10W+爆款文章的传播路径。那么,如何让用户实现第一次到第N次的打开、阅读和分享呢?需要从把握推送的时间、提升内容质量、意见领袖激发活力三方面来学习把控提升阅读量的技巧。

1. 把握推送时间

(1)根据目标用户的类型。由于用户的生活习惯具有一定的规律性,因此,根据公众平台针对的不同类型的人群的生活作息时间培养他们的阅读习惯,有助于精准推送内容、提高文章的阅读量,更有助于培养用户的阅读习惯,让他们成为忠实粉丝。中老年群体习惯早睡早起,上班族朝九晚五,学生群体白天学习,晚上才有空余时间,根据不同目标用户有针对性地推送文章。通常而言,8:00左右、12:00左右,以及20:00—22:00,这几个时间段进行内容的推送,更容易引起用户的有效阅读。

(2)根据内容的主题。除在相对固定的时间段发布消息外,还需要灵活调整信息发布的时间。包括企业新品发布、社会热点事件、产品促销、节假日变动等,还可以根据有具体内容的事件而变动。例如,马伊琍文章宣布离婚后,许多公众平台运营人员就抓住热点,发布与之相关的推文,借此从男性和女性的角度解读婚姻等,都能收获相当大的阅读量。但是内容的推送一定要注重实效性,否则就会被粉丝视为炒冷饭,影响好感度。

例如,杜蕾斯品牌创办于1929年,是一家专注于两性的健康品牌,这家企业的新媒体运营可谓行业的标杆。该品牌的官方微信公众平台"杜蕾斯"拥有粉丝约63万,它的目标用户多为20~40岁的中青年。大数据显示,2018年WCI(微信传播力指数)为1098,居于全国生活类微信公众平台前50名。

在推送事件和推送频率上,一般来说,"杜蕾斯"微信公众平台一天只会推送一条信息,但是在重大的节日点,会推送两篇文章,例如,在2018年5月20日和2018年11月11日推送两条微信内容,而在推送时间上,一般都会选择22:00—23:00。该公司的运营人员为什么会选择这样一个文章发布的时间和频率呢?因为:①根据目标用户的生活习惯选择。人们习惯性熬夜,这个时间点一般都是上床准备睡觉,会有空闲时间刷手机,而且,在临睡觉前,人的情感因素比较活跃,如果采用整合信息,运用情感营销,劝服性会比较强,有利于营销的开展。②根据内容与品牌定位选择。作为杜蕾斯这样一个关系两性的网红品牌,在520和双11这类网红两性情感节日上,一定会把握时机借势营销。

2. 提升内容质量

维亚康姆集团是美国第三大传媒公司,包括拥有39家地方电视台的电视集团、制作节目超过55000小时的派拉蒙电视集团、成立于1912年的派拉蒙电影公司(其库存影片超过2500部,包括《星球大战》《阿甘正传》《教父》《碟中谍》《泰坦尼克号》等经典影片)。2018年12月18日,维亚康姆集团入选第十五届世界品牌500强排行榜,排第244名。1990年,美国维亚康姆(Viacom)公司总裁雷石东提出了"内容为王"的概念,将"成为全球最重要的内容供应商"作为公司的发展战略,他认为"谁做传送不管,我就是要放上最好的内容,传媒企业的基石必须而且绝对必须是内容,内容就是一切"。作为一个优秀的传统媒体领军者,维亚康姆公司始终坚持内容一定是最核心的部分。

随着社会的进步,人们从传统媒体时代进入自媒体时代,一个"人人都是麦克风,人人都是信息传播者"的时代。制作文字、图片、视频等传播内容的生产方式简单、传播途径多样和制作成本低廉,运营人员可以快速制作出大量内容并加以发布。但微信平台处于半封闭传播状态,它给予了用户自主选择权,运营人员发布的信息需要用户主动关注才能接受。如何才能够让用户心甘情愿地主动接受运营人员传播的信息呢?这需要回到媒介传播的本质,即优质的内容。那些高品质的内容具有天然的吸引力,它具有让用户主动关注、主动阅读、主动分享的魔力。

(1) 优质内容塑造品牌。2018年9月,微信客户端改版新增上线"常读的订阅号"模块,也就是经常被阅读的订阅号,其中如果有未读推文,订阅号图标左下角会显示让人很难忽视的绿色圆点,提示打开阅读。这一功能的推出其实是腾讯官方对于优质内容公众平台的一项扶优政策,让优秀的公众平台获得更多的接触用户的机会。因为现阶段无论是微博、微信、论坛诸如此类的各种平台,同质化现象都非常严重,大量的抄袭和转载会严重降低用户的好感度。

根据一项数据调查显示,微信公众平台的订阅中原创号的常读用户比例普遍高于非原创号。参与问卷调查的公众平台中,66%的账号为原创公众平台,仅有34%的账号为非原创公众平台。其中,常读用户比例在30%以上的原创号占比22.86%,几乎是非原创号的4倍。可见现在用户更期待的是新鲜的资讯、独特的视角和与众不同的观点所组成的原创优质内容。

因此,公众平台想要提升文章的阅读量,做原创、做品质、做口碑,并以此塑造自己的品牌,是一条冲出重围的可行之路。塑造微信公众平台的品牌,利用微信公众平台的品牌影响力吸引订阅者,对于提升微信公众平台的阅读量至关重要。

(2) 团队化和专业化。微信公众平台运营需要走向专业化、规范化的道路。一个优质的微信公众平台背后必有一支具有高运营水准的团队。一支拥有共同运营理念、运营操作规范、扎实的运营知识、丰富的运营经验的团队才能为一个微信公众平台持续不断地提供优质内容。目前很多大号都转向团队化运营,如"X博士""摩登中产""周冲的影像声色"等,单纯靠一个作者很难保障高质量的内容产出,一篇优质的内容需要精心的策划选题、详细的佐证资料、巧妙的写作构思等,这和生产工艺品一样需要一个流程。尤其是某些需要借势热点事件的内容,更是需要团队化创作。

（3）内容展现多元化。新媒体平台的优势就在于可以融合多种内容呈现形式，包括直播、短视频、音频、长图和游戏化阅读等，它们相对于单纯的文字更加立体，内容更具场景化，也符合全民娱乐时代用户碎片化的阅读习惯。传统微信营销大号"罗辑思维""十点读书""喜马拉雅"等知名公众平台都在公众平台内容中加入了音频、视频等。微信公众平台"GQ实验室"在2019年7月29日发布的文章《都市男女禁欲实录》一文中添加了滑动小游戏，让用户在阅读的同时还有动动手指的游戏体验，反转有趣的内容还能够有效地引导读者的思维，让读者即使在阅读长篇文章时也不会失去兴趣。

3. 意见领袖激发活力

意见领袖指团队中构成信息和影响的重要来源，并能影响多数人态度倾向的少数人。在论坛、微博和微信平台，他们的意见、转发和评论，往往能够影响其他受众的关注，培养意见领袖可以很好地调动普通用户关注的积极性。可以通过组建运营团队账号，积极维护QQ、微信社群平台，让团队账号和忠实粉丝成为公众平台的意见领袖。主要从两方面入手：一是主动将文章分享到各个自媒体平台；二是积极参与话题的讨论和回复，调动公众平台文案和回复区域的话题性和积极性。借此激起用户关注并参与进来，提高微信文章的阅读量。

二、微信公众平台活动运营

活动运营也称为作活动，是指围绕企业目标系统地开展一项或一系列活动，包括阶段计划、目标分析、玩法设计、物料制作、活动预热、活动发布、过程执行、活动结束、后期发酵、效果评估等全部过程。广义的活动包括线下活动和线上活动，区别在于线上活动的场景是虚拟的，线下活动必须要具备某个实际场景，两种活动可以单列，也可以并行交叉。相比之下，线上活动由于突破了地域的限制，参与难度大大降低，更受企业和用户的欢迎。微信自2011年推出以来，9年时间的成熟运作，不仅成为人们社交、娱乐和消费的重要虚拟工具，也是企业、社会组织和个人推广的重要线上渠道。

在微信运营活动策划中，运营人员一般以年为单位，提前设计全年活动规划。一方面，制定全年活动的整体框架可以减少运营的随机性，防止运营者"临时抱佛脚"，不断追热点而没有运营主线。另一方面，规划出全年的活动安排，有助于相关执行者灵活安排时间，提前筹备活动海报、活动文案等素材。预判活动节点可采取以下方式：①准备一份全年日历表，需要有农历日期、节日标注，将其打印；②圈出全年所有节日，用一支红色笔圈出整年所有节日，特别注意加上"520""618""双十一""双十二"等网络节日。③节日庆典量较多的情况下，运营人员根据企业和市场情况，以及自身需求，预判可做活动的节日。④全年一般不少于10个活动，活动的频率每个月一次较合理。

一场成功的活动，不仅可以提高粉丝活跃度，还可以提升营销转化率，通过搜集到的用户信息，可以进一步有针对性地进行服务和营销。透过活动与用户高频次互动，加深用户对品牌的认知，强化品牌忠诚度，对于企业而言意义重大。

（一）活动前

通过企业的全年宏观活动规划，运营人员对公众平台在时间节点的具体工作有了较为清晰的认识。落脚到一场具体的活动策划时,活动前期需要对本次活动的目标、主题、对象、具体形式、流程和预算等进行详细的梳理,以便能够保质保量地完成运营目标。

1. 目标定位

活动的目的是活动策划的起点,是微信公众平台运营者想要通过活动达成的最终结果。从营销的角度而言,公众平台活动各阶段和目的主要是:①起步阶段,提升公众平台的粉丝量,吸引潜在用户的关注;②初期阶段,提升文章的阅读量,扩大品牌影响力;③中期阶段,激发用户的活跃度,包括促进用户的转发、留言、点赞、收藏、打卡等;④全过程,促进商业转化,引导用户的消费行为,为产品带来盈利。

在进行活动策划时,需要明确本次活动的目的,以及想要达到什么样的效果。

2. 主题确定

除常规节假日庆典活动外,运营人员还可以抓住各类热点进行借势营销:①借势明星、社会、政治等时事热点。例如,大热的电视剧《亲爱的,热爱的》,明星夫妇文章和马伊琍离婚事件等,借此延伸出更有深度的思想内容,都能够成为近期活动的主题。②以企业的产品营销为节点,包括推出新产品、产品销量变化等。③基于用户的需求和兴趣点的策划。在没有特殊节日的情况下,想要策划活动,就可以选择此类方法。有趣的、有用的、能够与用户产生情感上的共鸣,能够让用户有足够参与感的内容,都能够成为活动主题的选点。

3. 对象分析

目标人群基本与运营的公众平台定位的人群相似,根据用户画像,深入研究这一类人群在某个事件或者某个节日中的行为习惯,以此有针对性地提出活动的策略,从而激发他们积极参与。

4. 形式选择

借助微信平台的各种功能,公众平台的活动形式多种多样,丰富有趣的活动形式可以提升用户的参与感和体验感,大大提高粉丝的活跃度。下面列举部分活动形式以供参考,实际应用中,根据微信开发的具体产品,可以组合出更多有趣的活动形式。

(1)留言抽奖。在活动策划中,根据当下热点、近期活动或时间节点等,准备一个互动话题,用微信推文的方式将话题抛出,邀请用户在文章末尾发表观点,运营人员根据之前设定的规则评选出获奖人员。注意:一是保证话题的互动性足够强,用户才会有足够多的参与热情;二是需要保证整个环节公正透明,可以在下一个推文中公布获奖观众的信息,否则容易让用户觉得这是一个内定的游戏,具有欺骗性,失去粉丝的信任。

(2)投票活动。投票活动是"让用户参与活动,拉好友为自己投票,赢取奖品"的活动。注意:一是防止用户刷票,最好提前声明,避免纠纷;二是注意内容与投票之间的联系,避免引起用户的反感。

此类活动的关键在于,要重点加大活动的曝光力度,尽可能拉取更多的用户参与;加入实时排行榜,让用户看到自己的名次,刺激用户不断拉人;限制每人每天点赞的次数,刺激用户拉新人。基本每家都可以用,但微信大号慎用,易被封,可用小号尝试。

(3)打卡活动。打卡类活动是指"用户每天完成指定任务,生成海报或链接,然后分享到朋友圈完成打卡"的活动。常见的活动有"薄荷阅读""扇贝阅读""水滴阅读""7天读书计划等",一般用关卡或奖励激励用户每天打卡,公众平台也因此得到多次曝光机会。活动的重点在于激励用户完成打卡。下面是常用的3种激励措施：①设置打卡解锁新的课程或者内容；②先交钱或者定金，完成打卡任务返现；③降低门槛，设置阶梯奖励，完成3天、7天、15天可得相应奖励。比较适合读书类/英语类账号、短期训练营之类产品、APP拉新促活。

除上述活动形式外，还有征文征稿、发红包、好友邀请等形式，要依托公众平台自身的定位和用户场景应用的需求举办活动，盲目地混搭活动可能起不到期望的效果。

5. 活动流程

活动流程的制定步骤：①明确开始和结束时间。尤其是追热点时，务必注意时效性。②制定具体活动的参与流程。写明活动玩法的具体规则，例如满足××条件给予××奖励、奖励发放时间等。注意引导语要简洁、易懂，流程简单、易操作，否则会严重打击用户参与的积极性。③奖品设置及领取。在活动方案中明确奖项的设置，包括奖品的名称、数量、获奖概率和具体的领取方式，最后在公众平台公布获奖名单。④推广计划。根据活动的安排，在预热、活动中期、活动后期，每个阶段推广文案的发布数量和发布渠道进行科学详尽的计划，让活动有节奏地进行，以保证活动整体的曝光度和影响力。

6. 活动预算

活动预算中涉及的成本包括人力成本、宣传渠道成本、奖品成本和物流费用等，应根据实际情况进行合理安排。

"微信读书"书评活动

微信公众平台"微信读书"是APP微信读书的推广账号，也是一个关于阅读和书籍的公众号。近期，"微信读书"策划了"书评"的系列活动，截至2019年8月已进行了79期《书评79期||〈月亮与六便士〉没了梦想，人生还有什么意义？》，还在持续举办中。在每期书评活动的文章中，以投票的形式，邀请用户选择下一期想要看到的书评；书评的来源也是由用户撰写，被录用的书评可以在"@微信读书"文章中展示，还可以获得50书币的奖励；此外，根据用户在留言区中的评论，还会选取第一名、第三名和第五名发放奖励。奖品为"微信读书"APP的一张无限会员卡月卡，如图2-4-3所示。

分析：请从活动运营的角度分析"微信读书"书评活动采取了哪几种活动形式，目的是什么？

（二）活动中

（1）测试优化。与线下活动相似，线上活动也需要一定的"彩排"和"演练"，在演练过程中测试整个流程的合理性，确保用户在参与过程中的体验感。具体测试的人员包括：运营人员内部测试和社群忠实粉丝。测试需要确认的内容包括查看用户在哪一步的流失率最高，测试文案转化率、页面跳出率。测试时间大概是1天。在把握时效性的基础上，优化后投放给全量用户。

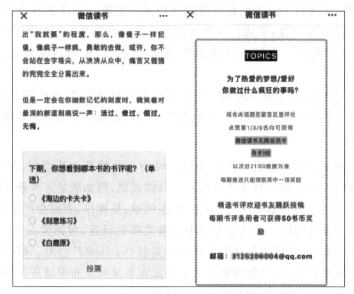

图 2-4-3 "微信读书"书评活动

(2) 监控反馈。①活动运营阶段，需要对活动中呈现的阅读量、转发量、在看量和参与量进行实时监控，如果一直没有增量或者降幅过大，应及时查看原因，进行调整处理。②信息收集。活动过程中，用户反馈和讨论的精彩之处，应注意及时截图保存，在后期复盘总结时，可以用于二次传播，放大活动价值。

（三）活动后

(1) 数据收集。活动运营的价值体现应落脚到具体的数值进行量化，包括公众平台吸粉人数、文章阅读量、互动留言数量、小程序获取用户数、拉入社群人数、加个人号好友人数、总交易额、毛利/净利等，以此来反映整场活动的效果是否达到预期，能够为企业带来对应的影响力和转化率。

(2) 用户追踪。基于活动的目标，为了吸引新用户和激发老用户的活力，在活动结束后，务必要对参与的用户进行进一步的追踪和管理，让活动的效益最大化。因为愿意参与活动的用户，往往都是对公众平台有一定了解或者有好感的用户，经过培养可以成为我们的忠实粉丝，后期持续关注和产生消费行为的概率也更大。

参与活动的用户分为获奖用户和未获奖用户，对于这两类用户有不同的维护方式：①获奖用户。奖品发出后，鼓励用户主动分享至朋友圈。分享不仅可以让获奖用户得到社交层面的满足感，还能通过分享进一步曝光，扩大影响力。②未获奖用户。对于未获奖用户应重视他们的参与积极性，对他们表示感谢，鼓励他们下一次主动参与，以及推荐给身边的朋友。

(3) 活动复盘。在活动复盘的报告中，可从活动总结和改进两个部分呈现。①活动总结部分包括哪个页面跳出率最高？哪句文案转化率最高？用户对什么奖品最感兴趣？②改进部分则是将活动中呈现的问题一一罗列，找到对应的解决方法，并且指定负责人与时间节点去跟踪落实。

(四)活动策划的关键

1. 关注用户的体验感

(1) 趣味性要强。活动的趣味性越强越好,只有活动好玩有趣,参与的人才会多,活动的气氛才能营造起来。如果活动足够有趣,甚至在没有奖品的情况下,大家也会积极参与。在这个全面娱乐的年代,娱乐才是大家上网的根本目的。

(2) 活动的门槛要低。一般来说,根据自己的目标人群,门槛越低越好。活动面向的人群越初级越好,因为越是高级用户,用户群越少,而且高级用户对于活动的热衷度远不如初级用户。另外,门槛低还包括活动规则的制定,规则应该是越简单越好。越是复杂的规则,参与的人越少,尤其是微信这种碎片时间使用比较多的沟通工具。

(3) 参与方式要简单。在做营销活动设计时,其目的尽可能明确、单一。很多人喜欢在一个营销活动中融入多个营销目的,而每个目的都会增加用户的操作步骤,最后用户反而觉得体验不好或因难度太大而放弃参与。例如看到一个抽奖活动,他们先让用户关注微信获得活动链接,然后点击登录,输入手机号码获得登录码,再凭登录码登录指定网站来抽奖。在这个过程中,用户不仅要经过4步才能完成,而且要在手机与PC端之间进行切换,虽然这个设计的初衷是增加微信粉丝数量同时期望给网站带来流量,但是这种双重目的反而让活动流程变得复杂,进而降低用户的参与欲望。

2. 关注用户的获得感

活动一定要让粉丝受益,要让用户得到足够的好处才有价值,因为只有活动的回报率高、奖品丰厚,用户的积极性才能被调动起来。活动奖品既可以是物质的,也可以是精神上的。为什么奖品回报率要高?就是因为对于铺天盖地的活动,消费者早已司空见惯,对于奖品早已不动心,因此奖品要设置得有特色、有吸引力,同时还要注意提升奖品的中奖率。大奖虽好,但是中奖的人数少,众多的参与者都白忙了,打击了他们的积极性。因此在大奖有保障的基础上,尽量多设一些小奖,尽可能让更多的人拿到礼品。

3. 注重运营的回报率

运营的回报率是运营投入和运营效果之间的一个比率,投入越少,效果越好,则回报率越高。一方面,公众平台运营活动应严格控制活动投入,即有限的奖励,或者说是投入。营销人常常会说"给我×××预算,我也能做出像××那样效果的活动"。但是如果达到了同样的效果,你花了1000万元,而别人只花了500万元,这样的营销活动是不成功的。有限的奖品或投入在营销活动中应该被可控,一旦不可控,它会成为活动风险,因此务必保证投资回报率大于1。

另一方面,达到可量化的效果。一个好的营销活动,其效果应该是可衡量的,例如增加多少粉丝,带来多少流量,销售多少产品。绝不是不可衡量,如果效果不可衡量,就无法在过程中监测关键绩效指标(key performance indicator,KPI)。例如此前提及的活动效果可以是粉丝增量或者网站流量,同时这个效果一定是与此前的目的相匹配的。要明确营销活动的最终目的,例如发布一条产品推荐的有奖转发活动,转发数是最容易跟踪的,但是它不应该成为这个活动的最终目的,流量或者销量才是。

三、与其他平台之间的推广

微信公众平台运营推广的主要目的是增加高质量的粉丝、提升公众平台的影响力以及提升用户的活跃度和忠诚度,以此为基础,延伸出了用户运营、内容运营和活动运营三种运营形式。这三种运营形式和运营目的不是孤立的,它们有机统一在整个微信公众平台的推广过程中,并且需要运用各种具体的公众平台推广渠道来实现传播效果的提升。

将微信公众平台推广出去,其实就是在各种平台、各种信息和各种方式上呈现微信公众平台的账号和文章的名称、链接和二维码以直接或间接的形式告知用户,吸引他们的关注和阅读,让公众平台的受众面更广、阅读量更高、影响力更大。随着媒体的发展,各类资讯和信息如潮流般涌向用户,人们已经极其反感被动地添加好友的关注了,在推广的过程中,务必注意"用户主动",让用户因为个人需求、内容有趣、情感表达等各种原因主动关注、主动分享,这样才能够有效地吸引目标用户。否则用户即便一时关注了账号,也会很快取消关注,毫无意义。

随着互联网的发展,社交媒体平台、短视频直播平台、资讯类平台等各种类型的新媒体发展渐趋成熟,也积累了大量的忠实用户,微信公众平台的运营者可以通过在线上搭建新媒体推广矩阵进行由内向外的传播,以及借助广告主和其他优秀相似的公众平台进行外部推广;除线上的传播外,还可以通过实体店铺、目标人群活动等方式,进行线下的推广。以此实现由内外发力、线上与线下结合的微信公众平台推广渠道。

1. 组建新媒体矩阵

新媒体矩阵包括社交类的微信、微博、QQ、抖音;资讯平台类的豆瓣、知乎、小红书,还有简书、人人都是产品经理、梅花网等以及媒体平台,如凤凰网、腾讯网、搜狐网、今日头条等;运营人员可以自行注册账号,自行发布图文信息的各类平台。新媒体推广矩阵是运营人员基于微信公众平台主体,借助各类新媒体平台进行由内向外的传播渠道,成本低廉且效果较好,但需要运营人员花费大量的精力进行维护。

(1) 微信号导流。

① 个人微信号导流。邀请微信好友关注,转发个人朋友圈,建立第一层传播。在此需要注意的是,利用团队的个人微信号好友导流,可以举办一些活动,赠送小礼品,让好友心甘情愿地关注,避免情感消耗,令人反感。

② 利用"附近的人""摇一摇"功能。这两种是腾讯微信平台中添加陌生人的方式,作为专业的微信公众平台,可以将头像、介绍语表达得更加专业,才会吸引有针对性的用户。这种方式尤其适用于本地服务公众平台,例如,运营人员做关于大学生兼职消息推送类的账号时,就可以在学校周边开放这两种功能,并且写上相应的引导语,即可吸引有意添加的用户。

③ 组建或加入微信群,在用户画像相似的群内进行暗示,以此进行引导推广。

(2) QQ平台导流。腾讯QQ和微信已成为现代人们生活中不可或缺的即时通信工具。在QQ平台存在着大量的有共同爱好的群,并且这些群是公开的可查找的,例如,宠物群,装修建材群,美容美发群等专业的、目的性较强的群。运营人员可以普通用户的身份进入群内,以优惠信息共享的形式或回答疑问的方式,将公众平台的推文、图片等内容发布进去,吸引这些目标用户的关注。让用户对你的内容感兴趣,并且愿意添加你为好友。你还可以运用QQ空间,发布微信公众平台的文章和介绍信息,引导用户关注账号并且阅读文章。

(3)微博平台导流。与腾讯旗下的微信相比,新浪微博的信息传播是一个开放的空间,恰好也是微信公众平台推广的有力途径。微信公众平台的文章发布后,运营人员可以在新浪微博中进行转发,并邀请好友进一步分享,有趣的内容势必会引起用户的层层分享。

(4)抖音视频导流。抖音以其视觉化、碎片化的呈现形式,目前日活跃用户量已超过3.2亿,成为新兴的主流社交平台之一。运营人员也可以注册抖音账号,将微信公众平台文章的主体内容进行剪辑的视频化表达,并且在视频中留下微信公众平台的名称、二维码,吸引用户主动关注。

(5)资讯平台和专业平台导流。这两类平台吸引的用户针对性更强、精准度更高。运营人员可以在资讯平台的豆瓣、知乎、小红书、简书、人人都是产品经理、梅花网等,以及媒体平台,凤凰网、腾讯网、搜狐网、今日头条等运营人员可以自行注册账号,自行发布图文信息的各类平台,在图文信息中注明信息来源,或者在文章的尾部插入微信公众平台的介绍、链接、二维码等信息,吸引用户关注。

(6)企业官网页面导流。运营人员如果是在为拥有企业官网的公众平台进行渠道推广,企业的官网是一条很重要的渠道。通过搜索引擎找到企业官网的用户,往往都是对企业的信息有一定了解,想要进一步深入查看的,在官网页面贴上微信公众平台的二维码,或者直接引用微信公众平台的文章,都是可行的导流方式。

2. 公众平台互推

公众平台互推的形式包括友好互推和付费互推,两种形式各有优势,在公众平台的目标用户定位准确的情况下,这两种互推都能够起到较好的效果。但在推广过程中,应尽量避免低俗、诱导类的用词或用语,也不要触犯法律底限,否则得不偿失。

(1)友好互推。运营人员可以根据行业的交流群或者在微信平台查找类似的公众平台,主动寻找友好互推的公众平台。但需要注意的是订阅号和服务号由于每天的发文量不一样,因此需要与自己的实际情况进行匹配。具体互推的形式:①内容互推。与合作公众平台协商,将优秀的文章放在对方的账号中发布,在文章的尾部贴上自己的链接和二维码,一来可以增加对方的阅读量,二来吸引用户的关注。②嵌入式互推。即在各自的微信文章中嵌入呈现对方公众平台的信息,提高公众平台的曝光度。③盘点式互推。对某一个行业或者某一领域的公众平台进行盘点,营造一种权威和客观的印象,以此曝光公众平台的信息,吸引关注。④引导互推。在用户关注微信公众平台的自动回复中,添加拟推广的公众平台名称链接,引导用户关注。

(2)付费互推。运营者可以通过付费的方式,利用广告主功能向不同性别、年龄、地区的微信用户精准推广自己的服务,获得潜在用户。广告主的选择是与本公众平台目标用户定位相似的运营较为成功的账号,利用他们的人气为公众平台导流。具体的广告展现位置是在图文消息的全文页面底部,可以呈现微信公众平台的图片及关注链接。付费互推的一般广告计费方式是CPC方式,按照点击次数计费,当微信用户点击广告时,广告主才需要支付费用,广告展现完全免费。

除以上的线上推广方式外,还可以采用与媒体合作,发布新闻稿件、聘请专业的推广公司和团队等,但这些成本都相对较高,可以根据运营账号的实际情况进行选择。

3. 线下推广

尽管微信公众平台是一个互联网产品,但归根结底它是以用户为中心,线下生活是用户最基本的生活场景。因此,线下的渠道推广也不容忽视。微信公众平台的线下推广与传统产品推广的活动有所不同,因为它的主体是一个虚拟的账号,所以只需要呈现它的二维码和账号介绍即可。在呈现的过程中需要注意:一是详细,尽可能把详细步骤列出来,给用户一个简单的提示,让人感觉很贴心;二是利他,可以运用 X 展架、海报、产品包装等可以呈现的实物,将公众平台的内容告知用户,让用户知晓他们能得到什么。例如,很多餐饮店都会在桌面上贴上二维码,请观众扫描关注公众平台点菜、结账以及领取优惠券。客户得知可以领取优惠券,尽管扫码和关注要多几个步骤,也会愿意尝试。线下推广呈现的渠道有以下几种。

(1)店铺宣传。这种方法适用于有实体店铺的微信公众平台,店家开通公众平台的目的主要是为顾客提供更好的服务,方便顾客获取最新资讯,增加与顾客的互动,从而增加顾客与企业的黏性。因此可以在店铺前台或者顾客消费的地方贴上店铺的二维码。有些没有店铺的公众平台为了获取精准的粉丝,也可以采取这种方法,与目标人群定位相似的店铺协商发布。

(2)宣传单页发放。这种方法不受位置约束,可以在任何地方发放你的宣传单。可以与促销活动,关注后包邮、优惠、赠品等相结合。也可针对某个爆款或潜力爆款单品,许以关注后的各种优惠措施,快速吸引目标用户。

(3)商品包装盒宣传。这种方式适用于有实体产品的企业或者可以与实体产业跨界营销的公众平台主体。产品包装属于商品附属品,每一个购买产品的用户都可能成为目标接触者,因为"走心"的内容吸引,这些目标接触者顺其自然地转化为目标粉丝。例如,重庆白酒江小白,起初作为一款普通的白酒,并不起眼。营销人员引入"走心"的广告语"我是江小白,生活很简单"系列广告语,实现了江小白从包装到品牌的升华。

(4)促销活动宣传。促销活动可以快速帮你吸粉,例如扫码关注,转发多少次或点赞多少次,马上会有礼品或者优惠,甚至可以加入你专门打造的红包群,不定时地发送红包。面对如此大的诱惑,路人一定会停下脚步,立即扫码关注,进而转粉。

(5)线下设备推广。例如,充电宝、单车、照片、电子秤等共享设备,以免费或者收取少量费用的方式让用户使用,用户通过关注公众平台免费使用设备,既给用户提供了方便,也可以给公众平台做推广。

自我练习

一、单项选择题

1. 社交平台微信公众平台的特征是( )。
   A. 开放式　　　　　B. 封闭式　　　　　C. 互动式　　　　　D. 半开放式
2. 微信公众平台为了吸引地域聚合属性较强的用户,最适合的方式是( )。
   A. 地推活动　　　　B. 论坛发帖　　　　C. 账号互推　　　　D. 张贴海报
3. 在互推的微信公众平台上发表文章引发读者兴趣,引导读者点击阅读原文链接属于

（　　）方式。
   A. 内容互推　　　　　　　　　　　B. 盘点式互推
   C. 阅读原文互推　　　　　　　　　D. 关键词回复互推
4. 微信公众平台文章的传播对象是（　　）。
   A. 编辑人员　　　　　　　　　　　B. 平台运营人员
   C. 普通用户　　　　　　　　　　　D. 管理人员
5. 英语美文阅读类微信公众平台文章推送的最佳时间段是（　　）左右。
   A. 8:00　　　　B. 12:00　　　　C. 13:00　　　　D. 22:00
6. 提出"内容为王"的概念的是（　　）。
   A. 麦卡锡　　　　B. 雷石东　　　　C. 马化腾　　　　D. 科特勒
7. 在微信运营活动策划中，运营人员一般以（　　）为单位，提前设计活动规划。
   A. 年　　　　　　B. 季度　　　　　C. 月　　　　　　D. 周
8. 微信公众平台运营中期阶段的主要目的是（　　）。
   A. 提升公众平台的粉丝量　　　　　B. 提升文章的阅读量
   C. 激发用户的活跃度　　　　　　　D. 引导用户的消费行为
9. 活动策划中，下列不属于增强用户体验的是（　　）。
   A. 活动趣味性强　　　　　　　　　B. 参与方式简单
   C. 参与规则简单　　　　　　　　　D. 中奖率低
10. 组建新媒体矩阵这一推广方式的优点是（　　）
    A. 低廉高效　　　　　　　　　　　B. 覆盖面广
    C. 耗费精力　　　　　　　　　　　D. 目的性强

二、多项选择题

1. 用户运营工作中（　　）可提升用户价值。
   A. 拉新　　　　　B. 促活　　　　　C. 留存　　　　　D. 转化
2. 微信公众平台忠诚度高的粉丝的特点是（　　）。
   A. 互动频率高　　　　　　　　　　B. 主动传播
   C. 持续关注　　　　　　　　　　　D. 提出意见
3. 提升微信公众号文章内容质量的方式有（　　）。
   A. 优质内容塑造品牌　　　　　　　B. 团队化和专业化
   C. 内容呈现多元化　　　　　　　　D. 意见领袖引导
4. 具有优质内容的微信公众平台能让用户（　　）。
   A. 主动关注　　　　　　　　　　　B. 主动选择
   C. 主动阅读　　　　　　　　　　　D. 主动分享
5. 通过微信公众平台活动与用户高频次互动，对于企业的深层次意义有（　　）。
   A. 加深用户对品牌的认知　　　　　B. 强化用户对品牌的忠诚度
   C. 增加企业收益　　　　　　　　　D. 提升企业管理水平
6. 微信公众平台运营的回报率是（　　）之间的比率。
   A. 运营投入　　　　　　　　　　　B. 销售金额
   C. 文章阅读量　　　　　　　　　　D. 运营效果

项目三

微博运营

任务一　微博定位及装修

项目任务书

课内学时	6	课外学时	不少于4
学习目标	1. 通过教师讲解、学习案例等方式学习与微博相关的基本知识,了解其概念、传播特征,理解微博的功能 2. 了解个人微博与企业微博定位的基本知识,能对自己的个人微博和本团队的企业微博(模拟或真实的)进行初步定位 3. 学会对个人微博及企业微博进行较专业的装修 4. 对发送微博进行初步尝试		
项目任务描述	1. 听教师讲解与微博相关的知识 2. 学习与微博相关的案例,理解微博的功能 3. 对自己的个人微博进行初步定位 4. 完成对个人微博较专业的装修 5. 建立微博运营团队		
学习方法	1. 听教师讲解相关知识 2. 动手实践,完成课业		
所涉及的专业知识	1. 微博的概念及其发展 2. 微博传播的特征 3. 微博的营销价值 4. 微博账号的种类 5. 微博运营的定位、内容规划 6. 微博账号的申请及装修		
本任务与其他任务的关系	本任务与后面的任务之间存在前后接续关系,是后面各项任务顺利开展的前提		
学习材料与工具	1. 学习材料:项目任务书所附的基本知识,微课及其他可视化课件、视频资源 2. 工具:项目任务书、任务指导书、评分标准、手机、计算机、笔等		
学习组织方式	部分步骤以团队为单位组织,部分步骤以个人为单位组织		

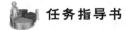任务指导书

完成任务的基本路径如下。

听教师讲解与微博相关的基本知识(90min) → 学习微博定位的基本知识,为自己的微博定位(90min) → 注册个人微博,对微博进行较专业的装修(90min) → 初步尝试发博文(课外)

第一步,教师讲解相关知识,填写表 3-1-1。

表 3-1-1　任务产出——案例分析

1. 请对彬彬农场的微博定位进行分析。
2. 假设你是彬彬农场微博的运营人员,你会怎样规划运营彬彬农场的微博(从内容和时间两方面谈)。
3. 在日常运营企业微博的过程中,你认为应当注意哪些方面?

案　例

微博营销:让彬彬农场年销售轻松过百万元

微博定位的案例

彬彬农场的杨学彬在 2000 年和同班同学开始合伙开农场。他用自己在日本积累的食品知识与经验,为农场提供技术支持。2011 年后,杨学彬决定通过微博来销售农产品。

2011—2017 年,杨学彬发了 17970 条微博,在没有加 V、没有任何外力帮助的前提下,靠自然增长,其粉丝数达到了 12740 余人,这 12740 余名粉丝,有 4000 余人次买过东西,在这 4000 余人次当中,有数百人成了彬彬农场的会员,每个会员的预交费是 3000 元,"但实际销售中非会员比会员的消费金额还要高",杨学彬说。例如,168~280 元一箱的"丑苹果"网络销售,广深地区每个月的销量就达到了 500 箱,这显然不是完全靠那 200 多个会员能完成的。这个数据同时也说明,彬彬农场目前面对的都是消费能力较强的高端客户。

杨学彬的微博为什么能吸引这么多忠实的顾客呢?

说来其实很简单,从他的微博内容来看,所发的微博都是与产品知识、农场实景、销售动态、健康养生、食品安全管理相关,即使在与用户互动时,也大多和产品知识、食品安全、销售配送相关,既不在微博上与人闲聊,也很少发送偏离上述几个方面的内容。例如,在销售某产品时,他会把产品的产地、特点、用途、可销售的数量、付款方式、配送方式等都在微博上介绍清楚,同时配发相应的图片。同一条微博信息,一天或者几天之内会多次转发,用不同的文字进行反复介绍,加深用户印象。

彬彬农场从最初的一两个人,发展到目前的五个人的小团队(人员构成为:产品开发一人、采购一人、客服兼内勤一人、司机两人),销售额也从最初的零到如今的年销售额超过100万元,这一切居然是仅靠一个不加"V"的微博实现的。

(资料来源:黑马程序员.新媒体营销教程[M].北京:人民邮电出版社,2017:25-26.略修改)

第二步,为自己团队(与微信部分的团队一致)的微博定位(模拟官方微博)。要求:在课后寻找一个现实中的企业(或组织)并与之商谈,帮其进行微博的运营(或进行一个企业或组织的模拟,也可以是以学生自己家的农产品作为营销对象)。每个团队至少有一个模拟组织的官微,其他人可以个人为单位,运营自己的微博。如果是5个人的团队,应该有5个微博账号,其中一个是模拟企业或组织的运营,填写表3-1-2。

表3-1-2 任务产出——微博定位

---

1. 团队的微博定位如下(由团队讨论完成):
(1) 团队要提供的产品或服务是:_____。
(2) 团队的生意模式是:□B2B   □B2C
(3) 微博的功能定位是:□销售量提升   □提高知名度   □危机公关   □客户服务   □其他
_____
(4) 目标群定位——我的潜在用户是谁? 潜在用户描述如下:

提示:性别、年龄段、职业、感兴趣的话题,常用的沟通方式等

(5) 微博形象定位(品牌微博人格化)描述:

2. 个人微博定位
(1) 微博的定位为:□品牌类   □信息聚众类   □微博签约自媒体方向
          □产品营销推广方向   □网红方向
(2) 微博的主题方向是:_____
   我的微博的目标群定位:
(3) 目标群定位——我的潜在用户是谁? 潜在用户描述如下:

提示:年龄段、职业、收入阶层、学历、兴趣、常用的沟通方式等

(4) 微博形象定位(品牌微博人格化)描述:

3. 建立微博运营团队,进行初步分工:
(1) 官微负责人:_____   职责:_____
(2) 其他分工:_____   职责:_____
(3) 微博运营规则:

第三步,注册个人微博,并进行较专业的装修。

(1) 阅读以下资料,并进行案例分析,填写表 3-1-3。

表 3-1-3　任务产出——微博起名案例分析

请分析为什么王晓阳的微博命名不如林岳涵的吸引粉丝?

微博起名实例分析

王晓阳和林岳涵同时在北京开了一家家装设计店,而且他们都选择了微博作为店铺的推广渠道。王晓阳崇尚个性,认为个性张扬是设计的前提,于是他的微博用户名为"拒绝约束,打造自由空间",而林岳涵认为让用户满意才是最好的结果,所以他的微博用户名为"风格最全,服务最周到的家装设计中心"。微博运营一个月后,林岳涵的微博粉丝数远远超过了王晓阳的微博粉丝数,而且林岳涵的客户也明显多于王晓阳的客户。

(资料来源:陈静.微博运营全攻略[M].北京:电子工业出版社,2017:58.)

(2) 完成案例分析后,请进行微博装修前的准备,完成表 3-1-4。

表 3-1-4　任务产出——微博装修准备

1. 我的微博账号昵称是:_____。 我起这个名的原因是:_____ _____。 2. 我的微博头像的设计:我计划使用的头像是(请选择): □带公司 Logo 的图像(可自行设计)　□本人头像　□女性头像　□文字头像　□卡通漫画头像 □明星粉丝头像　□其他_____ 3. 微博头像设置时,支持的图片类型格式有三种,分别是_____格式,文件小于 5m,大尺寸头像是_____像素×_____像素。请为自己的微博设计一个头像,保存在"微博装修"文件夹下。 4. 我的登录名是:_____。 5. 我的个性域名:_____。 6. 请为自己的微博页面设计一个主页背景模板,并保存在"微博装修"文件夹下。 7. 请为自己的微博设计一个主页封面图(图片大小为 920 像素×300 像素,封面图中至少包含以下一种联系方式:微博、微信的二维码、手机号、QQ 号等),并保存在"微博装修"文件夹下。

(3) 请打开新浪微博,申请一个微博账号,并根据已准备的资料对微博进行装修。完成装修后,@你的老师(或提交@后的截图)。

(4) 在微博运营一段时间后,请尝试进行微博认证。推荐进行个人身份认证、兴趣认证、自媒体认证、超话认证。以团队为单位进行微博会员订购(尝试期一个月)。

项目任务评分标准及评分表

微博定位及装修评分标准及评分表(总分 10 分)

学生姓名：_____

任务产出	案例分析(个人,2 分)	微博定位(团队,3 分)	装修准备：案例分析、装修准备(个人,2 分)	实操(装修)(个人,3 分)	身份认证(个人)	小计
评分标准	第 1 个问题(1 分),后 2 个问题(共 1 分)	3 分	案例分析(1 分) 装修准备(1 分)	1. 用户名(1 分) 2. 头像(0.5 分) 3. 设置背景模板(0.5 分) 4. @老师(0.5 分) 5. 个性域名(0.5 分)	不做要求，(认证成功，可加附加分)	10 分
实际得分						—
学生 1						
学生 2						
……						

基本知识

一、微博及微博营销的概念

(一)微博的概念及其发展

1. 微博的概念

微博即微博客(MicroBlog)的简称,是一个基于用户关系分享、传播以及获取信息的平台。用户可以通过 Web、WAP 以及各种客户端组建个人社区,以长文字、多图片、短视频、长图文等形式更新信息并实现即时分享。它是一种给予用户极大参与空间的新型在线媒体,是一款为大众提供娱乐、休闲、生活服务的信息分享和交流平台。

2. 微博的发展

2006 年,美国技术先驱埃文威廉姆斯创建的公司首先推出了 Twitter(微博客)即推特服务。在最初阶段,这项服务只是用于向好友的手机发送文本信息,最初为数不多的用户只是利用这个平台互相说说小笑话,但他们很快发现,其传播方式是如此与众不同,读者可以转发信息,传播给更广泛的人群。推特迅速进入大众视野,并很快风靡美国进而风靡全球,之后又陆续诞生了许多提供信息分享服务的网络公司。随着新的网络技术的不断更新发展,Twitter 一跃成为互联网宠儿,备受欢迎。在国外的微博飞速发展的时候,国内的一些勇于创新的创业者们也开始尝试着举办了一些类似于微博的社交网站。2007 年 5 月,国内第一家推出微博服务的社交网站"饭否"正式上线,接着又陆续出现了滔滔、叽歪、嘀咕等一系列的微博网站,但是这些网站因为当时的国内网络环境不成熟而先后关闭。

2009 年,新浪率先推出微博服务。与传统博客相比,它将字数限制在 140 字之内,使微

微博的发展历程

博内容短小化、口语化，易于操作和传播，从而在一定程度上降低了发帖门槛，提高了用户的参与度；在终端上，微博更适合于手机、平板电脑等移动端媒体；在表达上，微博更为口语化、碎片化，其参与互动、转发更为容易，具有很强的社交性。因而短短几年便迅速跃升为社会化媒体的典型代表。在新浪微博之后，网易、搜狐、腾讯也相继推出了自己的微博服务，在中国大地上真正开始掀起一股热潮。四大门户网站微博的特点是主推娱乐明星效应。随后为了占领新兴媒体舆论阵地，传统的新闻媒体网站人民网也顺势推出了人民微博，颇具影响力的凤凰媒体也启动了凤凰微博的内测。这让微博领域的竞争由商业竞争扩展到新闻领域，由人气扩展到舆论。

微博经历了多年的快速发展，现在已经进入成熟期。尤其是移动互联网时代的来临，智能设备的普及使得越来越多的用户开始使用微博这种交流工具，微博已渐渐融入人们的生活，成为主流媒介。2014年，继腾讯撤销微博事业部之后，网易微博也跟用户说再见，搜狐微博坚持了一段时间后也处于停滞状态。目前新浪微博已发展成为微博市场业务最大的社交平台。

根据CNNIC发布的《中国互联网发展状况统计报告》数据，2018年中国微博用户规模为3.37亿人，在整体网民数量中微博用户数比例达到42.3%，较2017年年底上升1.4%。社交应用商业模式不断成熟，一方面，广告依然是社交平台变现的主要方式；另一方面，内容生产者能通过社交平台实现商业变现。

（二）微博的传播特征

1. 传播速度：即时性、快速性

这里的即时性是相对于以往来讲的，微博在手机端的应用比较方便，大家用手机的时间也比较多，当一条信息被发出之后，立马就能够被关注者看到并且被传播，因此它具有即时性。

微博实现了"人人参与"，让每个人都有关注者，即粉丝。每个粉丝也是自媒体，人人都可以成为传播的节点。信息在微博里的传播是裂变式、几何式的，一旦信息被触发了，通过关键传播点就会爆炸似地传开，非常迅速，很难控制。

2. 传播主体：平民化

微博极大地降低了普通人发布信息的门槛，不像网站那样需要编辑审核，也不像博客需要长篇大论，随时、随地、随手都可以发布看到的信息、当下的生活状况、个人的感悟等，这让原来沉默的大多数人找到了展示自己的舞台。微博时代真正做到了每个人都可以生产、传播、接收信息，使每个人都成了潜在的记录者。微博消除了传播者和接收者之间的界限，形成了"人人即媒体"的传播格局。随着智能手机在我国的普及，微博的主体真正实现平民化。

3. 传播内容：碎片化、去中心化

早期的微博因为传播容量的限制，一些复杂和有深度要求的内容无法传播，呈现出碎片化的特点。但这也显示了微博的独特性和分众传播的优势，它一方面契合了现代社会信息化、快节奏的生活方式，节约了现代人的时间成本；另一方面又在影响现代人关注信息的方式和习惯，甚至引领着整个社会的生活方式和人际交往模式的潮流。

微博提供了一个平等的交流平台，构建了一个机会更为均等、权力更为平衡的舆论平台,它允许普通人直接去名人微博下评论转发自己的看法,如果获得了大家的支持,一样可以带来广泛转发和传播,这在客观上营造了打破权威、鼓励创新、张扬个性的文化氛围,使精英阶层的话语权下移,彰显了去中心化的草根性与平民化的传播个性。

4. 传播方式:交互化、病毒化

在微博上,信息的发布者与受众之间可直接沟通对话,在微博上分享信息、进行社会交往、表达个人感受,往往都能够得到其他微博网友迅速及时的反馈。

微博传播过程使每个人都可以产生信息、传播信息、接收信息,任何一个微博用户在转发关注者发布信息的同时,也可以变成微博信息的二次加工者,此时关注者就变成了信息的接收者,然后又可以把接收到的信息通过转发传播给自己的粉丝,所以微博用户随时可以在接收者和传播者的双重身份间互换。

微博的传播路径主要包括粉丝路径和转发路径两种:在粉丝路径中,只要发布者发布信息,关注者就有可能接收到这个信息;在转发路径中,如果关注者觉得自己接收到的信息有转发的价值并选择转发,这个信息就会成为关注者的微博,他自己的粉丝也能随之接收到这个信息,以此类推,将这个信息以裂变的形式传递出去。因此,微博的传播方式不再是过去的一对一或者一对多的模式,而是演变为一对一、一对多同时可以发生的裂变模式。微博能够轻松实现人际传播、群体传播、组织传播和大众传播的兼容,能够在这些传播方式所使用的媒体上实现传播,或者容纳多种媒体的传播功能,成为名副其实的多媒体。

病毒营销是指通过用户的社会人际网络,使信息像病毒一样传播和扩散,利用快速复制的方式传向数以千计甚至百万计的受众。微博的社会化传播特征恰好具备病毒式扩散的能量,微博上用户对企业的信息进行转发或做出评论,能够有效实现网络社交传播。

(三)微博营销的概念

微博营销是指通过微博平台为商家、个人等创造价值而执行的一种营销方式。企业将微博作为营销平台,以微博粉丝作为潜在的营销对象,通过微博平台与粉丝进行互动沟通,向网民传播企业及产品等营销信息,帮助企业树立良好的品牌形象,实现产品或服务的转化和购买,最终为企业带来经济收益。

微博营销注重价值的传递、内容的互动、系统的布局、准确的定位,涉及的范围包括认证、有效粉丝、话题、名博、开放平台、整体运营等。

二、微博的营销价值

微博的营销价值包括品牌传播、广告宣传、市场调研、危机公关、客户服务与管理、产品销售。

(一)品牌传播

品牌传播是企业塑造自身及产品品牌形象,以获得广大消费者认同的过程,是微博营销的重要功能。实现品牌形象的管理和传播,也是微博营销的最终目标之一。传统品牌建立的核心手段是打广告,以往只要有钱在央视打广告、拿标王就可以家喻户晓。但在互联网时代,尤其是今天的移动互联网时代,消费者获取信息的渠道要分散很多,电视广告早已不再

像当初那样受到万众瞩目。企业要想树立品牌，必须通过多渠道的推广宣传，而微博作为网民用户最为集中的平台之一，通过企业微博宣传自身是一个非常好的渠道。

新浪专门开辟了品牌馆，方便用户进行分类搜索和关注。据统计，65%的微博用户关注过品牌信息，1/3的用户会主动关注其喜欢的品牌，转发和评论品牌有关的信息，参与品牌发起的各种活动。这些实实在在的数据都说明微博上的用户对商业品牌并不反感，甚至很多还会有自己的粉丝群。

（二）广告宣传

将微博作为广告宣传的阵地是很多企业最大的目的，但是这一招往往并不太受用户的欢迎，没有人愿意关注一个只会一味发布自己广告的企业微博。企业可以通过创意性的内容植入自己的广告，起到广告宣传的作用，例如安全套品牌杜蕾斯就是这一方面的典范，它的许多微博都创意十足，深受用户喜欢。

微博是一个天然的信息传播平台，对企业来说也是绝佳的市场推广平台。企业可以将新品上市、预约发售、门店开张、店庆活动、折扣促销等信息，通过发布微博来扩散传播，告知粉丝并吸引他们参与。企业推出的电视广告、微电影、海报、画册等都可以在微博上进行推广。

（三）市场调研

企业在开展新项目或做新产品研发前，都会做详细的市场调研，这也是营销工作中最基础的工作之一，在传统营销方式中这是一项工程浩大的工作。企业通过发放纸质调查问卷、电话、借助第三方调研公司进行调研等方式，需要花费大量的人力、物力及时间。微博营销的崛起使企业可以利用微博非常方便地发起调研，收集用户的反馈意见，使人们主动参与进来，可以减少调研活动的人力和时间成本，微博营销为商家提供了一个低成本、高效率的创新营销方式。

（四）危机公关

通过微博的信息收集，使用微博检索工具、检索组件，时时刻刻对企业品牌、产品和相关的话题进行监控，可以建立一个日常的监测预警机制。一旦在微博上发现和企业相关的负面信息，及时向涉及的具体部门和人员报告，找出问题的根源，快速通过私下沟通的方式联系相关用户，找到信息最初的发布源头，直接解决问题。

当出现涉及企业产品质量、企业信用等问题的公众事件时，可以迅速了解到对事件高度关注的群体及其评价和意见，锁定危机公关目标人群进行公关，可以有效地降低危机程度，甚至将危机转化为重塑企业形象的一次机遇。

（五）客户服务与管理

1. 在线服务

消费者永远是选择最方便的渠道来与企业沟通，以前可能是通过邮件、电话，当微博成为常用工具时，他们更愿意通过微博来寻求帮助或者投诉咨询。微博作为一个庞大的社交平台，具备24小时可随时联系的特点，服务人员通过微博可方便接收信息进行反馈，可同时进行一对多的沟通交流。企业微博还可以通过内容的构建,主动帮助用户解决问题,宣传自己的服务信息。

2. 客户管理

微博可以进行客户信息梳理与关系维护。微博作为一个带有社交功能的平台,个人展示是很普遍的现象,用户通常能够在微博中主动提供他们所在的地域、年龄、学历、行业、兴趣爱好等多种信息,企业通过微博可以在不打扰用户的情况下收集必要的信息,在拥有一定的用户基数后,可以使用组建群主、应用标签分类、第三方粉丝分析软件等多种形式,灵活地进行客户归类。在客户关系管理中,时刻与用户保持和谐的关系,不断将企业的产品和服务信息及时传递给用户,同时全面、及时地收集客户反馈的信息。

(六)产品销售

如今通过微博销售商品已经非常普遍。特别是阿里巴巴与新浪合作之后,新浪微博更是成为众多中小卖家获取流量、最终实现产品销售的一条新渠道。

微博虽有这么多功能,但营销绝不是单渠道的战斗。在信息化时代,唯有将微博营销与线下营销、线上官网宣传、电商导流以及媒体宣传等多种营销方式结合起来,才能做到借营销渠道的多样性来吸引多方面的潜在用户,互相促进,提升品牌的美誉度与用户忠诚度。

三、微博账号的种类

1. 个人微博

个人微博是新浪微博中数量最大的部分,又可以分为明星、不同领域的专家、企业创始人、高管、草根等。除以个人名义发布的微博外,还有以动物语气发布的微博,甚至还有虚拟人物微博,例如有些电视剧开播期间会为自己的主要角色开设微博,其间还会进行微博互动。

2. 企业官方微博

企业官方微博就是以企业名义注册的微博,注册时需要准备企业营业执照及公章等相关企业证明信息。其主要功能是帮助企业做营销,推动企业快速发展,提升企业业绩。

3. 政务微博

政务微博是指中国政府部门推出的官方微博账户。它以即时、便捷、亲民的特点,为政府在第一时间发布信息,为政府、公众、企业三方互动交流提供了一种更加方便的模式,政务微博对各级政府不断探索改进工作的新途径发挥了有力的推动作用。

4. 校园微博

校园微博指各学校开设的官方微博,主要是为了传播信息、增进沟通,发挥着扩音器和凝聚节点的作用,在教育教学、危机公关等方面也有所增益,成为学校和学生之间的沟通纽带与桥梁。

5. 其他类微博

这些微博比较庞杂,不方便分类,如新电影上映会开一个微博,企业的某个重要活动也可能会单独开一个微博,这类微博有一定的实效性,通常过了上映期或者活动发布期就会冷下去,但发挥的作用是不可忽略的。

四、微博定位

(一)微博定位的概念

企业定位是指企业通过其产品及其品牌,基于顾客需求,将企业独特的个性、文化和良好形象,塑造于消费者心目中,并占据一定位置。微博也需要进行定位。要做好微博营销,首先要进行系统的规划。而不是随便开一个微博账户,随机运营。微博系统规划的第一步是进行微博定位。微博定位的目的是确定企业微博的运营价值和方向,主要是针对微博粉丝的心智战争。微博的价值是销售产品还是做好品牌推广?是聆听粉丝的声音为粉丝提供售后服务还是给粉丝提供行业知识影响粉丝的认知?确定了微博运营的方向,也就完成了基本定位。

(二)微博定位的分类

微博账号主要分为个人微博账号和机构微博账号两大类,在定位时个人微博与机构微博是有较大区别的,机构微博特别是企业微博要有明晰的定位,内容建设方面要根据企业微博定位不同而有所选择,个人微博则相对随性,偏向个性化和生活化。

1. 个人微博定位

个人微博主要分为生活类、信息聚众类等。生活类微博指那些用于发布或转发生活中琐碎知识的微博,是一种记录与分享个人生活和观点的表达方式。信息聚众类微博具有杂志媒体相关功能,主要发布和转发自身所在行业的各种信息,此类微博具有微博内容集中在某个专业领域、信息发布及时和定位鲜明等特征。

个人微博定位就是要给微博一个主题,找一个主题作为方向来发布内容。要做成什么样的微博,以什么形象示人,以便别人记住你,这是首先要考虑的问题。微博定位决定了粉丝受众及微博的价值。以什么主题作为微博的方向,要看个人的兴趣和专长,是综合性的还是娱乐八卦,或是某一行业的内容。一般来说,综合娱乐类的受众很广,粉丝培养起来较为容易,但如果粉丝没有多到一定的程度,微博价值并不高。如果选择某一行业或一个热门分类来做,即垂直内容微博,虽然粉丝增长缓慢,但价值很高,因为通常粉丝会选择信息比较专一、有权威性且感兴趣的微博进行关注,不可能关注一个大杂烩、信息混乱的微博,微博定位越清晰,接下来的运营就越容易。

目前个人微博最活跃的是明星、名人、自媒体人和草根圈子,微博定位可以围绕这几方面来做。

(1)微博签约自媒体方向。目前新浪官方微博比较扶持签约自媒体,有一定能力的人都选择做自媒体,这个方向呈上升趋势。

(2)产品营销推广方向。草根圈子多数是通过微博来销售产品,有的是大众产品,有的是自产自销农产品。当下比较火热的是农产品和生鲜电商,草根电商圈子做这方面的居多,而且十分活跃。

(3)网红方向。自2015年淘宝"双十一"之后引爆了网红经济,网红这个群体的知名度越来越高,越来越多的人加入网红群体中。2016年网红更火,各大投资人平台都在聚集网红这个群体。除此以外,像以视频、段子、冷笑话、情感和星座等垂直内容为主的微博,也深受网友们的青睐,积累了大量的精准粉丝。

2. 企业微博定位

1) 企业微博身份定位

每一家企业都因其产品或服务的不同而有特定的目标用户群体,而企业微博粉丝最理想的状态是"粉丝即客户",所以企业微博在身份定位中要搞清楚两个问题:第一,产品或服务是什么?第二,生意模式是 B2C 还是 B2B?弄清楚这些才能准确地进行身份定位。

(1) 产品和服务是什么?每一个关注企业微博的粉丝都是潜在客户,这是微博最理想的一种状态。例如提供海南线路旅游服务的企业,由于企业微博里提供的内容都是与海南旅游相关的各种知识,也得到了对这方面感兴趣网友的认可和信任,就会有人关注;但是常逛微博的人一般不会因为偶尔看到一条笑话段子就关注某个企业的微博,至少不会长期关注,因为他关注企业微博的动机不是为了看笑话,何况微博上有很多专门发搞笑段子的账号。另外,企业的目的也不是为了吸引这方面的粉丝。

因此,企业应该从自身产品和服务出发来提供价值,这个价值可以体现在以下几个方面。

① 可提供与产品和服务相关的资讯、实用知识或一些平常看不到的内容,例如艺龙旅行网的微博,常常会提供一些旅游方面的实用小知识。

② 可提供他们所关心的产品或服务信息,例如电商微博常常会发布热销产品的打折优惠信息。

③ 可提供用户所需的必要服务,如一些客服类微博就成为客户在网上投诉、咨询服务的通道。

企业微博一旦脱离产品和服务来做营销,将变得毫无意义,既达不到营销目的,也吸引不来潜在用户。企业真正要考虑的是,如何让自己的产品和服务有趣、好玩地被表达和展现出来,不管是通过文字、图片、视频还是其他方式,总之,一切要与自己的营销目的相关,完全不相干的内容发布多了会让消费者质疑你的品牌定位到底是什么。企业微博只能让对企业产品和服务有需求的人感到更有用,而不应该花费力气去讨好那些不可能成为自己用户的人,这跟一个卖内衣的企业微博,不要期望通过发布汽车类的信息来吸引更多的潜在客户是一样的道理。

(2) 生意模式是什么?定位时需要明确企业的生意模式是 B2B 的还是 B2C 的。B2C 模式是其微博可以直接对每一个终端粉丝进行营销甚至销售,B2B 模式则需要借助中间环节企业来接触消费者,并通过他们来销售产品,多了经销商这一环节。这两种模式的微博营销目标不同,B2C 的企业可以通过微博进行品牌宣传、产品销售、客户服务,吸引的目标粉丝就是自己的客户;而 B2B 的企业则可以通过微博进行品牌宣传,发展经销商客户服务,从而吸引经销商粉丝或直接粉丝的关注,不同的生意模式可产生不同的商业目标,后续的内容规划、效果目标、运营策略均不相同。

例如,可口可乐和淘宝上某一卖家的商业模式,前者的销售渠道更多的是依靠渠道经销商,而不是顾客自己向可口可乐公司购买,而后者就是顾客直接登录商家网站下单购买。可口可乐是 B2B 的模式,淘宝商家是明显的 B2C 模式。可口可乐做企业微博的目的就是不断扩大自己的品牌影响力,让更多的消费者知道并愿意在他们的渠道终端消费购买,进而通过经销商多进货来提升销量,同时可口可乐还需要解决终端消费者的投诉问题,做好服务工作让顾客满意。对淘宝商家而言,除宣传品牌、处理客服问题外,还希望通过微博直接形成客户转化,例如为官网带来流量,甚至带来订单,因此在微博营销中就要对流量或转化率这个指标进行衡量,而可口可乐就无法精确地获知是谁通过微博购买了自己的产品。如果不搞清楚自己的商业模式,就盲目地定义微博营销,很难得到很好的回报。

2) 企业微博功能定位——你想干什么

企业知道自己的产品服务是什么,结合商业模式就应该确定出自己的商业目标——你想通过微博做些什么,同样有两点需要思考:①做微博营销的商业目标是带来销售量、提升品牌知名度、危机公关还是提升客户服务质量等;②商业目标如何量化考核。

(1) 企业微博的商业目标。不同企业在不同阶段对微博营销所设定的商业目标可能都不一样,例如,有的品牌企业希望进行品牌传播、危机公关;有的服务性企业希望提供客户服务,像招商银行;有的中小企业就是为了提升产品销售量或网站流量,像淘宝卖家。

企业微博营销往往会存在多个目标共存的现象。微博的商业目标并不是由微博运营者一手确立的,而是微博运营者与企业高层一起探讨后的结果。例如,像可口可乐这样的大公司,它通过微博带来的销量是很难被衡量和验证的,它更愿意通过微博来进行品牌宣传、聆听消费者声音、与用户进行互动、配合营销活动造势等;而淘宝卖家更多的是直接销售自己的产品,与此同时与消费者互动交流。因此两者最后的微博营销目标就各有侧重,可口可乐可以将品牌宣传、舆情监测、消费者互动设为三大重要商业目标;淘宝卖家可以将销量或流量、品牌宣传、消费者互动设为前三大商业目标。这些目标都需要运营者前期和公司高层通过不断地商讨和论证最终确立。

(2) 不同商业目标的几组考核指标。

① 微博粉丝指标。主要是与粉丝相关的系列数据,也是微博营销的通用型考核指标,对于分析指导运营状态非常有用。数据主要涉及粉丝增长率、流失率、粉丝活跃度、二级粉丝数、粉丝性别、地域分布比例等。

② 微博效果性指标。主要作为以销售行为主导的微博的考核标准,包括销售额、订单数、客单价、转化率、搜索结果数等,根据企业类型的不同来确定其中不同的效果考核指标。

③ 微博博文指标。这也是通用型考量指标,对于微博日常运营有很大的帮助,主要涉及单条最高转发量、曝光量、平均转发或评论量、短链接点击量、微博数量等。

3) 企业目标群定位——我的潜在用户是谁

任何一种营销方式都必须精准地找到企业的目标群体是谁、他们在哪里、如何识别他们。在微博营销中,许多企业不知道自己的目标用户在哪里,也不知道如何用精准的关键词找到他们,这样的企业微博的内容表达方式及最后的效果肯定大打折扣。在目标群定位中需要思考两个问题:第一,潜在用户在哪里?第二,他们是谁?有什么样的特色?喜好什么?

(1) 潜在用户在哪里。确定自己的品牌和产品是否适宜在微博上进行推广是企业进行微博营销的大前提。其中潜在用户在哪里是一个很容易被忽视的问题,企业容易跟风营销,什么火了就做什么,而忘记最初的目的。

你的粉丝玩微博吗?如果他们不在这个平台上,那么做微博营销的价值就不大,因为用户在哪里,营销的主战场就在哪里。例如有一家民营医院,地处市郊结合区,目标群体以周边的农民工和一些文化水平不太高的工人为主,那么他们最好不要做微博,甚至做网络营销的效果可能也不好，因为他们的目标用户不经常上网，即使上网，也多半是玩游戏或者聊QQ，所以建议他们在附近刷墙体广告、派发传单。确定目标用户是否在想要做营销的平台上很重要。

（2）读者画像——清楚地描述你的粉丝是谁。在微博上定义目标人群也很重要，首先要知道目标人群的一些基本属性，一般可以从用户的年龄、收入阶层、职业方向、学历、兴趣这五方面入手，来对用户进行分析。

现在发现用户在哪里并不难，难的是如何准确知道他们具体在哪个平台。论坛、博客还是微博、微信？现在微博、微信用户已经达到网民总数的80％以上，所以如今更难的是如何在微博、微信中准确地识别他们。如果仅知道性别、职业、年龄，肯定不如知道地域、喜好、兴趣精准。但现状是仍有不少企业，甚至连最基本的情况都无法描述，例如卖内衣的仅知道目标人群是女性、上班族，这显然太宽泛，远不如女性、24～30岁、白领、爱时尚、喜好网购这些描述有价值。

企业做微博时，如果只追求粉丝的数量，却不问他们是谁，容易导致无效粉丝有很多，没有销售，没有转化，没有活跃度，不能给企业带来任何实际价值。如果不知道粉丝是谁，就会在内容策略上犯错，导致关注的粉丝都不是企业的潜在客户，失去了微博营销的价值。因此必须清楚粉丝是谁，并且能够识别他们。知道他们喜欢什么，才能在日常运营中投其所好，获得好评和信任，才能使微博营销进入良性循环。

在定位时对用户所做的画像只能是一个大致的描述，需要在具体运营的过程中通过数据分析，不断调整，使之逐渐清晰。

4）企业微博形象定位

企业微博形象定位就是使"品牌微博人格化"。因为在社交网络里面，人们更喜欢跟一个"人"交流沟通，而不是一个账号或工具。大多数被网民熟知的企业微博都有着鲜明的特征，让你感觉他们如同一个鲜活的人，如"杜蕾斯的小杜杜""碧浪姐"等。企业都希望微博"幻化成人"来与人沟通，这样更容易消除距离感，让品牌深入人心。企业微博代表着企业而非个人，所以它的人格化一定要与企业品牌形象和战略相符，不能随意捏造或盲目地模仿。在追求品牌微博人格化的时候，首先要定义何为"人格化"，不少企业为了让自己的微博像一个人而刻意去卖萌装傻，反而背离了自己的品牌形象。品牌微博人格化强调的应该是微博有"人情味"，而不是一个冰冷的账号，所以企业微博应做一个互动有回应，有个性和态度，能解决粉丝实际问题的充满人情味的平台，而不是简单的在形式上的拟人化。

例如，以新浪微博上的官方营销账号"故宫淘宝"为例，它主要依靠文字和图片（表情包、一般图片和长微博使用插图）两大类文本进行拟人化塑造。自2010年发布第一条微博后从未间断发布。早期以科普形式体现品牌的文化底蕴，现阶段主要以平实、易懂的科普式语言塑造品牌形象，推出相关产品的广告信息。文字一反寻常营销号的煽动性文字，着重于使用生活化的语言，进而在类人际网络传播中构建起一个"有血有肉"的虚拟人物形象。最典型的是使用"朕"作为自称，建立起拟人化的基本印象。商品配图则是展示商品细节的精致摄影，使大家由"故宫淘宝"联想到皇族，得到尊贵和精致而巧妙的生活体验感，传递品牌形象；另一类图片是恶搞历史人物画像的PS图片。前者辅助文字营销内容，使商品更加形象、具体，引起受众的兴趣；后者则在成为一个表达"俏皮"的拟人化性格的符号的同时，进一步传递出品牌"亲民"的特点。

五、微博的营销策略

(一)建立微博营销矩阵

1. 微矩阵的定义

微矩阵是根据企业产品、品牌、功能等不同定位需求建立的各个子微博,且形成的相互影响、宣传的微博群系。微矩阵分为业务矩阵和人员矩阵,其主要目的是通过不同账号精准有效地覆盖商家的各个用户群体,影响或服务他们。从广义上说企业的员工账号也属于微矩阵范畴,特别是以高管为核心的管理层微博群系矩阵。

2. 建立微矩阵的必要性

(1)从企业角度看,仅仅依靠一个微博账号单打独斗很难做到面面俱到。微博同时兼具即时营销、品牌宣传、公关传播和客户管理的功能,而每个不同的功能定位就意味着不同的微博内容策划。例如涉及公司动向、危机管理方面,内容就会偏于严肃与认真;但定位于与粉丝互动则需要一些"插科打诨"式的关怀,这种功能定位的不同直接导致内容语言风格的不同,而这种不同全由一个微博账号体现出来,就容易造成这个微博身份的"精神分裂",势必让粉丝产生内容混乱、定位不明的错觉,轻则粉丝弃之而去,重则损伤品牌形象。

(2)从粉丝角度看,如果其关注的企业微博每天发布的内容太多,就会有刷屏嫌疑,引起粉丝的反感。例如一个以产品营销为主的微博,每天发布信息的数量在8条左右比较适合,倘若他还承担品牌宣传、客户管理等职能,就要在每天的内容规划中加入企业新闻、品牌介绍等信息,这样要么增加微博总数量,要么减少即时营销信息,无论何种方式都会降低用户的体验。每天发布微博数量过多会惹粉丝反感,而部分粉丝却不能充分获取他们想要的信息。通过建立合理的微矩阵不仅可以满足不同的用户需求,更可以有效精准地辐射用户群体,尽可能扩大企业在微世界的影响。

3. 建立微矩阵的原则

微矩阵的建立需要遵循一定的原则,需要结合企业的实际情况因需设置。一般可以从以下几个角度来考虑。

(1)按地域划分。这个原则在银行网站、团购等行业较为普遍,便于区域化管理,例如招商银行就开通了北京、上海、广州、厦门等地的子微博。

(2)按业务需求划分。根据公司业务的不同开通不同的子微博,例如淘宝就分别建立了天猫、淘宝网、聚划算等子微博。

(3)按功能划分。如有的企业会有微博客服中心,主要接受咨询投诉建议;会有专注于粉丝互动的交流平台;会有发布一些官方新闻动态信息的微博,还有的公司会按人事招聘、技术中心等职能来划分建立微博。

4. 微矩阵运营策略

根据不同的企业类型,他们的子微博在相互协同运营时会有不同的运营策略,目前比较常见的微矩阵模式有蒲公英式、放射式和双子星式三种,每一种模式都有其优缺点和适用范围。

(1)蒲公英式传播模式。信息从一个官方账号发布进行传播后,由集团内多个其他官微账号转发,然后以该官方账号为中心再次进行扩散的模式称为集团账号架构的蒲公英式。Adidas 系的微博官方账号是集团微博蒲公英式的典型案例,如图 3-1-1 所示。

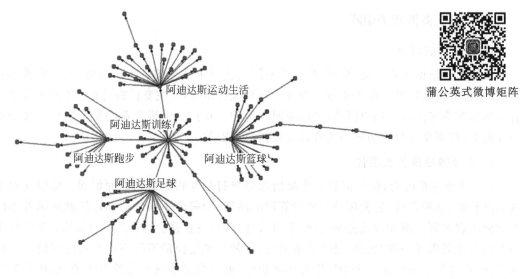

图 3-1-1 微博矩阵的蒲公英式传播模式

传播特点:账号间相互转发,扩大信息覆盖面,利于最大范围传播;对于培养小账号(新账号)很有帮助;对于重叠粉丝用户可以形成多次影响,加深传播效果。

账号间互动的注意原则:由于各账号定位的明确性和一致性,要保持微博内容的差异化,避免因微博内容的雷同而造成一些重叠用户的反感;不同账号间需根据目标受众(内容)选择性转发,避免盲目性;账号间日常性的转发内容最好具备普适性,如知识性、娱乐性,微博转发频率要把控,以免引起用户反感。

适合企业:拥有多品牌、多业务的企业,用户既有共性也有特性,不要有太大差异性。

(2)放射式传播模式。由一个核心账号统领各分属账号,分属账号之间是平等的关系,信息由核心账号放射传播到分属账号,分属账号之间信息并行交互,这类企业集团账号的构建模式被称为放射性模式。万达影城的地方和中央风格明显的集团账号是企业微博放射式的典型案例,如图 3-1-2 所示。

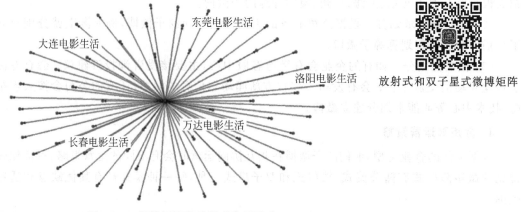

图 3-1-2 微博矩阵的放射式传播模式

传播特点：信息由中央传播到地方用户，能最大化扩大信息覆盖的范围，保证信息的统一、准确；信息传播线路较短，能直接快速覆盖地方用户；地方账号的粉丝地域化程度高。吸引更多本地的用户，与全国类的账号在内容和功能上形成互补。

账号间互动的注意原则：各账号间的定位有地域差异化，从内容的选择、覆盖的用户上应有所区别；不同账号间转发的内容要有选择，最好是一些公众性内容；一般子账号间互动性较弱，但是与全国性大账号互动性强。

适合企业：权力、层级、区域性划分比较明显的公司，如银行、餐饮、酒店等。

（3）双子星式传播模式。企业拥有官方账号，但企业领导人也有具备影响力的账号，影响力彼此相当，甚至领导人的账号影响力更大。官方账号和企业领导人像双子星一样起到同等传播效果的集团微博架构被称为双子星模式。这类情况主要出现在企业高管具有较强社会影响力或行业影响力的领域，如图3-1-3所示。

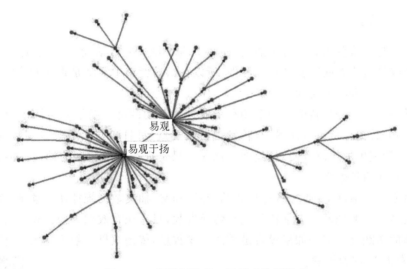

图 3-1-3　微博矩阵的双子星式传播模式

传播特点：各垂直业务的账号间可以通过领导人大账号进行交互，解决了平常无法配合的问题；企业各品牌账号专业性强，比较垂直；一般领导人账号是行业意见领袖，影响力与企业账号持平甚至更高。

账号间互动的注意原则：领导账号需在行业中有较强影响力和关注度，彼此可借力；企业账号与领导账号双方在转发内容时不可复合，而应该言之有物，表达各自的观点。

适合企业：领导人在行业有一定影响力的公司，如咨询、营销服务行业。

不管是哪一种微矩阵模式，其中的微博账号在相互协同运营时需要把握三个原则：一是相互独立，保持各自微博定位和功能的明确，内容上的差异、各司其职；二是相互关联，各账号相互协调，一切行动听指挥，按公司战略和目标开展运营，在政策制度服务上要保持统一；三是相互借力，账号之间适时的进行内容互动，职能配合。

（二）病毒式传播创意策划

微博作为社会化自媒体和传统媒体一个重要区别，就在于可以借助社会化媒体能量传播，覆盖更多人，因而做好微博创意策划非常重要。

在微博热门转发中,以下几类内容会使互动效果事半功倍:情感类、新鲜类、实用类、娱乐类、消遣类、通用话题类。

不管你将微博定位为品牌传播还是产品销售,微博内容策划都是首先要找到目标客户群,要做到微博内容对胃口、有营养、够创意。

(1)了解目标人群。以用户为中心,针对目标人群策划内容,锁定人群的职业、性别、年龄,结合他们的兴趣爱好,制定他们喜欢的内容,投其所好。

(2)内容有价值。就是要让你的微博内容对读者有用,如果是女性,你就要告诉她如何美容、减肥、化妆、购物;如果是男性,就要告诉他怎样升职加薪、时政新闻。总之,尽量让他感到有价值。

(3)内容有创意。就是要让读者有新鲜感,再好的东西看多了都会腻,图文结合换成视频加文字,把活动做得趣味些,就能够提升读者的新鲜感。

(三)微博活动

微博活动是微博营销必不可少的,初期为了增长粉丝要做活动,后期稳定了,要通过做活动引爆品牌传播或者回馈粉丝增强黏性,所以在微博营销中活动是贯穿始终的,如何开展活动、聚集人气、提升品牌尤为关键。

目前微博活动可分为新浪平台活动和企业自建活动两种。新浪平台活动上,活动形式多样化,活动的数据分析也很详尽,有转发、邀请、收藏、每日参与人数等详细数据。抽奖更加公正公平,管理更加规范方便,粉丝增长迅速。只是现在越来越多的抽奖控混入其中,影响了粉丝质量和活动效果。

企业微博自荐活动,主要是各种形式的转发、抽奖,抽奖数据统计比较烦琐,而且对主题活动要求较高。一般先基于内部粉丝相互传递发起,只有先有效调动内部粉丝的积极性,才能增加微博的活跃度。但是如果没有足够的粉丝数量,传播效果一般不会太大,除非奖品很给力,或者有大V推荐转发。

六、微博注册及装修

(一)微博账号注册

微博账号注册

注册微博账号是运营微博的第一步。在注册过程中需要设置企业和个人的许多信息,注册成功后可以开通微博会员,进行微博认证,资料越完善,账号越真实,越容易建立信任。

如果已有新浪账号,如新浪微博、新浪邮箱,直接登录微博就可以使用,无需单独开通。如果还没有新浪账号,可按如下步骤来注册。

1. 进入微博注册页面

方法一:打开百度搜索,新浪微博注册,单击进入注册页面。

方法二:直接输入网址 http://www.weibo.com/signup/signup.php,单击"立即注册"按钮,选择注册类型。

2. 个人用户注册

邮箱注册:输入常用邮箱地址,设置密码、昵称,填写相应个人资料即可。注册微博后需要激活,用户可以单击顶部的"立即激活"按钮,进入注册邮箱,单击邮箱中的激活链接即可。如果未收到激活链接或链接已过期,可单击"重新发送确认邮件"按钮,获取链接进行激活,超过 30 天未激活邮箱的用户无法正常使用微博。

手机注册:输入手机号码,设置密码、昵称及个人资料后,填写的手机号码会接收到验证码,输入验证码后,即可注册成功。

3. 官方注册

官方注册同样也有邮箱和手机注册两种方式,官方注册类型包括企业、媒体、网站、机构、公益、校园组织等。官方注册需要提供以下材料:持有营业执照及企业公章,财务章、合同章等无效;能通过全国组织机构代码管理中心认证;企业官方微博名与营业执照上的企业名不一致,需提供相关补充证明材料。

(二)微博账号的装修

1. 昵称

微博昵称是指微博中的名字,通过昵称搜索,能直接在众多微博账号中找到你的(或企业的)微博账号,故而昵称的设置非常重要,有一个辨识度高、有代表性的昵称,才能为微博运营做好铺垫。微博昵称是唯一的,即一个昵称只允许一个用户使用。

许多人在刚注册微博时,由于时间仓促或是没有意识到好名字的作用,随意起了昵称,等经营一段时间之后,发现注册的名字并非自己喜欢的,甚至有些企业在前期注册时没有注意到企业与微博昵称没有必然联系,后期需要修改。而这会使已经熟悉原来昵称的粉丝很不习惯,换一个昵称相当于换了一个身份,所以要尽可能避免出现这样的问题,策划好以后再注册。

1)企业微博命名

企业微博的昵称应该与企业有相关性,并且不能仅为通用性词语,一般的命名原则如表 3-1-5 所示。

表 3-1-5 企业微博命名原则

企 业 微 博	命 名 原 则
企业官方微博	企业关键词
职能微博	企业关键词+职能名称
品牌/产品微博名称	企业关键词+品牌/产品名称
区域微博	区域+企业关键词
领导人微博	实名或企业关键词+实名
员工微博	名称或企业关键词+姓名,企业关键字+职位

例如,定位于推广产品的昵称有"张家木耳""东北人参""农民小张""护肤土豆姐李娜"。这类名字在农产品圈子很常见,显得真实、淳朴、简单、直观、一目了然,便于传播,建立信任。

如果微博定位于自媒体方向,可以从自己的兴趣爱好擅长出发,选择一个微博热门分类做垂直内容。由于这类账号名字要做出影响力,命名要体现专业性。例如电商圈子中的电商媒体类的自媒体号比较有名的名称有"电商报""电商头条""电商知识""互联网分析沙龙""B2B 行业资讯""O2O 头条"等微博账号。其中前 4 个是从综合的角度来起名,也就意味着发布的微博内容涵盖了互联网电商相关内容,涉及的面要宽一些,而后两个则更细分了。从名字上直接可以看出这些微博账号的侧重点在哪里,吸引只关注此类内容的粉丝,定位清晰、粉丝精准。

2)微博起名时的注意事项

(1)简单、易记、易传播。微博上每天充斥着各种信息,如果想让人快速记住你的昵称,就要尽量让昵称简短且方便记忆。如果在微博上有比较多的熟人资源,通常都会以真实的姓名来宣传,这种形式更容易被熟悉的朋友们搜索关注;对于熟人资源不多的朋友,可以起一个与自己销售商品或行业相关的名字。

一个简单易记易传播的名字,很容易被大家推荐,例如当某个博主发布一条微博说,哪位朋友家卖的苹果好吃?这时博主会"@"一些行业大咖来推荐,因为行业大咖"碗里"的粉丝资源多,这时如果你恰好是卖苹果的也常与大咖们互动,那么他们推荐你的时候,很快就会打出你的微博名字。此外,当一些圈中的小伙伴们互相之间推荐互粉活动或推荐产品给各自的粉丝时,如果微博名好记,被"@"的机会肯定多一些。这会增加各种曝光机会,也就增加了订单成交的机会。

微博名字还要拼写简单、便于输入。如果名字过长或者是使用生疏冷僻的词语,输入起来会比较费劲。另外微博起名可以全是汉字,也可以是汉字加字母、汉字加英文、汉字加数字等组合格式,但要以汉字为主,少用英文、拼音、特殊符号,以方便他人的输入,增加互动机会。

名称中不要使用数字。微博小号已经成为微博运营的一个不可或缺的辅助手段,几乎每一个微博运营者都会有自己的微博小号。小号最常见的使用途径就是用来转发、评论大号发布的内容,以扩大大号的影响力,达到宣传推广的目的。小号确实在营销中能够起到助推作用,对微博运营有益。但接触小号的助推是一种自夸行为,用户对这种方式很排斥。为了避免让用户感觉微博账号是小号,在微博昵称中不要加数字。

(2)名称带行业特征、领域。微博的用户群体相当庞大,而不同的用户有不同的要求。可能有的用户刷微博是为了了解某位明星的最新动态,有的是为了寻找学习和工作的方法,还有的可能纯粹是为了打发时间。用户带着明确的目的来到微博中,他们在搜索这类微博时,必定会输入与行业属性相关的关键词,这时如果微博用户名恰好用了能体现行业属性的词语,就能增加被搜索的频率,被关注的概率也会提高,能吸引更多的粉丝。

(3)各个平台的名字最好保持一致。如果微博账号是营销号,建议微博、微信、QQ或其他平台账号的名字都一致,这需要提前规划好,以免后面设计推广的时候,改名字比较麻烦。名字一致,便于识别和传播,方便人们通过社交内容很快建立起对你的兴趣爱好能力的了解,这样就可以很快切入话题。对于企业来讲,统一名字有助于树立企业品牌形象、节约推广成本,认证了的微博名字尽量不要做修改。

(4)避免以下误区。①只重视品牌微博名,不重视近似名保护。很多企业对网络反应慢,微博刚兴起时没有注意进行品牌官微注册保护,等加微博时发现一些品牌名或者近似品牌名已经被人抢注。②只注重中文微博名,忽略了个性域名的申请。

2. 个性域名

微博用户可以设置一个自己的个性域名,个性域名可以让用户快速访问自己的微博,无需再次输入。任意用户在浏览器地址栏输入域名即可访问,URL简短、容易记忆,还可以彰显个性。将个性域名链接发给亲朋好友,他们接受邀请后会成为你的粉丝。在工作及日常生活中,个性域名经常会被用到,如邮件的签名。同时,给好友发送你的链接时,如果直接复制个人主页的链接,会出现非常长的链接,不方便打开,也不美观。

个性域名设置后不能修改或者注销,可以根据需要来选择要不要设置。个性域名目前只能支持字母或者字母+数字的格式,其他字符暂时不支持。长度为4~20个字符。

例如,秋叶微博的个性域名是http://weibo.com/qiuyeppt,对于这样的域名,直接在微博官网链接后面加上"qiuyeppt",即可进入"秋叶"的微博主页中,对于忠实粉丝来说,无疑是一个非常棒的快速入口。其他微博个性域名举例如下:中国图书网官方微博http://weibo.com/bookschina;故宫博物院官方微博https://weibo.com/gugongweb;西贝莜面村官方微博https://weibo.com/xibei。

3. 微博头像设计

微博头像是在微博主页左上角用于标识微博主题信息的图片。微博账号必须要有头像,通常大家都喜欢关注有头像的博主。在微博的互粉互动过程中,首先映入眼帘的就是你的头像和名字,微博头像相当于一个人的脸面,需要个性化,不需要太多人使用,尽量吸引人的眼球即可。微博头像和微博名字、微博定位要匹配。

(1)企业微博头像设计。企业的微博认证通常都是蓝V,给人的感觉是具有专业性、权威性,所以头像设计不能太随意,通常围绕自己公司的品牌和业务来设计。有一些企业会针对公司的具体业务来开通几个微博账号同时运营,这时主账号和子账号的微博头像设计风格要统一,稍加区分就可以。例如小米公司的官微头像设计,主账号是小米的Logo,其他不同产品的账号则用产品的图片来展示,如小米手环、小米电视、小米笔记本、小米平板、小米路由器、小米盒子等。

(2)个人微博头像设计。个人微博头像的设计一定要结合自己的微博名字、微博定位来设计,通常以下几类头像比较受粉丝欢迎,得到的关注度比较高。

本人头像:实名微博账号通常会使用本人照片作为微博头像,像明星、名人、一些知名自媒体人以及草根电商圈子中卖农产品的博主,多数都会使用本人照片,真实、接地气,更容易建立信任。

女性头像:微博中女性头像比男性头像更受欢迎。美女头像关注度高于其他类型头像,但不要选择"锥子脸""大长腿"之类的头像,会给人以不真实感。

文字头像:头像设计以文字为主的一般是白底红字。另外,红底黄字、黑底黄字、粉底白字也都是非常醒目的,字数2~5字为好。这类头像比较直观、醒目、引人注意。

卡通漫画头像:热门微博中的一些知名博主头像喜欢使用卡通漫画风格。这类头像有个性,俏皮、可爱、搞怪,让人容易接近,深受粉丝喜爱。

明星粉丝头像:一般来说明星的粉丝会这样设置,让人一看就知道他们是谁的偶像,可借助偶像的影响力得到更多关注。

(三)微博资料设置

微博名字和头像设置完成后,便可以开始进行微博的一些基础资料设置,资料越完善越好,系统会根据个人资料设置的一些情况推荐相关的用户关注。一些设置还可以将微博的粉丝引流到微信、淘宝、QQ、新浪博客等处,从而实现微博导流,因此需要重视资料的设置。

微博资料设置都是在"账号设置"中完成的，在计算机端打开自己的微博主页，在右上角有一个"齿轮形状"的按钮，单击进去找到"账号设置"，其中包括"我的信息""头像""隐私设置""消息设置""屏蔽设置""偏好设置""认证信息""账号绑定"几个选项。

1. 我的信息

（1）登录名。在这个选项中可以进行修改密码、绑定手机、证件信息、登录保护、微盾保护等操作。

（2）手机号。在这个选项中可以进行绑定手机的操作，绑定手机是验证身份的重要方式，可用于快速找回及修改密码、解除账号异常。

（3）昵称。这个选项中可以修改昵称，系统会推荐几款昵称，单击提示可以进入"微博抢占好昵称"页面，可选择昵称，如果推荐的昵称里没有喜欢的，可以将自己事先已经起好的微博名字填写在"新昵称"文本框里，保存即可。

（4）个人资料。此选项的设置非常重要，里面的信息将显示在个人资料页，方便大家了解你，其中包括"基本信息"和"联系信息"两项。

① 基本信息。包括真实姓名、所在地、性别、性取向、感情状况、生日、血型、简介，其中所在地和简介非常重要。通常系统会根据个人资料设置情况来推荐粉丝，或者粉丝们按照一定要求搜索的时候也会搜到你。例如按照所在地搜索"北京"，北京的微博用户就会展现出来。个人简介是一个很好的微博引流设置，可以把微信号、QQ号、淘宝店网址、微店网址等信息填写在这里，也可以简单地介绍所销售的产品情况。简介会在微博头像下方显示，同时在微博主页左侧也会显示所有的个人资料。这样就方便某些人在看到你的微博中的个人资料后，如感兴趣，通过加微信号、QQ号或者单击链接，进入你的淘宝店铺，这是一个非常重要的微博引流到其他平台的设置。个人简介示例如下。

产品介绍型：东北特产，人参、鹿茸片、灵芝片、秋木耳、猴头菇专卖，需要的朋友可以私聊。

联系方式型：女装私人定制，请加微信：123456，QQ：567890，从茶园到茶杯，淘宝店铺×××。

兴趣爱好型："80"后辣妈，开朗、乐观、综艺控，喜欢码字、听歌、画漫画。

情感美文型：以手写心，以笔诉情，唯愿心素如简，人淡如竹，明媚如花。

② 联系信息。包括博客地址、MSN和QQ三项，其中博客和QQ是比较常用的，这两项是微博引流到其他平台的重要设置。博客可以填写新浪博客，也可以填写搜狐等其他平台的博客地址；现在的QQ用户人数依然很可观，所以最好留一个QQ号，以便将微博粉丝导入QQ号里进行管理和维护，可以创建QQ群，主要加的是微博的粉丝，定期做群内活动，分享交流行业经验。

（5）教育信息。填写该信息有利于在微博上快速找到许久不见的老同学，学校名称和院系都可以任选，并且可以设为"所有人可见""我关注的人可见"和"仅自己可见"，填好保存即可。

（6）职业信息。该信息有利于在微博上更好地发展自己的职业圈。填好公司名称、部门或职位、工作时间、所在地，同样可以设置为"所有人可见""我关注的人可见"和"仅自己可见"。

职业信息同教育信息一样，在搜索找人的时候，我们直接搜索如教师、画家、律师等，就会出现职业信息,带有这些关键词的微博账号。如果微博账号排名非常靠前,获得自然关注涨粉的机会就会大一些,也方便寻找一些专业人士以求得他们的帮助,所以通过这种条件搜索博主是很便捷的。

(7) 个人标签。添加描述职业、兴趣、爱好等方面的词语,可以让更多的人找到你,让你找到更多的同类人。个人标签的设置非常重要,标签的选择不宜太杂,目前最多允许设置10个标签,可以在"……你可能感兴趣的标签"中选择,也可以自己输入。

(8) 收货地址。如果在微博活动中获得了奖品,会按照该地址收到奖品,所以应该填写真实的收货信息。此处也可以不填写,当中奖后,博主会私信联系,再给他们发地址。

(9) 个性域名。直接输入已设置的个性域名即可。

2. 头像

选择上传方式,本地照片自拍头像,仅支持 jpg、gif、png 格式,文件小于 5m(使用高质量图片可生成高清头像),上传的图片将会自动生成三种尺寸头像,请注意中小尺寸的头像是否清晰,大尺寸头像是 180 像素×180 像素,中尺寸头像是 50 像素×50 像素(自动生成),小尺寸头像是 30 像素×30 像素(自动生成)。

3. 隐私设置

隐私设置包括何种方式可找到我、是否推荐通讯录好友。

4. 消息设置

消息设置包括@我的(@我的相关设置)、评论(评论的相关设置)、赞(赞的相关设置)、私信(私信的相关设置)、未关注人私信(未关注人私信的相关设置)、新粉丝(新粉丝的相关设置)、好友圈(好友圈的相关设置)。

5. 屏蔽设置

屏蔽设置包括屏蔽用户(将用户添加至屏蔽列表,并设置屏蔽范围)、屏蔽关键词(将关键词添加到屏蔽列表,设置屏蔽范围)、屏蔽微博(被屏蔽的微博可以在这里找到)。

6. 偏好设置

偏好设置包括邮件提醒设置(设置接收哪些邮件提醒)、图片水印设置(设置是否在微博图片上显示水印)、视频自动播放设置(设置视频进入信息流时是否自动播放)、语言设置(中文<简体>)。

7. 认证信息

认证信息可用于进行身份的认证和修改。

8. 账号绑定

账号绑定包括绑定淘宝账号、绑定 QQ 账号、绑定 360 安全中心、绑定 189 天翼账号、绑定联通手机邮箱。

上述功能中有些是微博会员专用的,此外微博会员还可以拥有更多的其他功能权限。

(四)微博页面装修

微博的页面相当于一个"门面",无论是企业还是个人,都要重视微博页面的设计,尤其是封面图的位置,它相当于一个广告位。封面图的设计可以包括各种二维码、QQ、微信号、手机号等联系方式,产品实拍图和主营业务等需要展示给大家看的东西都可以放上,另外也可以将一些广告内容加到页面左右两侧。注意:整个微博页面要尽量简洁大方,不要堆砌得到处都是广告。

1. 设计背景模板

新浪微博有专业的设计团队提供的默认模板,但如果想让粉丝更为直观、更为便捷地感受到微博所展现的特色,就需要用心设计。一个好的背景模板会让微博更有活力,更加彰显个性。

设计模板有两种方式:一是使用新浪微博提供的模板;二是使用自行设计的、能代表企业或个人形象的模板。

1) 使用新浪微博模板

(1) 打开微博,单击左上角的首页,然后单击右上角的折角按钮(看着像页面折角的地方,由两个直角三角形构成,一个是灰色,一个是七彩色)。

(2) 从导航中选取合适的模板,如推荐童趣时尚和经典等,选取之后用鼠标左键单击所选图片,可以预览效果。如果开通了微博会员,还可以选择带有"会员"两个字的专属模板。

(3) 预览效果满意,直接单击"保存"按钮即可。

2) 自行设置模板

新浪微博平台提供的背景模板虽然样式很多,但如果希望自己的品牌形象更加突出,更能代表自己的身份,可以自行设计模板。对于模板,既可以选用公司背景色、Logo 等,也可以把主营业务表现出来,还可以将微博、微信、二维码、各种联系方式设计在其中。具体设置步骤如下:

(1) 打开"首页",单击右上角折角按钮。

(2) 单击"自定义"按钮,将设计完成的图片上传。图片大小支持 5m 以内的 jpg、gif、png 格式,头部区域的尺寸建议为 800 像素×115 像素。

(3) 图片出现后,单击"保存"按钮,就设计完成了。

2. 设计主页封面图

微博主页封面图和背景模板一样,也是有两种方式:一种是新浪系统提供的;另一种是自行设计的。

(1) 使用新浪微博的封面图。操作方式与使用新浪微博模板的方式基本一样。单击右上角的折角按钮以后,单击"封面图"选项,就可以进行选择或设计了。

(2) 自行设计封面图。自行设计的封面图相当于一个"广告位"的作用,通常情况下,可以把微博、微信的二维码、手机号、QQ 号等各种联系方式以及所销售的产品设计到封面图上,当别人打开微博主页时,便会看到这些信息,如果对方恰好有产品或服务需求就会找你咨询。具体操作步骤为:将鼠标指针放在封面图右上角的位置,出现"上传封面图"字样后单击,然后从桌面选择设计好的封面图上传即可。图片大小为 920 像素×300 像素。

3. 套装

除了单独设置微博背景模板和封面图,新浪系统还提供了套装(背景模板加封面图一体的),包括"推荐""7 天换装""会员""动态"4 个部分,开通微博会员的人可以选择更多,可以根据自己的实际需要来选择套装。

4. 卡片背景

这是微博新推出的,仅限微博会员使用的个性微博装扮。其中包括明星卡片背景、卡通动漫卡片背景、网络热词卡片背景等,以满足不同用户的需求。卡片背景的操作步骤与封面图基本相同。

七、微博会员订购及认证

(一)微博会员订购

1. 微博会员订购的功能

微博会员是自愿开通的,不是强制的,从微博运营的角度来说最好开通它,尤其是对于想在微博上销售产品的人,开通会员后会有很多特权。微博会员可以自己开通,也可以为他人开通或者向他人索要。

开通时长:最短为一个月,10元/月。开通年费享受9折,收费108元。

支付方式:可选择微信、支付宝、短信、冀支付等。

会员可享受35项特权。在"装扮特权"中有卡片背景、专属模板、动态模板、自动换装、自定义封面图、自定义红包背景、图片贴纸等,在"身份特权"中有专属标识、排名靠前、专属客服、优先推荐、会员月报、粉丝头条折扣、专属昵称、直播升级加速等特权;在"功能特权"中有会员举报跟踪、微博置顶、屏蔽用户、后悔药、微盘空间、关注上限提高、悄悄关注、等级加速、分组成员上限提高、屏蔽来源、屏蔽关键词、自定义来源、读书特权、昵称修改等;在"手机特权"中有微博红名、足迹红名、生日提醒、客户端专属主题、自定义封面图、超话补签卡等,如图3-1-4所示。

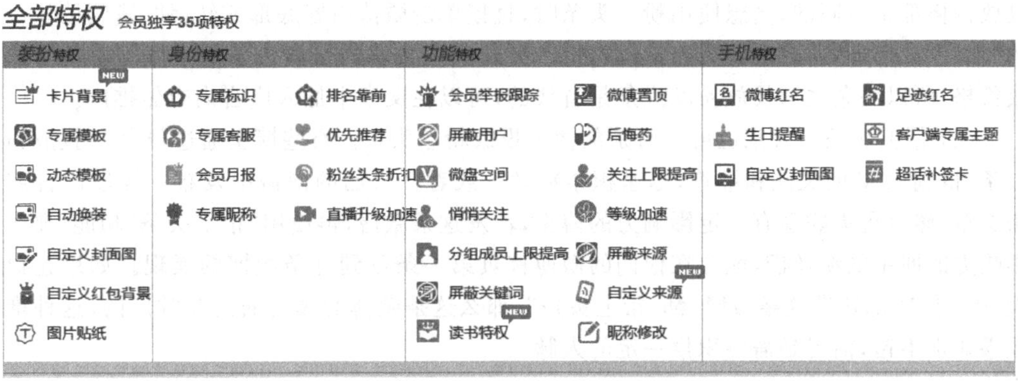

图3-1-4 微博会员的特权

年费会员独享特权包括:独享15点/天成长值;每开通1笔年费会员,额外赠送200点成长值奖励,最高可达2000点;专属年费勋章和标识、每天最高0.8个等级活跃天奖励。

这些特权中,专属模板、封面图、卡片背景、粉丝头条折扣、微博置顶、屏蔽用户、关注上限提高、语音微博、自定义来源等都是经常要用到的,而且非常有效。微博会员具有的最强大的特权是微博置顶、关注上限提高、粉丝头条折扣、编辑微博,建议微博运营时开通会员,否则很多操作无法实现。

2. 微博会员订购步骤

(1) 手机端开通会员。打开微博客户端，在菜单栏的右下角处点击"客服中心"，点击右下角"自助服务"，在"其他服务"栏目内点击"开通会员"，选择套餐类型及支付方式，支付后即可开通。也可在昵称头像栏的最右边，点击"会员"，然后"开通会员"。

(2) 计算机端开通会员。单击齿轮图标→会员中心→续费会员进行开通。

3. 微博会员功能的应用

(1) 微博置顶。微博置顶这项微博会员特权非常重要，只有开通会员，才可以置顶一条你认为最重要的微博。通常情况下，微博会员会把产品广告内容的微博置顶，可以带淘宝店铺、微博橱窗、微店及其他平台的链接，这样就可以单击链接，完成购买，为其他平台带去流量，微博是很好的引流渠道。

(2) 关注上限提高。关注上限提高这项微博会员特权在互粉中尤为重要，当刚开始运营微博时，一定是要先加粉丝，你"粉"别人，别人才会"粉"你，也就是"互相关注"。这个关注是有限制的，非会员上限是2000人，也就是说，当你关注到2000人时，就不能再关注别人了，只能对原来关注的粉丝进行清理后再关注。而会员上限是5000人，不同会员级别，上限人数不同。除此之外，还有一个微博分组成员上限，随着在微博上认识的人越来越多，想要把最喜欢的博主分成一组，那么这一组人数也是有限制的，非会员上限是200人，会员上限是1000人，所以这个特权非常有用。

(3) 粉丝头条折扣。会员购买粉丝头条可以享受9折的优惠价格，使用粉丝头条可将微博推广到粉丝微博首页第一条，让粉丝从此不再错过重要的信息（仅针对粉丝10万以下的会员）；而非会员是没有折扣的。购买粉丝头条时，系统会自动计算折扣后的价格，无需手动调整价格。粉丝头条是大家常用的微博付费推广工具，效果很不错。每个微博账号的投放价格都是不同的，当想使用粉丝头条时，直接单击微博内容底部或转、评、赞阅读量一行的"推广"二字即可，多次购买会持续打折。另外头条文章的粉丝头条价格低于短微博的投放价格，所以头条文章投放粉丝头条是省钱的，可以在文章中加入广告内容做推广。

(4) 帮上头条。大家也可以帮别的博主投放粉丝头条。有些博主通过帮大V投放粉丝头条，得到大V的关注和推荐，迅速积累粉丝。或者在自己的微博中发布一篇硬广告或头条文章，然后再去联系有一定影响力的博主，转发这条微博，再使用"帮上头条"功能，那么有影响力的博主的粉丝们，就会在他们的微博首页第一条看到这条微博的展现。如果让很多大、中、小V都转发这条微博，都"帮上头条"，那么这条微博的曝光面是非常广的，这种推广效果非常不错，前提是需要积累一定的人脉。

（二）微博认证

微博认证包括个人认证和机构认证。微博认证是完全免费的，不会收取用户任何费用，申请认证的用户通过身份真实性审核后，微博昵称旁边会出现V标识，代表已验证了该账号的真实身份。目前有橙V和蓝V两种标识，微博认证是自愿原则，你可以选择认证，也可以不认证，一般企业认证蓝V，个人认证橙V。

1. 个人认证

个人认证包括身份认证、兴趣认证、自媒体认证、金V认证、超话认证、故事红人认证等。

1) 身份认证

身份认证用于确认微博个人用户的真实身份。

认证条件：拥有清晰的头像；已绑定手机；关注数≥50；粉丝数≥50；互粉橙V好友≥2。

认证优势：获得微博认证标识，展示真实身份，易于辨识，更加权威，提高可信度；获得Page特权，即可以基于身份，构建个人平台，拥有个性模块，展示多元内容；拥有更丰富的粉丝互动形式，促进个人媒体品牌成长；获得官方找人页的推荐，增加曝光率，吸引粉丝，提高知名度。

2) 兴趣认证

认证条件：拥有清晰的头像；微博账号绑定手机；近30天发博数≥30；近30天内微博阅读量不低于1万；微博内容所属领域在认可的范围内。

认证优势与身份认证优势基本相同。

3) 自媒体认证

微博自媒体是站方管理和激励自媒体作者的机制，以帮助更多有品牌、有影响力的作者成长，是指具有较高影响力的V用户认证。

认证条件：拥有清晰的头像；微博账号绑定手机；持续贡献固定领域内容，发布内容与用户申请微博自媒体所选领域一致；微博内容满足条件（即发布20篇头条文章、10条视频微博或20条超140字问答，不含有不健康内容）。

认证优势：获得官方提供的自媒体认证说明；可以申请对文章进行版权认证；可以优先申请加入MCN机构；加关注继续阅读功能，即用户需要关注作者才能阅读后半部分文章。

4) 金V认证

认证条件：个人认证用户＋月阅读量超过1000W＋粉丝量＞1万。

认证优势：拥有专属标识、专属客服、专属推荐、专属权益。

5) 超话认证

超话又称微博超级话题，是微博里的兴趣内容社区，是一款将原有话题模式和社区属性相结合的产品。超话认证可以与现有身份认证、兴趣认证、自媒体认证进行叠加。

认证条件：担任超话主持人或小主持人的用户，以及超话内等级≥12级的粉丝，均有申请超话专属认证的资格；申请账号需要完成身份验证、绑定手机号、有清晰的头像；粉丝数及关注用户数均≥50。

担任超话主持人的要求：①以下四种资历，至少具备一种：金V或微博百万阅读量用户；相关贴吧吧主或兴趣部落酋长；所申请超话内通过上个月考核的小主持人（签到20天）/超话内活跃粉丝（等级≥6）；超话对应粉丝团或组织账号负责人。②每个用户目前最多可主持3个超话；③当月超话内发帖≥10篇；完成身份验证、绑定手机号；距离上次申请被驳回≥7日。

申请小主持人的要求：每个用户目前最多可主持3个超话；超话内等级≥4级；当月超话内发帖≥10篇；完成身份验证、绑定手机号；距离上次申请被驳回≥7日。

认证优势：能获得微博橙V用户同等特权，还可不定期享受超话福利。

6) 故事红人认证

认证条件：近30天内发布优质原创微博故事≥8条；微博粉丝≥10万或抖音/快手粉

丝≥50万；积极参与主题活动/发布栏目化内容。

认证优势：获得更多涨粉资源、更多曝光及微博顶级活动优先邀请特权。

7）认证入口

计算机入口：微博页右上角→设置→V认证→身份认证进行申请即可。

手机入口：我→客服中心→申请加V→身份认证进行申请即可。

2．机构认证

机构认证包括企业认证、机构团体、政府、媒体、校园、公益认证等。下面重点介绍企业认证。

1）企业认证范围

公司账号：用于企业形象宣传，官方信息发布。

分支机构账号：用于企业分支机构、分公司或连锁机构进行宣传，提供本地服务。

产品账号：用于主/子产品推广，市场活动及公关（注意：产品有商标或软件注册证）。

招聘账号：收集求职应聘者信息，招聘企业员工或实习生。

客服账号：提供业务咨询服务，处理用户投诉建议，维护客户关系。

同一营业执照原则上仅可以申请3个不同用途的企业认证蓝V账号，如需认证3个以上的官方账号，需满足以下任意一个条件：拥有多个分支机构的连锁企业；注册资本超过1000万元人民币的大型企业；含多个子品牌及业务线，微博官方合作伙伴。

2）企业认证条件

微博头像应为企业商标/标识或品牌Logo。

微博昵称应为企业/品牌的全称或无歧义简称：若昵称为代理品牌，需体现代理区域。

微博昵称不能仅包含一个通用性描述词语，且不可使用过度修饰性词语。

企业提供完成有效年检的企业法人营业执照、个体工商户营业执照等资料。

微博昵称与营业执照登记名称不一致的需要提供相关补充材料，如商标注册证、代理授权书等。

3）企业认证资料

基本资料：营业执照（副本原件的拍照或扫描件）、认证公函（加盖企业彩色公章）。

补充材料如下。

自有品牌：商标注册证、软件著作权证等。

代理品牌：代理授权书、代理授权合同等。

加盟品牌：品牌加盟证。

企业网站/企业网店：网站备案信息、天猫商城的卖家信息或阿里巴巴供应商信息页的截屏。

企业实体店：实体店属于企业的文件证明资料，如餐饮服务许可证等。

注意：所有非中文资料均应提供资料原件及加盖翻译公司公章的彩色版翻译件。

4）企业蓝V认证命名规则

（1）设置或修改的昵称，包含4~30个字符，支持中英文、数字、"_"和减号。

（2）遵循先到先得原则，如果要使用的昵称被其他用户占用，需要与对方协商。设置提示昵称被占用，但未搜索到该昵称，由于该用户目前状态异常，因此该昵称也是无法使用的。

（3）禁止使用以下昵称进行蓝 V 认证：使用或者变相使用中华人民共和国的国旗、国歌、国徽、军旗、军歌、军徽、国家机关名、机关所在地名或标志建筑名；未经授权使用海外国家、国家机构名；涉及民族歧视，妨碍社会安定秩序，损害社会公共利益或者违背社会良好风尚；含有"国家级""最高级""最佳"等用语；含有歧义，误导用户或侵犯其他用户、第三方合法权益，冒充其他公司侵害他人商标权益，未按照企业真实情况命名；使用通用词汇、行业词汇命名或企业简称为通用名词、知名品牌，微博官方有权要求使用完整企业机构名称作为认证名称，如手机、超级电视、海外商务、微博；含有"微博""微"等会与官方账号混淆的昵称，如微博商业服务、微商务。

5）企业认证流程

申请准备：准备各项申请材料。

在线提交认证申请：填写企业信息、上传相关认证材料。

微博审核：等待工作人员审核（3 个工作日即可完成）。

6）企业认证优势

企业认证后，可以获得身份特权、营销特权、粉丝运营以及数据分析等多种特权。

身份特权包括拥有企业身份、能够设置个性化主页、成为微博年费会员、获得专属客服。"营销特权"包括粉丝头条优惠、微热线、地理位置认领和品牌话题独占；"粉丝运营特权"包括转发抽奖、发放卡券、私信群发；"数据分析特权"包括数据助手、信息监测以及传播分析。

八、微博组织策略

微博定位后，需要落实到相应部门的专人、专业、专职维护和监测。近年来，随着社会化营销在企业品牌推广中的影响越来越大，许多企业成立了专门的社会化推广事业部门，新浪微博作为社会化营销的重要平台备受重视，因此需要组织专业团队进行微博运营推广，将专业性人才配置到适合的微博管理专业岗位上。

1. 人员配置

人员配置是指根据企业微博运营规划正确选择、合理使用、科学考评和培训人员，完成实施体系中的各项任务，从而保证整个组织基于微博体系中的目标和各项任务完成的职能活动。

常规的企业微博基本人员设置包括微博运营经理 1 人，微博运营专员 1～3 人。如果企业开通了微博电商体系，还需要整合微电商运营专员和微博客服专员。有些企业会设置专门的设计部、创意部对微博运营进行支持。

2. 职能职责

1）微博运营经理的岗位职责

（1）制定并优化公司微博（或其他社交媒体营销渠道）的运营流程。

（2）参与市场推广的专题策划，与产品部、市场部、品牌部等部门配合，定期策划并执行微博营销线上及线下活动，提高公司微博活跃度。

（3）执行微博、论坛、社群等社交媒体营销渠道运营策略，通过微博营销、论坛营销、社群营销等推广公司品牌。

(4) 搜集及分析客户竞争对手用户在微博方面的使用习惯,制定相应的营销策略。

(5) 深入了解各大微博、论坛、社区网站等的特点,掌握以微博为代表的 SNS 网站互动方法,有效利用微博进行推广。

2) 微博运营专员的岗位职责

(1) 更新及维护官方微博,积极与粉丝互动,提高微博关注度。

(2) 参与制定微博运营策略,定期策划并执行微博营销线上及线下活动。

(3) 撰写微博文案,提升用户活跃度,有效利用微博进行推广。

(4) 跟踪微博推广效果分析数据并反馈,分享微博推广经验。

(5) 深度挖掘微博有价值的信息并进行统计分析,撰写分析报告。

3) 微博客服专员的岗位职责

(1) 跟进浏览者在企业微博平台上的咨询、投诉和建议等,及时回复相应内容,落实解决相关投诉。

(2) 监控企业名称、产品品牌、领导人名字等关键字,定时反馈相关信息。

(3) 与各相关业务部门协同工作,及时处理微博相关突发事件与重要情况。

3. 人员培训

工作职责确定后,需要进行专业的微博知识和操作技能培训,让员工熟悉微博的基本概念和运营模式等。培训内容包括:①微博基础使用方式;②微博平台运营、推广的基本知识;③微博操作技巧和微博工具应用。

4. 人员考核

定期对员工的工作进行绩效考核,帮助和改善员工的工作内容,同时也是衡量企业微博良性与否的重要导向工具。对优秀的运营人员给予一定的奖励,鼓励其进步。

自我练习

一、单项选择题

1. 新浪微博的网址是(　　)。
   A. http://weibo.com/　　　　　　　　B. http://webo.com/
   C. http://weibo.sina.com/　　　　　　D. http://webo.sina.com/

2. 2007 年 5 月,国内第一家推出微博服务的社交网站是(　　)。
   A. 饭否　　　B. 滔滔　　　C. 叽歪　　　C. 新浪

3. 新浪早期微博发布字数的限制是(　　)个字。
   A. 120　　　B. 130　　　C. 140　　　D. 160

4. 2018 年中国微博用户规模为(　　)亿。
   A. 1　　　B. 2.3　　　C. 5.2　　　D. 3.37

5. 加 V 用户的 V 代表(　　)。
   A. VIP,表示该用户是重要人物　　　　B. victory,表示这个人胜利了
   C. vegetables,表示他是菜鸟　　　　　D. verification,表示这个人是实名用户

二、多项选择题

1. 微博的传播特征包括（　　）。
   A. 即时性 B. 传播主体平民化
   C. 传播内容碎片化 D. 传播方式非病毒化
2. 下列选项中,（　　）账号属于运营企业微博需要关注的微博账号。
   A. 行业资信号 B. 网红段子手
   C. 目标网友 D. 企业内部账号
3. 企业微博个性模板相当于（　　）。
   A. 主题和皮肤 B. 主题或皮肤 C. 主题 D. 皮肤
4. 企业微博个性域名填写包含（　　）。
   A. 英文 B. 数字 C. 中文 D. 特殊符号
5. 微博起名时的注意事项包括（　　）。
   A. 简单 B. 易记
   C. 最好是有个性的生僻字 D. 名称带行业特征领域

三、判断题

1. 微博是一种通过关注机制分享简短实时信息的社交平台,用户通过微博以简短文字发布信息,实现实施分享。（　　）
2. 一般来说,企业开展微博营销,开通一个官方微博就足够用了,没有必要再开通其他账号。（　　）
3. 通过认证的微博账号与没有认证的账号相比,能够为企业微博营销带来更多收益。
（　　）
4. 在评论微博时,可以根据所评微博的实际内容进行大胆评论,不用顾及其他。
（　　）
5. 微博热门话题的推广成本较低,可为企业省去高额的广告费用。（　　）
6. 微博的个性域名不重要,设不设置或者随便设置一下都行。（　　）

任务二　微博内容运营

项目任务书

课内学时	12	课外学时	不少于10
学习目标	1. 掌握微博内容规划的原则,能够根据微博定位,进行微博内容规划 2. 了解微博的发布形式,对各种形式进行实践(文字、图片、长微博、视频、音频等),初步掌握制作及发布的技巧 3. 学会微博运营的基本知识。能够建立自己的微博话题素材库、建立微博的时间地图、合理设计发布时机,能够根据自己的微博定位,设计微博话题 4. 学会原创微博的创作技巧并实践 5. 学会专业方法,养成良好工作习惯(会分类整理自己的文件并及时存云盘)		

续表

课内学时	12	课外学时	不少于 10
项目任务描述	1. 根据微博定位,进行微博的内容规划 2. 建立微博话题素材库,搜集并整理相关素材;建立微博的时间地图、设计合理的发布时机 3. 学习微博的发布形式并进行实践 4. 进行微博原创内容的制作,每个团队的微博每天至少发3条,个人微博每天至少发1条		
学习方法	1. 听教师讲解相关知识 2. 动手实践		
所涉及的专业知识	微博的功能和设计微博话题、内容规划等		
本任务与其他任务的关系	本任务是其他与微博有关的任务顺利开展的前提		
学习材料与工具	1. 学习材料:项目任务书所附的基本知识、视频资料 2. 工具:项目任务书、任务指导书、评分标准、手机、计算机、笔等		
学习组织方式	部分步骤以团队为单位组织,部分步骤以个人为单位组织		

 任务指导书

完成任务的基本路径如下。

第一步,教师讲解相关的知识。

第二步,进行微博内容规划。学习"微博内容规划示例",对自己/团队的微博内容进行规划,完成表 3-2-1(表样仅供参考,可根据实际情况适当调整)。

表 3-2-1 任务产出——我/团队的微博内容规划

内容主题	内容说明	栏目设置	数量及时间安排	定位要求	阶段目标

第三步,建立微博资料库或话题素材库,填写表 3-2-2。

表 3-2-2 任务产出——微博资料库/话题素材库的建立

为了建立资料库/话题素材库,我所选择的优秀信息源是(每类1~3个): (参考网站:中国知网、万方数据知识服务平台、知乎网等)
网站:
微信公众号:
微博号:

续表

其他：_____
我将这些信息源里的优秀资源存放在：_____（提示：印象笔记里或×××文件夹里）（截图或截屏，如果是自己建立的文件夹，请在里面进行分类，并标注序号）。 请每周对收藏夹或存放地进行一次整理，并截图@老师：

　　第四步，建立微博时间地图，填写表 3-2-3。

表 3-2-3　任务产出——我的微博时间地图

我的微博时间地图（表现形式不限，可以用表、图等，不少于 2 个月所需要的）：

　　第五步，原创内容设计及发布实践，填写表 3-2-4。

表 3-2-4　任务产出——微博内容运营

1. 听教师讲课学习、自己看教材学习、在微博上至少关注三个与自己运营的微博号内容相关的微博，进行学习。
我关注的三个微博是： 这三个微博账号的内容的特点分别是： 账号 1：_____ 账号 2：_____ 账号 3：_____ 我学习后应用到的知识、经验、技能是：_____ _____ _____ _____
2. 请设计原创微博的内容（自行设计或与小组成员、朋友讨论均可）并在自己的微博上发布（模拟企业号每天不少于 3 篇，个人号每天不少于 1 篇），请每天选择一篇自己认为最好的原创内容，并"@"老师的微博。要求： (1) 各种类型发布形式均需尝试，至少应包括文字形式、文字＋配图形式、长图形式、视频形式各一个。 (2) 至少有一篇以故事形式展示。 (3) 至少有一篇是有趣的。

续表

(4) 至少有一篇应用了"互动设问法"。
(5) 每三天将所发布的不同微博中最满意的一个"@"老师的微博,并截图;

截图:

(6) 请每周选择一篇自己认为最好的原创微博,在课堂上向全体同学介绍创作的思路、发表后的传播情况及自我总结。

博文:
创作思路:

传播情况:

自我总结:

(7) 每周进行一次小组讨论(总结、经验及教训探讨):
小组讨论记录:
3. 应用所学到的涨粉技巧,进行微博的推广、涨粉。要求:
(1) 至少关注 1 个行业资讯号、1 个意见领袖的号、1 个新浪官方账号;
(2) 按照自己所制定的内容规划要求,基本按比例转发优质微博,转发时需进行评论;
(3) 以团队为单位,策划一次专业化转发;
(4) 每天至少评论 1 次他人的微博;
(5) 每天至少 3 次点赞他人的微博,回复每一个评论你的粉丝;
(6) 拉好友互粉,积累原始粉丝;
(7) 至少发送 5 次微博私信;
(8) 每周对自己的涨粉情况进行一次小结。

涨粉小结:(目前数据＜截屏＞、所使用的涨粉技巧、经验和教训、今后涨粉策略)

项目任务评分标准及评分表

微博内容运营(总分10分)

团队名称：_____

任务产出	微博内容规划(团队,3分)		建立微博话题库或资料库(个人,3分)		建立微博时间地图(团队,1分)		微博内容运营(个人,1~2周,3分)		
	评分标准明细	明细得分	评分标准明细	明细得分	评分标准明细	明细得分	评分标准明细	明细得分	
评分标准	内容主题(0.5分)		项目任务产出表里的内容均填写(每个0.4分,共2分)		不少于2个月需要用的(0.5分)		①我关注的三个微博账号(0.1分)		小计
	内容说明(0.5分)		文件夹分类的截图(文件夹里的文件要有内容)(0.5分)		时间地图合理,能指导近期的发博(0.5分)		②每个账号的特点(各0.1分,共计0.3分)		
	栏目设置(0.5分)		截图发微博并@老师(0.5分)				③我学习后应用到的知识、经验、技能(0.3分)		
	数量及时间安排(0.5分)						每天发两条微博,一条个人号,一条小组团队号(0.2分)		
	定位要求(0.5分)						使用了四种表现形式发微博(0.5分)		
	阶段目标(0.5分)						有故事型(0.5分)		
							有趣(0.5分)		
							互动设问法(0.5分)		
							总结(0.1分)		
实际得分	—		—		—		—		

注：团队分可以由教师打出分后,让队长根据队员的表现打出个人的相应分值,再与任务中的个人分加总,得出个人总成绩。

微博的基本操作1（手机端）　　微博的基本操作2（手机端）　　微博的基本操作1（计算机端）　　微博的基本操作2（计算机端）

基本知识

一、微博的功能和设计微博话题

1. 发布、删除功能

发布、删除功能可以用于发布文字、图片、视频或音频。文字内容最多是2000个汉字，一条微博内最多可发9张图片，图片要求是jpg、gif、png格式，建议图片小于5m。

在自己的微博列表中，可以将已发表的微博进行删除。

2. 评论、转发、收藏功能

若在别人转发的基础上转发，里面文字会包含之前他人转发的内容。转发时也可以不写内容。转发时可以将转发内容同时评论给所有转发人，评论时也可以同时转发。

在"我的评论"中可以查看/删除他人给自己微博的评论及自己发出的评论。

3. 关注、粉丝

"关注"是一种单向、无需对方确认的关系，只要喜欢就可以关注对方，添加关注后成为该用户的粉丝，系统会将该用户所发的微博内容显示在"关注的人"页面中，可以及时了解对方的动态。查看用户关注列表，可以取消对某人的关注。

"粉丝"是指关注你的人。关注的人越多，获取的信息量越大，粉丝越多，则表明你发表的微博会被越多的人看到。

发表私信：可以通过私信功能查看好友发送给自己的消息，也可以给自己的粉丝发送消息，仅发送双方可见。

4. @功能

@这个符号用英文读就是at，在微博里的意思是"向某某人说"。只要在微博用户昵称前加上一个@，并在昵称后加空格或标点断句，他（或者她）就能看到。如果你想对某人说话，或想将某人的微博推荐给朋友，都可以使用@功能。

在微博的个人首页右侧菜单中有"@我的"，如果在微博里有人使用@昵称提及你，点击该标签在这里就能看到。

5. 话题

话题就是微博搜索时的关键字，其书写形式是将关键字放在两个♯号之间，后面再加上想写的内容。搜索相关话题时，在微博页面右上方搜索框中输入搜索关键字，就可以选择下面所列的含有这些关键字的微博了。在自己的微博页面上，直接点击两个♯号之间的关键字,也可以找到相关的话题。

6. 相册

可以分享、上传图片,与 QQ 的相册功能差不多。

7. 搜索功能

登录新浪微博账号,登录之后打开的微博界面,最上方有一个条状框,其最右面是一个放大镜的图标,即是搜索的 Logo,点击该 Logo,即可进入高级搜索界面,可以搜索微博内的"综合""找人""文章""视频""图片""话题"等功能。

二、微博内容与发布规划

(一)微博内容规划

1. 微博内容规划原则

进行微博运营前,需要对微博的内容进行规划,不真正理解微博内容对于微博营销的重要性,企业就无法彻底重视它。企业微博在内容上经常会出现如下问题:①没有完善明细的内容规划表,微博内容和发布时间具有很大的随意性;②翻看完前 20 条微博内容,基本上不知道企业是干什么的;③在旁观者看来,微博内容全是硬广告。

这些问题的出现,是因为企业没有理解微博以人为本的营销本质,没有重视通过内容与粉丝建立良好的关系。好的内容是粉丝长期关注的动力,是与粉丝情感交流的载体,更能体现企业的品牌形象。

微博内容规划需要弄清楚两件事:一是一条合格微博的内容标准是什么?二是如何进行内容筛选?

无论是杂志、报纸、电台还是微博,在内容上都有一个共同的特征,就是都经过有目的、有规律的精心策划。

(1)有目的、有规律,是微博整体内容规划的初级标准。微博营销本身是企业追求投资回报的商业行为,目的性很明确。有时我们会看到一些企业微博,常常发一些搞笑的段子、娱乐八卦、语录等内容,其实这些内容早在其他更加专业的账号中发布过,企业发布微博是为了让粉丝记住自己的品牌产品或者增加对企业的好感,从而将其转化为自己的用户,所以在发布时一定要注意微博内容与企业营销目的的关联性。

有规律就是要充分体现不同板块内容的价值,多方面地展示企业,多角度地影响用户,而不是给粉丝杂乱无章的感觉。想让粉丝重视企业微博,必须从内容上做起。

(2)微博内容在设计上要做到有目的和有规律,内容取材的标准是品牌相关性、用户相关性和产品相关性,内容影响力标准是传播力、销售力和亲和力。

① 内容取材的标准,即微博发布的内容让粉丝想到什么,认识到什么,这种引导的结果是否与企业的营销目的相关。

② 品牌相关性,即微博内容可传递企业品牌,提高知名度或曝光率,加深粉丝对企业的记忆。

③ 用户相关性,即用户的评价口碑提及,用户关注偏好或者企业与用户之间发生的故事等,都可以作为内容素材,既是与用户的互动,又避免内容过于官方化,让微博更接地气。

在规划用户相关新内容时,要把握好"对胃口"和"有营养"两个原则。

④ 产品相关性,即微博内容是以公司产品或服务为主,目的在于塑造企业形象、产品推荐,促销或者直接转化销售。在微博上企业适当发布产品信息是正常的,关键在于如何发布。微博在发布内容时要注意控制好比例和原则,企业在不同阶段可以发布不同数量的与企业相关的微博内容,可以是企业文化、历史,新品介绍或者品牌故事等。

2. 微博内容规划

通过微博内容规划的原则,我们解决了"该如何说"的问题,但还有一个至关重要的问题是"该说什么"。也就是怎样规划微博的具体内容。

1) 从用户需求出发,为用户解决实际问题

不知道说什么？先听听你的用户在说什么,通过微博搜索你的产品、企业甚至是竞争对手的产品,听听用户关注什么,有什么疑问,通过一段时间的监控总结,把这些用户关心的问题分门别类,然后针对这些问题或疑问设计微博内容。还可以把企业客服部门遇到的问题都拿来分析,把用户问得最多、反馈最多的问题一条条解决,这些解决方案就是用户最喜欢的。一般来说用户都喜欢解决方案,却不喜欢在问题发生之前就看产品介绍。例如,@中图网 service 后微博页面如图 3-2-1 所示。

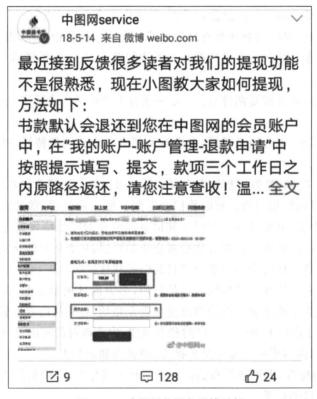

图 3-2-1　中图网的服务微博示例

2) 产品的延展知识

用户不喜欢看干巴巴的产品介绍、产品说明书,用户喜欢有知识的内容,如果你是卖茶叶的,你不能只介绍你的茶叶怎么好,是清明前采摘的还是茶园在海拔 2000m 以上,这些信

息固然重要,但是用户更喜欢看茶叶的饮用方法、存储方法,送领导应该选什么茶叶合适等。而对于一些服装品牌,则可以提供一些搭配方法、衣服的保养和洗涤方法,所以要去挖掘用户需要的延展性知识。下面是一些例子。

@丁香医生:不仅仅是为病人提供各种咨询、服务,还为大家提供营养、健康方面的科普性知识。

@星巴克:普及咖啡文化。

@杜蕾斯:不仅介绍安全套,还肩负着普及性教育、预防癌症的重要使命。

3) 展示用户的评价和体验

很多用户通过微博抱怨企业的产品,当然也有很多用户通过微博点赞,如果企业的产品真的很好,那么总是会有很多粉丝认识到你的好,把他们说你的"好"要炫耀给大家,可以转发其微博,不仅充实内容,还能让用户"受宠若惊",如果能送上一点小礼物,则更有利于用户帮助企业创造内容。

4) 有关特别折扣和粉丝专属的新品的信息

调查显示有百分之三四十的用户是冲着特别折扣才去关注某些品牌的。可见,折扣优惠是很重要的内容,但目前有一个误区,就是把促销信息全部发布上来,这对于用户来说体验不会很好。如果可能,可以设计一些精品的专属于微博粉丝的特别折扣,让他们感觉到作为粉丝有一种 VIP 一样的待遇。此外就是新品能否做到在微博上首发?例如某一款包,只为粉丝准备,可以通过微博先预订,线下却买不到,这时粉丝也会感觉"很尊贵"。

5) 企业文化和内部员工的工作生活情况

微博也要有血有肉,要看起来像一个活生生的"人"。例如可以把企业内部的一些情况介绍给粉丝,如办公室环境、团队活动、一些好玩又有趣的事、有趣的员工、某款产品背后的故事,要把这些挖掘出来,让粉丝通过微博完整地了解企业,让信息更加透明化,这样才能让粉丝感觉到这个微博不是一个冷冰冰的 ID,它的背后有这么一帮可爱的人。

这类内容还有一个好处,就是让更多喜欢企业的人加入企业,因为他们会觉得加入这样的一家公司工作应该也是一件很有意思的事情。

例如星巴克,有这么一条微博:"#不得不知的星巴克# 在星巴克,我们的员工被称作'伙伴',因为我们始终认为他们不是星巴克的成本,而是最大的资本。下次来到星巴克,记得说声:'伙伴,你好!'。"你说这样对待员工的公司能不会用心对待客户吗?

3. 微博内容规划表的制作

运营人员要保证微博的内容持续不断地更新,并围绕微博达到营销目的,就需要按照标准制定规划表,表中包括内容主题、内容说明、栏目设置、数量及时间安排、定位要求以及阶段目标,同时结合运营需求,对内容主题栏目设置进行定期更新,如表 3-2-5 所示。

从表 3-2-5 中可以看出,该微博主要的内容主题有 4 类:每一类都有内容说明,同时每个主题还设置了标签栏目。如 #天天观察# 等,标签的使用既能表明微博内容的分类,也能为微博搜索提供优化。假设 #天天观察# 为独家标签,那么在搜索中凡带有 #天天观察# 字样的即为该微博的内容,具备明显的身份识别。而发布时间、定位要求和阶段目标则根据企业实际情况来设定。

表 3-2-5　微博内容规划示例

内容主题	内容说明	栏目设置	数量及时间安排	定位要求	阶段目标
语录励志类	职场、人生哲理、管理名言或者营销语录	♯天天向上♯每日经典语录、传递正能量	数量：5～8 条/天 8:30—9:00 10:00—10:30 11:30—12:00 13:30—14:00 15:30—16:00 18:00—19:00 20:30—21:00 备注：每个栏目暂不固定发布时间，运营人员可自行安排。除晚间/周末外，避免使用定时器	内容呈现出一个对营销、品牌有自己见解的培训专家、顾问、职场导师形象	第一阶段（1～2个月） 要求：主体方向确定，框架构建起来，定位清晰，内容有规律、有规划、有互动 第二阶段（3个月） 要求：目标清晰、定位准确，粉丝活跃度高，营养有深度，方案技巧娴熟
品牌营销类	与品牌营销相关的观点（个人或企业）、趋势、现象分析、知识分享等为主；最好是有自己的原创观点和见解，涵盖电子商务、社会化营销、数字营销等	♯天天观察♯传递各行业品牌/营销的前沿观点 ♯天天观点♯分享对品牌营销、培训管理或者行业见解 ♯天天资讯♯把握行业实时资讯，传递热点动态			
培训管理类	以培训管理行业的相关知识分享、观点摘录为主，如@人力资源研究	♯天天阅读♯分享推荐行业相关文章			
职场知识类	以分享经理人相关的知识技能为主	♯天天百科♯分享职场人的一些问题解答、行业流行术语解读等			

（二）建立微博资料库或话题素材库

1. 建立微博资料库

每个企业官方微博都应建立自己企业的微博资料库。资料库的作用主要是微博内容的储存、备录及共享。资料库的建立不仅能够方便地进行内容的摘用，还能借此建立本企业的文档库，为企业打造自己的观点库和知识库。微博运营人员将这些资料共享，一方面可以促进微博工作的进展；另一方面可以用于企业的内部学习。

建立资料库的工作内容包括：①已发布内容存档备查；②未发布内容录入备用档；③内容库信息共享。

建立资料库的工作流程：搜集内容→审核修改→标记分类→存档录入。

2. 建立微博话题素材库

对于个人用户而言，应建立微博话题素材库。个人微博内容分为两种：一种是针对热点话题的借势发挥；另一种是结合自己的定位做的每日更新，即便是每天发布的微博内容，也需要进行内容设计。

要想做好微博营销，平常要注意观察身边的各种事件、网上的热点事件，阅读各种资料和图片。分门别类收集起来，既是自己的知识储备，也会在需要的时候方便查找。毕竟只凭关键词搜索，有可能在网上无法找到以前看过的内容，保存起来会比较方便查找。

建立自己的微博内容素材库建议分以下三步进行。

第一步：选择优秀的信息源。如网站、作者。在阅读优秀的作品时进行保存，建议统一存放，如使用有道云笔记、印象笔记等。先阅读再保存或是先存放在一个统一的临时笔记本中，阅读完再分类。如果是先保存后阅读，积攒的资料多了，就会形成压力，可能根本就不会再读了。有些小灵感可以记录在手机备忘录里面。微信公众号的文章和微博内容都可以很方便地存进有道云笔记、印象笔记等里面。

第二步：对收藏夹进行整理。整理的时候可以进行合理归类，并加上标签，以便以后搜索。

第三步：进行应用并不断更新。需要使用的时候，可以按照分类找到相应的资料，也可以直接使用搜索，对于那些已经没有保存价值的资料，建议及时清理，应该用"有用"来作为衡量标准。

常见的素材收集网站如下。

中国互联网络信息中心：http://cnnic.cn。

中国知网：http://www.cnki.net。

万方数据知识服务平台：http://www.wanfangdata.com.cn。

除此之外，还需要了解以下互联网上的热点及各方的看法等。

知乎网：http://www.zhihu.com。

搜狗微信搜索：http://weixin.sogou.com。

新榜：http://www.newrank.cn。

以上网站会提供微信热搜文章、热点推荐，也有围绕热点进行的讨论，在根据热点写文章时，可以通过搜索借鉴其他公众平台的文章。

文字类素材还可去微博、简书、豆瓣等搜索文章。新闻热点可以通过今日头条、网易新闻等进行搜索查看。

微博的热门话题以及热门微博基本上包括了最受关注的热点，最好养成每天浏览的习惯。

3. 建立微博时间地图

节假日不论对企业还是对个人而言都是比较好的话题，可以按照时间地图来策划内容。节假日包括法定节假日、国际纪念日、民俗节假日、西方节假日、网络搞笑节、行业营销季、本地文化节等，如果我们每年都可以提前整理时间地图，对运营微博、提前准备发布内容会非常有帮助。

网上有各类节假日明细清单，只要耐心整理，就可以提前规划出微博节假日话题表。某高校微博某年节假日话题营销时间地图如表3-2-6所示。

表3-2-6　某高校微博某年节假日话题营销时间地图

日期及节日名称 序号	8月	9月	10月	11月	12月
1	1 建军节	10 教师节	1 国庆节	12 张雨生纪念日	
2	6 七夕	12 中秋		17 国际大学生节	
3	29 MJ诞辰纪念	17 国际和平日		21 世界问候日	24 平安夜
4		军训话题	31 万圣节	24 词圣黄霑纪念日	25 圣诞节
5	8—9月新生入学季话题			校园营销节	
6	高校微博节假日话题营销				

4. 规划原创与转发的比例

微博原创与非原创内容的比例，建议原创占80%左右，非原创占20%左右。因为原创内容的价值更大，原创内容是输出价值，让粉丝从分享中有所收获；非原创内容主要用来与粉丝之间互动，可以适当地转发一些他人的微博，保持微博的活跃度。

某女装品牌服饰企业的微博，在微博运营初期，企业相关和非相关信息比例约为2∶8，后来慢慢调整为5∶5，再后来调整至7∶3，表3-2-7所示为该企业微博某阶段的内容规划。为什么不断地做出调整？企业曾做过调查，想知道粉丝们通过微博到底希望了解什么信息，结果显示超过80%的粉丝希望了解企业文化、历史、产品（服务）、促销等企业相关信息，其余的则希望了解与公司产品和服务相关联的信息。在微博运营初期粉丝少（粉丝数量低于5000人），而且不太稳定，所以就安排了少量产品信息，介绍服装搭配、选择、保养方面的知识信息比例相对较高，随着粉丝的增加，运营的稳定，该微博逐步提高了产品信息的相关比例。

表3-2-7　企业微博某阶段的内容规划

发布数量	相关信息类型	具体内容
每天10～15条	企业相关信息	企业动态、领导新闻
		新品上市、活动促销
		产品相关小知识
	受众相关信息	女人话题：美容、养身、星座等
		男人话题：汽车、足球、时政等
		热点转发：笑话、美图、语录等

（资料来源：曼涛，林大亮."微"机四伏——微博与微信营销实战兵法[M].北京：电子工业出版社，2014：61.略改动）

特别提醒：微博上有大量来源不明耸人听闻的消息，在转发时一定要谨慎：越是惊人的消息，越需要证据；越貌似真相，越要确认发布者的身份；对于营销大V发布的消息，建议转发前搜索一下消息框；如无信息来源，转发需谨慎；貌似专业其实无科学依据的新闻、煽动各种对立情绪的呼吁、涉及色情的或反动的信息，都不应转发。

（三）微博发布时间规划

微博发布的时间规划也是一门学问，因为微博的发布时间会影响微博内容的实际达到率，同类型的内容在不同的时间发布，其转评数、传播效果大不相同。由于微博的信息量非常大，粉丝往往只阅读最新的内容，所以在合适的时间发布相关信息能达到事半功倍的效果。从微博发布的时间角度规划，可以从每天、每周、每月、每季度四个维度展开，具体规划内容包括以下几点。

1. 每日时间规划

参照粉丝活跃的高峰期，例如上下班途中，16:00以后，18:00以后，每天发5～8条微博，不必过于频繁地更新。

2. 每周时间规划

微博运营的重点在于与粉丝的互动上。根据运营统计数据，每周时间不同，微博运营的效果也不同。总的来说,每周三、周四时微博用户相对活跃,用户更愿意参与企业活动,因此运营人员可以在这一时期发布比较热门的微博内容,并适当植入企业品牌产品相关信息与粉丝互动。

此外,周末也是粉丝较活跃的时间,此时他们更愿意参与微博娱乐活动。所以企业可以在周末发布一些投票参与、征集作品、有奖转发等话题活动类的博文内容,号召用户参与企业活动,增强与用户之间的积极互动。

一般来说,信息类的内容适合早上发布,休闲娱乐类的内容适合下午发布,互动性的内容适合晚上发布。

3. 每月时间规划

关于微博每月运营时间规划,可以按照日常时间、活动发布时间、热点事件、突发事件4个方面开展。

(1)日常时间。在了解目标受众需求的基础上,选择他们喜欢的内容,并将产品或品牌软性植入其中,可选择发布行业资讯动态、娱乐休闲、企业咨询的内容。

(2)活动发布时间。对于本月企业要举办的活动,在微博上通过活动预告、现场直播等方式发布消息,在活动前期发布活动预告,中期发布现场活动,在活动结束之后发布活动结果。

(3)热点事件。当有热点事件发生时,需要第一时间关注该事件并发表自己的观点,做到巧妙的届时营销,避免单纯地转发和评论。

(4)突发事件。这里主要指公司的突发性事件。当这类事件发生后,企业需要第一时间发布消息,向广大受众明确态度,快速处理时间,争取把负面影响降到最低。

4. 每季度时间规划

每季度时间规划是指在企业的特殊纪念日或者季度中的重要节日,发布一些纪念活动、活动预告的微博文章或举办现场直播等方式与粉丝进行互动。

三、微博内容编辑及技巧

合理准确地规划与定位是内容运营的第一步,制作出符合粉丝口味的内容并促使他们自发传播则是内容运营的第二步。微博在内容表现形式上与传统媒体有很大的差异。传统媒体上的内容一般有固定的格式,但是微博上的内容没有固定的格式,它追求的是一种网络化的个性表达,与线下媒体对文字的感觉要求明显不同,它需要编辑人员具有很强的网感。网感即网络化的感觉,熟悉网名的常用表达方式及用语习惯,制作出符合网民口味的内容,才能引发他人的共鸣,从而使内容能够被广为传播。

微博文案绝非简单地堆砌汉字,它对编辑的综合素质有更高的要求。编辑实际上就是企业在微博这个平台上的发言人,因此需要尽可能具备营销的思维、广告的创意、软文的手法、理解品牌定位、危机意识等。企业微博的内容要实时更新,且发布的内容要保证实效性、趣味性、关联性、互动性。

此外,对合格的微博来说,还有一些最基本的要求,如语言简练生动、自然贴切,不要有错别字(除非是故意设计的),统一微博里面的英文和数字格式,尽量控制在120字以内,便于别人转发时加评论,如需加外部链接,一定要写出吸引人点击的理由等。

下面介绍一些微博撰写的方法或经验。

1. 故事化

学会编故事、讲段子,以情或情节打动人,最好还能具备新闻的时效性,能够引发大家的共鸣,这样的微博内容容易引发事件营销。例如在2013年加多宝与王老吉争夺战中,加多宝在微博上曝光了一系列"对不起组图",每组图趣味地表达了自己的身世(其中一幅图是一个闭嘴、闭眼、光身子哭泣的小婴儿,配字是"对不起,我们出身草根,彻彻底底是民企的基因"),后被大量转发,引起微博热议,共计约有17万次转发,覆盖3亿网民。

2. 拟人化

可以把品牌微博人格化,把微博当作一个有人情味的人,而不是冷冰冰的账号,在微博中具备鲜明的拟人化虚拟形象,以此获得粉丝的亲近和喜爱。

3. 趣味化

创意是稀缺的,也是最能吸引人注意的。有趣好玩的微博内容容易获得网民的自主转发传播,但将枯燥的企业产品或品牌信息演绎成具有创意的文案,确实需要花费大量心思。

例如"天才小熊猫",微博的数量不多,但创意非常好,在有趣的故事中植入产品广告,深受粉丝欢迎。它有一条微博(段子)是"千万不要用猫设置手机解锁密码",讲述了这样一个故事:主人公在打开一台指纹解锁手机时,使用了猫的指纹,当晚他忘了给手机充电,于是第2天不得不抱着一只猫去公司上班,在经历了被地铁拒载、被出租车司机嘲笑、被同事围观的一系列挫折后,噩梦没有结束,由于PPT文件存在手机里,开会时,他不得不在众目睽睽之下再一次展示用猫爪来解锁的秀逗行为。其实这是一条手机广告,但这并不妨碍粉丝在评论里哈哈大笑,最终它被转发17万次,阅读近亿次。

分析"天才小熊猫"的微博,就会发现它的特点:长图、有爆点的故事、简短却又深刻的品牌植入,而且要联系时事热点。那么真正吸引用户注意的是什么呢?是那个有爆点的故事,而并非品牌本身。可以说"天才小熊猫"很聪明地抓住了大家不爱看广告的特点,所以产品的信息就成了这个故事里若有似无的存在,故事里大量增加了段子的趣味内容,段子有趣,才会引起更多人的关注,产品信息自然潜移默化地被推广起来,如图3-2-2所示。

图3-2-2 "天才小熊猫"的文字+长图微博

4. 引用化

所谓引用,就是将用户的微博内容拿来激起互动,也就是口碑营销。口碑营销最好的方式是使用别人的口来营销自己,而不是用自己的口来营销自己。因此对企业而言,让企业用户替自己说话,用消费者对企业产品或服务的良性评价作为微博内容是可取的方法。图 3-2-3 所示为"中国图书网"官方微博的一条微博,采用了这一方法,获得了 25 条转发量,63 条评论和 188 个赞。

图 3-2-3　"中国图书网"官微的引用化营销微博示例

5. 实用化

网络信息是海量的、爆炸式的,创造信息不一定有价值,而整合、提纯信息可能会更加吸引读者,如图 3-2-4 和图 3-2-5 所示。

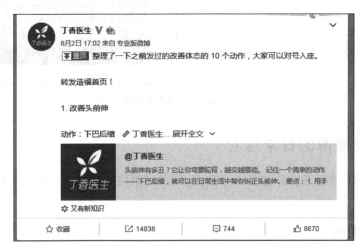

图 3-2-4　丁香医生的信息整合微博营销

6. 设问互动法

在微博中设置一些简单的问题,容易引发反思的互动,是一种比较常见的方法,如图 3-2-6 所示。

7. 先学后写

做准备工作时,最好花足够的时间,去分析那些人气最旺的微博主,看他们的微博为什么吸引人。特别是要去分析那些和自己定位相近的微博,学习别人的成功经验。初写微博,多学习、多模仿总不会错。

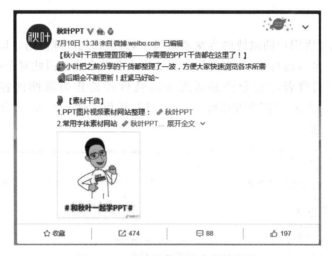

图 3-2-5 秋叶的信息整合微博营销

图 3-2-6 设问互动法微博营销示例

四、企业微博的日常运营

企业微博的日常运营工作包括 5 个方面,即关注策略、转发策略、评论策略、回复策略和点赞。

(一)关注策略

作为企业在微博上的形象代言,企业微博需要从多维度选择关注账号,一般企业微博需要关注 5 种微博账号。

1. 行业资讯号

企业微博关注行业资讯号,可以在第一时间得到行业内的信息,同时可以关注到该行业资讯账号的动态,在适当的时候与资讯号进行互动。常见的咨询号类型主要有行业资讯、实时新闻等。

2. 意见领袖

意见领袖也称大 V 或者微博大号,主要包括文艺明星、社会公众人物、草根名人等几种类型,他们高度活跃在微博平台上,拥有大量的粉丝,其观点和行为对粉丝有着较大的影响力。在运营企业微博时,可关注与企业具有相关性的微博大号,选择恰当的时间进行借势营销。

3. 目标网友

企业账号需要关注的目标,一般为品牌的目标用户和积极互动的网友。前者是企业的目标用户,也是企业下一步需要转化的目标,或者是企业的关注者,能够从第三者的身份给予企业公正评价,增加企业微博的可信度和活跃度。

4. 企业内部账号

企业展开营销活动时,不止运营一个企业微博账号,而是同时运营多个账号进行推广。常见的有企业子品牌微博、企业产品微博、公司中高层管理人员微博等,将这些账号相互关注起来,形成微博矩阵,将有助于企业微博的营销活动取得良好的效果。

5. 其他

除上述需要企业关注的微博外,还有其他方面的微博账号也需要加以关注。例如竞争对手、知名企业、新浪官方微博等账号。其中关注竞争对手的微博可以及时获得对方的动态,而关注新浪微博官方账号,则可以第一时间了解最新的微博相关规则。

(二) 转发策略

转发策略作为企业微博借势营销的重要方式,常常会在不经意间取得出人意料的营销效果。例如,2016年10月5日,"韦勇"蓝瘦香菇哥在微博上那句"蓝瘦香菇"瞬间成为热门话题,成了流行的网络用语,而国美在线官方微博随后也转发了博文:"雾霾又来,香菇,蓝瘦!来国美在线买空气净化器呀,'森'呼吸,不蓝瘦!"后面是网络链接,下面是9张产品推广的图片,收到了非常好的效果。

在选择转发微博时,企业微博应首选对企业发展有利的积极正面的消息。在转载他人的优秀微博时,注意标注内容出处,以尊重原创作者,避免引起版权纠纷问题。企业转发的数量不宜过多,转载时可在微博中适当植入企业广告信息,但注意语言要简洁明了,富有创意,避免单纯转发。

1. 默认式转发

一般来说,微博运营者都会关注一些微博大V的账号,对于大V的言论基本持默认赞同的态度。这也是为什么微博大V发布的内容会得到广泛转发的原因。从吸粉的角度来看,由于大V在微博中拥有绝对的话语权,所以其言论易获得广大用户的认可,如果将大V发布的内容转发到自己的微博中,一方面能受到已有粉丝的欢迎,另一方面能引起潜在粉丝的共鸣。简单省事,还能提升自己微博的活跃度。

2. 补充式转发,赞同并加观点

如果看到一条微博后,产生了强烈的认同感,可以选择补充式转发,即在转发的过程中带上自己的评论和观点。转发的内容会在自己的微博中显示出来,加上又有评论,粉丝若感兴趣也会转发。这种间接的信息传播方式也能达到推广宣传的效果。这种方式在使用时要注意补充的内容与原微博内容的一致性,就算达不到一致的效果,也要保证两者之间具有很强的相关性。同时还要结合对微博运营目的的定位的内容来评论转发。一般而言,用户对幽默搞笑类内容、知识性内容、明星八卦消息以及有强烈争议的内容特别感兴趣,这些都是微博运营者在评论中可以涉及的内容。

3. 反驳式转发,与原文观点相左

如果对某一微博中表达的观点不认可,可以选择反驳式转发,也就是在转发的过程中提出自己与原文相左的观点。这样既向粉丝传达了自己的观点,也告诉了粉丝自己不认可的态度,粉丝们会根据这些内容对博主做出一个判断,而最终留下来的都是忠实粉丝,都是产品的直接宣传对象。

4. 不表态转发

如果对某微博的内容没有明确的态度,只是想转发它,可选择"不表态"转发,一般在两种情况下采用"不表态"转发:一是博主确实对此事没有鲜明的态度;二是博主没有发现满足以上几种转发原因的内容。但是,为了提高微博的活跃度,所以选择不表态地转发了某条微博。

不表态转发是微博运营中常见的做法之一,但它是一把双刃剑,有利有弊,一方面确实在提高微博活跃度上有一定的作用,但另一方面,若一直使用这种方式,或短时期内使用得过于频繁,则会对吸粉工作不利,因此在转发过程中,要把握好"度"。

5. 求证式转发

求证式转发即转发者希望外界来证实某一件事件或某一条新闻的真实性。在互联网环境下,信息传播非常迅速,有时为了引人关注,信息传播者会故意夸大事实,甚至捏造事实,因此会有求证式转发。注意:不能转发有失真实性的消息。由于广大网友的好奇心十分强烈,求证式转发往往能引起用户的广泛关注,吸引用户踊跃发言,提高微博的活跃度,所以这也是一种吸粉方式,但应用时也要注意把握好"度"。

6. 专业化转发

专业化转发是指遵照转发的规律和要求进行流程化操作,保证转发效果的最优化,就是让用户难以觉察这是一种故意转发的行为。

(1) 转发和原发之间要有一定的时间间隔。微博用户对于微博上广泛存在的小号转发行为有着莫名的抵制情绪。原发和转发时间的间隔最好在 10min 以上,如果没有紧急情况,在 30min 到一个小时也是比较合适的。小号与小号之间的转发也要保持 30min 以上的时间间隔。因为微博中的用户或者粉丝都具有判断力,所以需要掌握一定的转发技巧。

转发内容不超过 120 个中文字符。微博转发不是仅仅一次,这是为了给之后的转发留有评论的空间。有经验的博主在转发微博前,不仅会对内容进行审核,还会对字数进行审核,内容优质且字数符合要求的才会被转发到自己的微博中。

(2) 排队式转发。就是在转发的过程中,通过仿照原内容的形式创作出评论内容。由于其形式的一致性,在视觉上产生了一种排队的感觉,这种转发方式极易形成轰动效应,对于微博运营的吸粉十分有利。

排队式转发有三个优点:首先,能够增强宣传气势,这种转发肯定不止一个人,而是有很多人转发,所以会给一种声势浩大的感觉。其次,它可以形成强烈的视觉冲击,由于多人转发,并且按照固定格式进行评论,使得评论栏的格式整齐,给人带来一种强烈的视觉冲击感。最后,这种转发能扩大信息的覆盖范围。

如何形成排队式转发效果？这里有三种方式可供参考：一是建立专门的转发团队；二是与专业化转发机构达成合作；三是微博运营者申请多个账号进行转发。其中第三种方式成本最低。运营者申请多个微博账号，自己编辑转发评论，自己转发。

（3）对原微博的亮点摘录。微博的博主经常会不可避免地发一些长微博。长微博的内容更加丰富，但其亮点往往不容易突显，而用户在刷微博的过程中也不一定有耐心仔细地阅读长微博。因此，如果刻意地将亮点提炼出来，放在显眼的位置再进行转发，容易吸引用户的注意。

如何提炼亮点？首先要仔细阅读微博原文，经过分析后，准确提炼其亮点；其次要研究用户的心理需求，能够打动目标对象的内容就是亮点。

为了提高转发量，可以使用粉丝头条群发私信给粉丝或者发布到微博群里。如果是企业或者有自己的圈子社群的朋友，转发的时候可以在微信群、QQ群、微博群等地方先告知，也可以发红包告知或者发私信给行业大咖寻求支持。在平时的互动中，也要多多帮助他人，在他人需要支持的时候，一定及时帮助转发，礼尚往来。

（三）评论策略

在评论微博时，要注意评论中的语气和措辞，应当与该微博定位形象相符合，和发布微博时的语气一致，避免给网友造成认知上的混淆。应当根据所评微博的实际内容，灵活选择不同的内容来评论微博。

（四）回复策略

除评论微博以外，在日常运营企业微博中，还需要回复其他网民的评论。适时、恰当的回复，不仅可以帮助粉丝解释疑惑，二者的良性互动还有利于拉近企业与用户的关系，提升企业的品牌影响力，塑造企业的良好形象。

运营新人在面对大量的网民评论时，往往无从下手，此时首要的工作是将评论的用户分类整理，如负面情绪的网友、提出建议的网友、微博认证的用户、草根意见领袖、企业忠实粉丝等几类。

回复粉丝的评论时，同样需要采取一定的策略。将回复的网名分类整理后，需优先回复负面情绪的网名，努力安抚其情绪，防止负面情绪，在群体暗示下影响网民的舆论导向，将他们向积极正面的方向引导。其次要及时回复给予企业赞扬的用户，这样做可以起到强化营销效果的作用，因此可以考虑给予适当的奖励，鼓励网民回复好评。

（五）点赞

点赞的功能相当于敲门砖。当认同他人的微博观点时，可以点个赞，如果想引起他人注意，可以集中点赞，如博主连续发了几条微博，可以选择一个时间把这几条微博同时点赞，这样博主会收到点赞提示，你的微博名很快会被他们注意到。起到一个提醒关注的作用。点赞也可以作为收藏功能使用，当想找到以前看过的微博时，翻看自己的微博又比较麻烦，那么直接点开你点赞过的微博，会很快查到要找的那条微博。

点赞还有一个优势，类似于微信点赞有广告的作用，被赞的微博会在点赞人的第二条微博位置展示，如果点赞了某位博主的一条硬广，那么你的粉丝就会在你的微博第二条的位置看到这条硬广微博，这与转发的效果差不多，也是一次曝光机会，点赞多了容易上热门，所以要抓住每一个推广机会。

五、微博非活动类工具介绍

(一) 微博分组

随着关注的人越来越多,微博首页信息也会越来越多,而且杂乱。微博的信息更新非常快,想看某些博主的微博,又觉得搜索他们的微博名字太慢了,微博分组能够解决这个问题。微博分组可以将不同风格的博主添加到一个分组里并分别起名,这样就可以重点看微博分组中的博主微博了。

1. 创建微博分组

非微博会员的分组成员上限是2000人,免费会员的分组成员上限是1000人。微博分组可以自己起名,如电商资讯、电商大咖、同学、老师等。如果微博主要是做销售的,也可以起名为意向客户、咨询、已经购买、二次购买代理等,并且可以对分组进行编辑管理,随时调整分组。

(1) 创建分组。①登录新浪微博个人账号。②单击主页里的"关注"进入新页面。③在此页面左侧找到"创建新分组"按钮,单击创建分组。④在输入框里输入分组名和分组描述(选填),选择是否公开分组,然后单击"确定"按钮。

(2) 智能分组。如果初次使用微博,对博主还不很了解,不知道如何对其进行分组,可以选择智能分组,系统会根据他们的微博标签直接生成分组。通过智能分组可以更方便快捷地管理成员、分组阅读。①登录新浪微博个人账号;②单击主页里的"关注"进入新页面;③智能分组的按钮在"未分组"下的按钮中,单击"未分组"按钮,单击右边的"智能分组"按钮;④一键保存。

2. 管理微博分组

我们可以随时对微博分组进行调整。

1) 添加/删除/编辑/批量管理分组

添加:在关注某一个博主的微博时,单击右上角"关注"按钮,完成关注,然后将鼠标指针放在右上角的"已关注"位置,此时会出现4个选项,其中一个就是设置分组。单击该按钮就可以在已设置好的分组里选择一个作为该博主的分组。也可以在"全部关注"中统一给大家分组。直接单击"未分组"的下拉箭头,出现"请选择分组项"复选框,直接勾选将其添加的分组即可,同样,如果没有对应的分组,可以创建新分组。

删除/编辑:要删除已分的组时,单击"已分组"按钮,单击其中的一个组名,在右上角有一个"删除"图标,单击它后"确认",即可删除该分组。单击"删除"图标左边的"编辑"图标(一支笔的形状),即可对组名进行编辑。当想将某个已被分组的人改到另一组时,可以先取消其分组,再进行重新分组即可。取消分组的操作是:单击"已分组"按钮,在右边分组中找到要取消的博主,在其头像图标下方第一个"标签"按钮处单击,出现下拉分组框,在其原分组框前的小方框中去掉对钩即可,该博主就会出现在"未分组"中,可以对其进行重新分组。

批量管理:选择"批量管理",选中某些粉丝,选择"添加到"某个分组,或者对其"取消关注",选择"退出批量管理",此时操作完毕。这样可以节省时间,快速调整粉丝分组。

另外,也可以直接打开分好的组,进行"批量管理""添加组员""编辑"和"删除"等操作。在"添加组员"中,如果记住了某位博主的微博名,直接在输入框输入已关注人的昵称或备注即可。单击右上角的"编辑"按钮,可以修改分组名和分组描述。单击"删除"按钮,可以直接删除此分组,此分组下的人仍然保留。

2)特别关注/悄悄关注

微博分组里还有两个分组,是系统固定的:一个是"特别关注";另一个是"悄悄关注"。"特别关注"的位置不变,不会随着其他分组调整顺序而变化,可以把特别想看的博主放在这个分组中。"悄悄关注"是当你想默默关注一个人而不被其知道,可以悄悄关注他。

"悄悄关注"的作用是:被你悄悄关注的人不会收到新粉丝的提醒;其粉丝列表内不会显示你;其他人看你的关注列表不会显示他。

我们可以直接在"悄悄关注"页面输入框内输入对方的昵称,直接悄悄关注他,也可以在他的微博主页的头像下方找到一个"三横线"的下拉菜单,选择"悄悄关注"即可。

随着自己需求的变化,微博分组可以随时调整,主要还是看怎样能够更快速、更方便地看到你想看的博主的微博,同时也为了大家互动交流更方便。

(二)微博私信

私信相当于独立的即时通信工具,是点对点的联系。一些客户资料中不便公开透露的信息等可以通过私信与粉丝或者客户交流。

1. 发送微博私信

(1)登录新浪微博,找到要发送私信的那位博主的微博账号。

(2)单击博主头像下方的"私信"按钮,输入私信内容,也可以发表情图片和链接。

(3)确定输入内容之后,单击"发送"按钮即可。

手机端发私信的操作步骤如下。

(1)进入消息页面。

(2)选择联系人,在搜索框里输入要私信的博主,收到后点击"聊天"按钮即可。也可以在下拉列表中选择要私信的人,然后发送私信。

2. 管理微博私信

打开私信页面,可以进行"全部置位已读""清空所有私信"和"查找私信记录"等操作,单击"设置"按钮还可以进行如下操作:"设置接收谁发来的私信(我关注的、所有人)""设置接收哪些微博官方账号的私信(接收新浪微博的私信、接收微博小秘书的私信)"和"屏蔽私信"。

一般来说,要设置接收所有人的私信,以免错过任何信息。要设置"接收新浪新闻"和"微博小秘书"的私信,这两项很重要。每天新浪新闻都会推送一些热门的新闻到私信中,能及时了解当下所发生的新鲜事,感兴趣的就可以参与、转、评、赞。微博小秘书是一定要设置接收的,在运营微博过程中,遇到各种各样的问题都可以私信这个官方账号,寻求解决方法,同时微博小秘书也会推送一些活动或者话题让大家参与。此外一些认证问题的回复等都是通过私信的形式告知我们的。

3. 微博私信应用

微博私信功能在微博运营过程中是最常用的,除最基本的类似于微信的即时聊天式沟通、交流外，还可以通过微博私信做很多事情。它是独立于微博这个"大广场"之外的"私密空间"，最大的优势就是"微博一体化"，不用再去登录其他平台账号，通过微博一个平台就可以解决所有需要。也可以将微博私信应用到微博营销中，或采用产品营销、服务营销、人才自荐、干货推广等形式，微博群的信息是在私信中接收的，这样往微博群里发送信息时会更加快速便捷，也可以通过"消息"界面创建多人聊天的群。微博私信在营销中被广泛应用。

（1）毛遂自荐/寻求投资。微博中有很多天使投资人、互联网知名企业家，他们在微博上有很大的影响力，相信他们都收到过寻求投资的私信。投资人也会挖掘有才华的人进行投资，不同行业的前辈们也会不断吸纳人才。可以通过私信的方式，发送自己的个人简历、作品等。微博私信以最便捷的方式搭建了彼此沟通的桥梁，能够满足草根直接对话精英，和精英交流、交友的愿望。

（2）求助专家。微博中有各行各业的专家，如育儿专家、心理专家、医生、音乐人等，如果需要向他们咨询求助，可以搜索他们的微博号，以私信的形式来说明问题，并请求帮助。

（3）销售产品。微博上的卖家，除在发布微博内容时直接发布产品广告之外，也可以通过私信的形式向自己的粉丝推荐产品，特别是在做微博活动时，这种方法会吸引很多粉丝的关注。对于积累了一定微博客户的卖家，通过微博分组、微博备注将老客户维护好，定期推送产品节假日促销、老客户感恩回馈活动的私信都是可以的。这类私信要注意编辑好文案，可以配图、加淘宝店铺、微博橱窗、微店、产品官网等链接，以私信告知，再让大家点开链接，了解产品活动详情或者留下各种联系方式以有效引流。

（4）购买产品。除了在淘宝、京东等电商平台购买产品，目前在微博上购物的人也越来越多，由于长期互动彼此建立了信任，有利于下单购物。微博中有很多卖农产品、生鲜水果的，现在微博上有微博橱窗，购物十分方便，直接在微博橱窗下单，或者通过微博私信先咨询，再选择一种支付方式付款即可。

（5）私信红包。通过私信发微博红包或表达心意，或支付货款，不用换到其他平台就可以完成一系列的操作。逢年过节可通过私信发微博红包，购买产品可直接私信卖家一个微博红包支付。计算机端可以抢、拆红包，只有手机端可以发微博红包。发微博红包需要绑定支付宝账号，在与要发红包的博主聊天的对话框中，点开右侧的"+"按钮，找到红包并选择"普通红包"，输入红包金额，塞钱进红包，然后输入支付密码确认。

（6）分享干货求转发。微博里分享干货最多的是自媒体人。如果花很长时间写了干货，没有人转、评、赞就没有什么价值，通常大家都会通过私信或者发送到微博群的方法来寻求转发、传播、扩散。人脉广、认识大咖多的博主，在写好干货后，私信大咖们寻求转发，一旦获得转发，大咖的粉丝们就会跟着转发，非常容易扩散。另外由于微博群在私信的页面展示，可以直接将干货链接发到微博群里，在群里发寻求转发的红包，这样有利于对干货的转、评、赞和阅读量的提高。

（7）私信求粉。互粉互动是贯穿运营微博始终的，初期运营微博要勤快一些，当关注了别人而别人没有回粉时，需要主动一些，私信他们。例如，可以说"您好，关注您很久了，能麻烦您回个粉吗？希望跟您学习更多东西，或者希望我们以后多多交流"，只有这样，才能收获粉丝，快速积累自己的基础粉丝。

（8）官方推送/参与话题。新浪官方会推送一些热门话题给一些微博优质用户，只要参与热门话题讨论，就有机会获得官方多渠道推荐，像"微博小秘书"有时就会推送一些当下微博很热门的话题到你的私信,可以选择自己感兴趣的话题进行参与。

(9) 微博群发/增加曝光。微博群的信息在私信界面显示,计算机端的微博主页右下角的位置有个"私信聊天"的按钮,打开它就是私信的对话框,在这里可以"查找联系人或群",也可以"查看全部私信",还可以发送各种信息,发链接给他人或群里,非常方便快捷。如果微博群足够多,同时发布信息会增加曝光率,像求互粉、求转发、推广产品或店铺分享干货链接、发微博红包等都能够快速地传播扩散出去。

(10) 自动回复。自动回复功能需要开启粉丝服务平台,是微博认证用户为主动订阅其粉丝提供精彩内容和互动服务的平台,只有经过认证的用户才可以开通这个功能。

微博私信自动回复的设置非常重要,很容易被忽略。它是当他人给你发私信而你不在线时自动回复的一条内容,但更重要的是可以通过这个设置引流到其他地方。要重视微博中的每一处设置,尤其是当微博营销做得越来越有影响力时,粉丝们特别愿意加博主的所有联系方式,如微信号、QQ 号等,3 小时内用户只会收到一次自动回复私信。私信自动回复内容可以设置为文字、图片、语音和图文信息四种形式,可以任选。

微博私信自动回复设置操作步骤如下:①登录新浪微博,进入自己的微博主页,单击"管理中心"按钮,打开它;②在"管理中心"界面,单击"粉丝服务"选项下方的"自动回复"选项;③在"自动回复"选项中找到"私信自动回复"选项;④在"私信自动回复"中,任选文字、图片、语音、图文信息中的一个进行设置,完成后保存。

(三) 微博群发

当想向所有粉丝告知某件事情、发布重要消息、微博活动通知、推荐干货时,可以使用"微博群发"功能。通过群发消息可以增加曝光率、引起关注、转发、传播、扩散。

1. 设置

微博群发是针对微博认证用户才可以使用的功能,在微博营销中很常见。群发后的消息会在"订阅消息"中找到,打开链接就可以了。群发操作步骤如下。

(1) 登录新浪微博,进入微博主页,单击"管理中心"按钮进入新页面。

(2) 单击页面左侧的"粉丝服务"按钮,找到群发功能,进入群发设置页面。

(3) 单击"新建群发私信"按钮,每天可群发一次。

(4) 选择群发对象,包括全部订阅用户、按分组选择、按规则名选择、用户性别、群发地区等。

(5) 选择群发内容,包括文字、图片、语音、图文信息、音乐五种形式。其中文字部分不超过 300 个字;图片建议尺寸为 560 像素×312 像素;语音需是 1M 以内的 AMR 格式语音文件;图文信息可选择"原创素材"或"已发布文章";音乐选择微博音乐/听过/赞过/热门推荐,单击"确定"按钮即可。

(6) 根据筛选条件,群发消息需要通过审核,耗时 15~20min,为避免审核通不过,建议尽量少加广告方面的文字或图片。

(7) 微博群发私信可以选择"立即发布"或者"定时发布"。

(8) 确认私信详情之后,单击"确认"按钮,然后等待系统审核即可。

(9) 单击"已发送"按钮,查询审核状态和全部群发微博。

(10) 等待 15~20min,官方账号"粉服审核",会以私信的形式通知"已通过"或"失败",

这时，粉丝们将会在他们的订阅消息中看到群发私信的内容。

2. 应用

微博群发每天都可以推送一条，相当于每天都可以选择一条最重要的微博内容来广而告之粉丝，是一对多的推送。目前群发消息都收录在订阅消息中，而不是直接看到私信提示，需要打开订阅消息才可以看到。因此效果没有直接收到私信提示那么明显。下面介绍一种利用微博群发推广的方法：刷屏＋群发＋粉丝头条。很多东西都不是孤立的，尤其是在微博营销过程中，需要把所有的东西联合起来构思才能达到非常好的传播效果。操作步骤如下。

（1）写一篇优质的头条文章。由于群发需要系统审核，如果是单纯地分享干货类的文章，可直接推送；如果是软文，一定要注意一些敏感的关键词，广告痕迹不要过于明显，审核通过的概率才会较大。

（2）写好头条文章以后，选择微博人多的时间段群发，通常 20:00—24:00 是微博的高峰期，20:00—21:00 发布最合适，此时如果粉丝多，就会随时关注订阅消息，查看推送，当他们私信时，如觉得内容好，那么就有可能会扩散。

（3）当群发私信成功后，会陆陆续续收到大家转发的@提示，此时可以逐个再次转发你的微博。注意一定要隔开一段时间转发，避免大密度刷屏，这样做一是不让大家反感，二是保持在每个时间段，这条微博的内容都能出现在信息流中。因为每个人刷微博的时间是不同的，每个时间段刷微博的人都不一样，持续刷一会儿，会让越来越多的人参与到转、评、赞中。

（4）当这条微博有了一些阅读量，转、评、赞也不少了，就可以投放粉丝头条了。一般头条文章持续投放粉丝头条会打折，投放粉丝头条之后，这条微博就上了粉丝头条，会突出展现，曝光力度更大。

（5）经过这样的操作，文章的阅读量、转评、赞会比平时的文章高出很多，如果第一天效果不错，紧接着几天可以再持续投放粉丝头条。

（四）微博打赏

1. 微博打赏简介

微博打赏是微博平台为用户提供的一项新功能，是基于微博生态的变现工具。粉丝在阅读用户创造的内容后，可以给其打赏，用户在微博中只需有优质内容产出就可以获得打赏收入。微博平台通过打赏建立了双向商业利益互换机制，使自媒体可以获得激励，增加对平台的黏性。

2015 年以来，微博加速对垂直领域的拓展，并通过一系列措施帮助各领域专业用户提升个人影响力和商业价值。"打赏"使这些用户通过发布优质头条文章获得收入，同时也代表了粉丝对他们的认可，将进一步鼓励他们发布高质量原创内容。粉丝通过"打赏"，获得了新的互动方式，刷微博变得更有趣。从 2016 年 3 月开始，视频也能打赏了，现在不仅头条文章可以打赏，用户通过微博客户端或者网页上传的视频都能被打赏了，视频打赏取消了对认证用户的限制。被打赏金额无需博主手动提现，会在 72 小时后自动转入博主的微博钱包。用户打赏其他人不收取手续费，被打赏者提现时会收取提现金额整数部分的 1% 作为手续费。

2. 微博打赏的设置

（1）在百度上搜索微博，打开新浪微博的官网，输入用户名和密码进行登录。

（2）接下来在登录后的界面右侧，单击自己的头像。进入自己的空间，再单击"管理中心"按钮。

（3）进入管理中心的页面，在左侧有一排功能菜单，找到并单击"内容收益"功能。

（4）"内容收益"下方显示出两个菜单项，一个是"微博打赏"，另一个是"收款账户"，单击"微博打赏"菜单项。

（5）单击界面右侧的橘黄色"启用"按钮，弹出确认启用的对话框，单击"确定"按钮。

（6）界面显示出"已启用微博打赏"，右侧的橘黄色"启用"按钮变成了白色的"停用"按钮，当不想要打赏功能时，就可以单击"停用"按钮。

（7）开通打赏功能后，可以单击分享到微博，让粉丝们知道可以给你打赏啦。在弹出的对话框中输入要对粉丝们说的话，再单击"发布"按钮，就可以发布到微博了。

（8）单击"通用设置"按钮，单击打赏金额右侧的"编辑"按钮，输入默认打赏金额，再单击右侧的"保存"按钮。

（9）在左侧菜单功能中单击"收款账户"按钮，再选择账户类型，填入真实姓名、支付宝账户、手机号码、身份证号码、单击"保存"按钮。这样就设置好了收款的账户。

3. 微博打赏数据分析

微博打赏数据分析包括打赏分析和排行榜两项，其中打赏分析可以对近 7 天、14 天、30 天全部的打赏金额和打赏人次进行查看，排行榜可以分别查看用户排行和内容排行，可以分别查看周排行、半月排行、月排行、总排行。数据分析图表很清晰，可以从中看出粉丝对哪些微博内容打赏最多，知道写哪些内容更能赢得粉丝的喜欢，因此可以适当调整微博内容的比例。对于打赏的粉丝，可以在微博中给予推荐以示感谢，截图并@他们，既可以将他们推荐给其他粉丝，也可以表明你已经看到大家的心意，表示感谢，更好地拉近自己与粉丝之间的距离。

（五）微博配图

信息的载体形式包括文字、符号、声音、图形、图像、视频等。根据美国哈佛商学院有关研究人员的分析资料表明，人的大脑每天通过五种感官接受外部信息的比例分别为味觉 1%、触觉 1.5%、嗅觉 3.5%、听觉 11% 以及视觉 83%。每种信息载体与人类感官相对应，所传递信息的效率不同，疲劳的程度也不同。一般而言，越多地调动不同感观的信息越容易被接收和吸收。因此视频比图片更易被吸收，图片比文字更易被吸收。作为视觉传达信息的图片，比文字更具形象性和趣味性，更有视觉传达上的冲击力和独特魅力。微博配图很重要，如果满屏都是文字，即使内容再好，也不容易让人阅读下去。一条好微博，如果配上合适的图片，会极大地增大微博的转发量。

1. 微博配图来源

1）自己拍摄或设计

微博配图时，要选择恰当的结合文字内容的配图，能够更形象地表达文字内涵。微博配图最好的方式是自己拍，因此练好摄影技术也能够为微博运营加分。实拍图更加真实、生动、生活化、场景化,发布一些生活化的微博,会让粉丝感觉到你很接地气,让个人形象更加立体和鲜明。一般需要自己设计配图的微博,多为专业化定位的微博,如漫画、星座、情感美文类的微博,通常会设计出适合自己定位的配图,需要团队成员共同来完成,个人完成则因为每天的配图工作量很大,如果没有团队、没有专业的设计师,是比较困难的。当然也可以使用一些容易操作的美图软件来完成。

2)网络搜索

一般来说,美图网站有很多,且美图 APP 中的图片都很齐全,可以通过它们找到想用的图片。下面是一些常用的微博配图图片收集网站。

(1)视觉中国。里面有各类图片和短视频,可以下载一些小图,小图的清晰度也很不错。

(2)Stock up。很多免费的精美图片,但搜索时只接受英文。

(3)优美图。很多好看的小图。

(4)看大图。风景绘画是其独特的优势。

(5)500px。最出色的摄影社区。

(6)力图网。各种素材比较丰富。

(7)堆糖网。采用中文关键词进行搜索,简单方便,初学者易上手。

2. 微博配图工具

(1)PPT。PPT 可以应对常见的图片处理设计,代替 Photoshop,降低设计使用的难度。特别是使用美化大师、nordritools 等 PPT 插件后,长图拼接、生成图片等更为便捷。

(2)画图。画图功能是计算机系统自带功能,可以通过选择图片打开方式打开。画图可以用于简单的更改图片像素、比例等操作,不需要下载更专业的软件处理。

(3)美图秀秀。美图秀秀除可以下载使用外,还可以在线使用,能代替简单的 PS 操作,对图片进行美化完全可以实现。而且,它属于傻瓜式操作,非常省时便捷。

(4)创客贴。创客贴是一款简单易用的线上图形设计工具,平台上提供了丰富的图片、模板等素材,通过简单的拖曳操作就可以轻松设计出精美的海报、PPT、邀请函、信息图和名片等各类图片,能解决大多数人设计图片的痛点,让不会使用专业制图软件的运营人员也能快速制作出自己想要的图片。可以将作品直接分享给他人,也可以将作品导出为 png、pdf 等格式的文件。

(5)ScreenToGif。ScreenToGif 是一款免费小巧实用的 Gif 动画录制软件,找不到想要的 Gif 动图时,可以通过这个软件对素材自行处理。

(6)GifCam。GifCam 是一款集录制和剪辑于一体的 Gif 动画制作工具。录制后的动画可以逐帧编辑,使用非常简单,例如想要将某一小段视频录制成 Gif 图片,只需将其窗口的"取景框"拖放到视频播放的区域,然后按下"录制"按钮即可开始录制。

(7)黄油相机。这是一个手机 APP。在手机上拍摄图片,加上文字,再上传到计算机用 PPT 进行操作,这个过程比较费事,而黄油相机可以方便地在手机上操作,等于是在手机上实现部分 PPT 的图文效果,非常方便。

3. 微博配图注意事项

(1)分享专业知识的微博,可用网络搜索行业关键词。如互联网、移动互联网、电子商务、网络营销、社交营销、微博、微信等。找到专业的图来匹配文字,此类微博内容重点是分享行业经验,关注点在于文字,注意不要让配图抢了文字的风头,图片选择要清晰、简单。

(2) 文字要有话题性,互动是永远的,要让大家参与。图片最容易引起讨论,此时可搜索幽默、搞笑的图片,但不要太夸张。

(3) 选择图片时,不要选图上带太多文字的,容易和文字表达两种意境,要么文字加无字的图,要么直接使用图上的文字。

(4) 配九宫格图片时,要选择一个系列的图片,如花卉、风景、人物选择一个分类,要区别开分类,不要9张图里花卉、宠物、风景全有,看着图文不搭、混乱。

(5) 选用色彩亮丽正能量的图片,少用暗色、灰色图片(看着压抑、沉闷),少用花哨图片,最好用纯色背景图片。

(6) 配图可以添加标签,粉丝可以直接单击配图中的标签进入该话题的页面。照片也可能被推荐到相册广场,通过标签还可以查到与你使用了同样标签的人。微博配图还可以添加贴纸。微博活动的配图通常会设计长图发布。

(7) 在微博上销售产品,发布硬广告时配图以产品实拍为主,最好9张图或6张图,从产品各处细节图进行展示,场景化的图会更吸引人。

(六) 微博相册

微博相册很常用,平时发布微博时可以直接从相册中选择图片(前提是在相册中已经上传了一些照片)。也可到微博相册广场中按标签寻找自己喜欢的照片进行收藏。微博相册里会保存发布过的微博配图、更换过的头像图片、点赞收藏过的图片,分别保存在"头像相册""面孔专辑"和"微博配图"中。

1. 创建自己的微博相册

(1) 登录新浪微博,进入个人微博主页,单击"我的相册"按钮,进入新页面。

(2) 在新页面中单击"我的专辑"按钮,可以看到右边有"创建专辑"和"专辑排序"按钮。

(3) 单击"创建专辑"按钮,填好专辑名称、专辑描述、访问权限设置,单击"创建按钮"创建专辑。

2. 管理相册

除系统默认的以外,还可以对相册进行管理。

管理相册专辑:包括编辑专辑信息、照片信息、添加专辑描述、照片描述、标签的功能,设置专辑访问权限、移动照片调整顺序,还可以进行批量复制删除,专辑排序等功能。

相册广场:除自己的相册外,也可以到"相册广场",按热门标签搜索图片,并可以对喜欢的图进行收藏、分享、点赞或评论,还可以投稿。随着发布的微博越来越多,所有使用过的微博配图都可以在相册中查找到,平时只要发现好的图片都可以上传到自己创建的专辑中,方便发布微博时配图专用。

(七) 微博数据

运营微博要学会看数据,通过数据分析来调整微博的运营思路、方向和策略。在微博数据中心可以查看自己微博中的一些相关数据。如果想了解其他博主的微博数据,需要开通付费版,其中有一项是可以添加其他博主的微博账号,将他们的微博数据与自己的微博数据进行对比。普通的微博会员只能查看自己的微博数据。

微博数据中心：目前微博数据中心有免费版、会员版和付费版三种。

数据中心会员版可以查看的数据有新增粉丝数、粉丝细分、取消关注粉丝、关注人总数、互粉情况、页面访问分析、我的微博总数、我的转发和评论量、阅读数、互动趋势分析,可以查看到 7 天、30 天的微博数据。

具体查看步骤：进入微博主页,单击"管理中心",可以看到左边第一个菜单就是"数据助手"。页面正上方有很多具体的指标,如粉丝分析、博文分析、互动分析等。

（八）微博收藏

微博更新快,使用收藏功能可以将喜欢的内容收藏起来,方便日后查看。微博收藏目前没有上限。还可以将收藏贴上喜欢的标签,方便日后查找,同时系统也会根据喜好进行微博推荐。

（九）微博标签

微博标签有"个人标签"和"单条微博加标签"两种,之前介绍过"个人标签"的设置,这里主要介绍"单条微博加标签"的方法,这两者是完全不同的概念。

1. 微博添加标签

单条微博加标签的操作步骤如下。

(1) 登录新浪微博,进入个人微博主页。

(2) 选择要加标签的那条微博,单击右上角的"向下箭头"找到"加标签"项。

(3) 在添加标签输入框输入标签名(自己起名)。

(4) 最多 5 个标签,用空格分隔,填完单击"确定"按钮。

2. 编辑微博标签

查看/编辑/删除标签,操作步骤如下。

(1) 登录新浪微博,进入个人微博主页。

(2) 在置顶微博上方找到"更多"按钮,将其打开。

(3) 找到"标签"选项,单击"标签"按钮可以查看所有的标签,在各标签中可以对其进行"编辑"和"删除"。

单条微博加标签有两个好处：一是方便自己对一些分享内容进行梳理归类；二是方便粉丝们按标签查看学习,分门别类地浏览可以避开一些广告,挑选自己喜欢的内容,阅读非常方便。

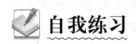

自我练习

一、单项选择题

1. 一条微博最多能发( )个汉字。
   A. 100　　　　B. 500　　　　C. 1000　　　　D. 2000

2. 一条微博最多能配( )张图片。
   A. 1　　　　　B. 4　　　　　C. 9　　　　　D. 无限制

3. 发微博的时候,如果想特别提醒某个人来看,可以在对方微博用户昵称前加上（　　）符号。
   A. ♯　　　　　　B. *　　　　　　C. @　　　　　　D. &
4. "话题"是微博搜索时的关键字,其书写形式是将关键字放在两个（　　）号之间。
   A. ♯　　　　　　B. *　　　　　　C. @　　　　　　D. &
5. 企业微博原创与非原创内容的比例,建议是（　　）。
   A. 原创和非原创各占 50% 左右
   B. 原创占 60% 左右,非原创占 40% 左右
   C. 原创占 70% 左右,非原创占 30% 左右
   D. 原创占 80% 左右,非原创占 20% 左右
6. 微博运营的重点在于（　　）。
   A. 发布高质量的内容　　　　　　B. 与粉丝的互动
   C. 关注当下的热点和市场风向　　D. 宣传企业的形象
7. 就微博发布的时间规划来看,下面（　　）说法是错误的。
   A. 粉丝活跃的高峰期,一般为 11:00—13:00
   B. 信息类的内容适合早上发布
   C. 休闲娱乐类的内容适合下午发布
   D. 互动性的内容适合晚上发布
8. 品牌微博拟人化的意思是（　　）。
   A. 为品牌下的产品赋予人物形象
   B. 把品牌 Logo 设计成人物的形象
   C. 微博内容具备鲜明的拟人化形象,以此获得粉丝的亲近和喜爱
   D. 微博头像具备特征鲜明的人物形象,以获得粉丝的认同和喜爱
9. 在面对网民的负面评论时,应该（　　）。
   A. 不予理睬,身正不怕影子斜
   B. 据理力争,维护企业形象
   C. 用私信沟通,了解并解决问题
   D. 安抚负面情绪,向积极正面的方向引导
10. 微博群发的消息会在（　　）显示。
    A. 私信界面　　　　　　　　　　B. 微博首页
    C. 微博个人资料页　　　　　　　D. 微博相册

二、多项选择题

1. 微博可以发布的内容形式包括（　　）。
   A. 文字　　　　　　　　　　　　B. 图片
   C. 视频　　　　　　　　　　　　D. 音频
2. 某运动鞋品牌的微博,想让读者觉得品牌有亲切感,像一个活生生的人,可以选择发布以下（　　）内容。
   A. 最新产品和打折信息　　　　　B. 公司员工的趣事
   C. 运动鞋的使用和保养知识　　　D. 公司团队活动的照片

3. 企业微博内容取材的标准包括(　　)。
   A. 品牌相关　　　　B. 热点相关　　　　C. 用户相关　　　　D. 产品相关
4. 企业微博的日常运营工作包括(　　)。
   A. 关注　　　　　　B. 评论　　　　　　C. 回复　　　　　　D. 转发
5. 在评论微博时,应当注意(　　)。
   A. 语气和措辞应当与该微博定位形象相符合
   B. 语气和措辞应当与该微博定位形象有所反差,避免单一乏味
   C. 语气和措辞应当与发布微博时的语气一致
   D. 语气和措辞应当与其他用户评论的气氛保持一致

三、判断题

1. 在微博上关注某人时,必须经过对方审核通过才行。　　　　　　　　　　(　　)
2. 转发别人的微博时,必须加上自己的评论。　　　　　　　　　　　　　　(　　)
3. 做微博运营的时候,微博内容在什么时间发布,无需做特别规划。　　　　(　　)
4. 企业发布微博的目的,主要就是宣传自己的产品信息。　　　　　　　　　(　　)
5. 企业微博看似不经意发的搞笑段子、娱乐八卦,其实都经过了有目的、有规律的精心策划。　　　　　　　　　　　　　　　　　　　　　　　　　　　　　　　　　(　　)
6. 为了提升微博热度,应当尽量多转发营销大V发布的消息。　　　　　　　(　　)
7. 一个企业往往会设置多个微博,相互之间可以转发和评论内容。　　　　　(　　)
8. 企业微博每天发布的数量为5~8条,不必过于频繁地更新。　　　　　　　(　　)
9. 如果对某一微博中表达的观点不认可,最好不要做反驳式转发,以免失去粉丝。
　　　　　　　　　　　　　　　　　　　　　　　　　　　　　　　　　(　　)
10. 在微博上销售产品,发布硬广告时,配图最好以产品实拍为主。　　　　(　　)

任务三　微博营销活动

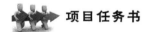

项目任务书

课内学时	8	课外学时	不少于8
学习目标	1. 学习微博营销活动的相关知识,对其有较深入的了解 2. 进行微博营销活动策划及实施、活动效果分析,初步体验整个过程,初步学会微博营销活动策划 3. 学会专业方法,养成良好的工作习惯(会分类整理自己的文件并及时存云盘)		
项目任务描述	1. 学习微博营销活动的案例及相关知识,深入了解微博营销活动运营的原则、方法、流程等内容 2. 进行微博营销活动运营策划 3. 进行微博营销活动策划方案的实施 4. 进行微博营销活动的效果分析,并进行总结		
学习方法	1. 听教师讲解相关知识 2. 动手实践		

续表

课内学时	8	课外学时	不少于8
所涉及的专业知识	微博营销活动的原则、微博营销活动策划流程、微博营销活动的常见形式及具体操作方法等		
本任务与其他任务的关系	本任务可以在前面的任务已经完成、经过一段时间运营、博主积累了一定的粉丝后开展,与后继的任务可以并行		
学习材料与工具	1. 学习材料:项目任务书所附的基本知识 2. 工具:项目任务书、任务指导书、考核标准、手机、计算机、笔等		
学习组织方式	以团队为单位组织学习		

 任务指导书

完成任务的基本路径如下。

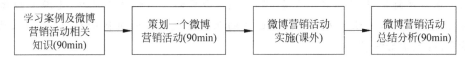

第一步:对以下案例进行案例分析,听教师讲解+自学掌握相关的知识,填写表 3-3-1。

表 3-3-1 任务产出——案例分析

1. 请分析一下案例中提到的微博营销活动的主题是什么?(至少分析两个)。这两个营销活动的目的是什么?

2. 请分析一下这两个微博营销活动的活动规则是什么?为什么要这样设计?

3. 这两个营销活动的微博方案编写有什么特点或可学习之处?请进行分析。

4. 西贝莜面村微博整合营销的效果如何?请进行分析。

案 例

西贝莜面村的微博整合营销

"西贝莜面村"的官方微博于2012年2月开始运营,2013—2017年,"西贝莜面村"的官方微博经历了5年的静默期,2018年重整旗鼓复出,粉丝增长至近54万,年互动人群40万以上,成功获得了年轻用户的认可与喜爱。

"西贝莜面村"在长时间沉寂后,官方微博粉丝暴涨,活跃度骤升的秘密是什么?

1. 品牌定位

首先,官微进行了人设打造,搭建官微阵地,传递品牌"温暖有爱"的美好形象。其官微的头像使用了企业的Logo,以加深企业的品牌印象;并且经过了蓝V认证,以提升官微的权威感。在微博简介中,用心进行了品牌介绍:"西贝的大厨们跋山涉水,走遍大西北的山野乡村、大漠草原,只为让顾客吃到最地道的西北乡野美味。西贝莜面村,健康西北菜;闭着眼睛点,道道都好吃。"

2. 内容运营

从微博运营内容来看,其内容包括互动话题(拉近用户距离)、做菜技巧(体现出其专业度及分享精神)、店铺暖心故事(传递品牌服务精神)、菜品美食美图(宣传西北菜系,吸引兴趣人群关注,激发到店就餐的欲望,尤其重视用美食图片+定制段子,打造品牌人气菜单)、发券送礼(积累好人缘,顺便吸引到店)等。

通过持续产出美食类定制原创内容,传达品牌形象。如西贝的美食段子、用户故事、美食教程等。在内容表现形式方面多样化,既有纯文字的内容,也有文字配图、配视频的内容,图片质量高,内容有趣。

在运营过程中,注意保持与用户的互动:西贝基本能做到跟每一个主动互动的用户互动,官微上有这样一条微博:"@西贝莜面村V 这是一条西贝会回复你的微博(虽然我每条都回复),有什么想问的尽管冲我来,知道的都告诉你,不知道的我去百度一下告诉你。"遇到粉丝或网友的留言,西贝会尽量及时回复。西贝定期策划互动活动,通过事件营销、活动营销等,激发网友主动互动。

3. 活动策划与实施

活动举例1:进行口碑营销。利用微博的开放性,实现老用户口碑曝光。2018年8月,发起#我与西贝的故事#话题征集,获得532W+用户关注,3000多位老用户响应,分享在西贝就餐的暖心故事,近千条图文优质口碑点评,沉淀在话题区,被官微持续转发,话题热度不断上升。老客户的证言不仅为西贝贡献了优质、真实的内容,更极大地提升了品牌社交媒体上的口碑,让更多新老顾客信赖和喜爱。更多美食大V的口碑分享带节奏,提升话题曝光度。#我与西贝的故事#话题带来的转发最高的TOP博主,累计覆盖粉丝300W+,极大地提升了品牌曝光参与话题。带来转发扩散最多的TOP博主统计如表3-3-2所示。

PGC带动UGC,更多普通用户参与,转发层级高至4级。82%以上的互动用户为普通食客,经过微博层层转发,扩散层级达4级,话题舆情监测中,西贝、新品、美食、喜欢等正面印象占主流。活动期间的微博文案之一如图3-3-1所示。

表 3-3-2 转发量 TOP 博主统计

昵　　称	地　　域	粉　丝　数	微　博　数	转　发　数
幸福辣妈记	广东	2062783	2886	701
today 你吃了吗	浙江	106867	668	269
嗯晓晓阿	山东	14527	592	193
宽宽吃好多	山东	31878	2093	183
西贝莜面村	北京	520981	3999	121
初夏夜蓉	辽宁	12510	2153	67
孔帕尼尼	广东	15235	1233	46
柚子咖啡茶是我	上海	1027	4516	46
花妹呢	重庆	116260	291	38
殷小兔1986	山东	26925	1725	17

图 3-3-1　#我与西贝的故事#话题期间西贝莜面村的博文之一

活动举例 2：2019 年 2 月，西贝借着情人节的时机，围绕品牌和产品，策划了一系列活动。每年的 2 月 14 日为西贝的"亲嘴打折节"，2019 年已经是第四届。活动创意是：2 月 14 日当天，到西贝各门店就餐，不同体位亲吻就会获得 6.6～9.9 折不同折扣。当天的微博文案如图 3-3-2 所示。2 月 7 日前后，官微提前一周发布了海报、视频、互动活动预热，进行造势。2 月 10 日开始，举办西贝亲嘴打折节微博挑战赛，当天的博文如下："西贝亲嘴打折节微博挑战赛来啦！带#西贝亲嘴打折节#话题晒亲吻[米妮爱你]照＋'I love 莜'手写纸@西贝莜面村 都有券！脸颊吻送 55 元券，拥抱吻送 66 元券，法式吻送 88 元券，错位吻送 99 元券，被我转发的创意亲吻照送 200 元券！24 小时后私信发放。亲吻对象不限年龄、性别！10000 元送完即止～坐等实力派出场"。从 2 月 10 日开始，倒计时海报，每个海报自带一个关于亲吻的冷知识，趣味性预告活动，每天至少一个这样的海报。2 月 11 日，活动升级，博文如下："竟然有小可爱觉得#西贝亲嘴打折节# 的吻姿没有难度？'极限挑战'这就安排上，做到图中任意一种脑洞大开的吻姿，尽管@ 我送 500 券！"。2 月 12 日配合主活动开始进行外卖活动，博文如下："介是一条福利信息！第四届#西贝亲嘴打折节# 外卖活动来啦～2 月 13 日至 16 日，美团外卖下单西贝全国门店情侣套餐 6.6 折！另：美团外卖平台每天抽取前 50 个实际支付金额最接近 214 元的顾客，送价值 395 元的膳魔师保温杯。门店排不上，点个外卖怎么样，亲嘴打折节在线等你哦～"同时，开始晒出粉丝的创意吻照，送出各种券。亲嘴打折节教学视频，在微博单平台获得 157 万阅读，1000 多次互动。

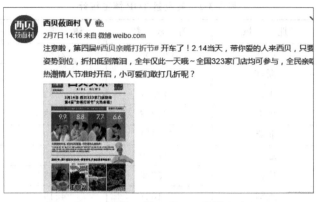

图 3-3-2　西贝莜面村 2 月 7 日微博文案之一

除通过自己的官微举行活动外，2 月 14 日情人节，西贝亲嘴打折节与大号合作，开展互动话题，快速引发关注、热议。如与具有 5000 万粉丝的"微博搞笑排行榜"合作，根据榜姐以往微博的数据分析，确定了最具开放性的互动话题："关于接吻这件事，没接过吻的提一个问题，接过吻的来回答。"发起微博亲吻挑战赛，激发线上用户参与。2 月 14 日，线下线上亲吻打折挑战同步开展。微博端收集到 400 多张不同姿势的亲吻照，之后将微博挑战赛升级为"极限挑战"，鼓励粉丝和网友晒出超难姿势的亲吻照。很多网友晒出了自己高难度姿势的亲吻照，再次引发关注小高潮。

互动话题"第一次接吻是什么体验"。有粉丝留言：就像第一次吃你们家椒麻鸡！第一次不适应，后来回味无穷，最后有点小迷恋，然后嘴麻了，可是还想要！该话题在微博累计获得 1.1 亿人次关注，7.2 万人次参与讨论。2019 年，该活动在全网获得 6000 万曝光，情人节当天，获得 9 万桌顾客参与活动，参与率比 2018 年提升 6.5%。

此外，西贝还邀请了品牌主要客群的情侣类 KOL、母婴 KOL 参与活动，进一步提升活动影响力，活动范围继续扩大。从参与素材中二次发掘话题爆点，延展引爆。例如，两位男顾客的接吻照被微博大 V@天秀 bot 转发，话题＃单身狗永不服输＃登上微博热搜榜。营销活动被多家媒体报道。

4. 工具借力

西贝在营销过程中，注意针对重点传播素材进行广告曝光，提升传播效果。重点投放三类内容：美味菜品、节假日活动、店铺打折促销等。其投放的主要产品是：粉丝头条（可以使博文置顶至粉丝信息流首位，让更多粉丝看到）、超级粉丝通（定向城市区域、美食兴趣、相关话题互动人群，让更多的潜在用户看到）。从其投放效果来看，广告博文阅读数是普通博文数倍，平均互动率 0.6%，最高 3.81%，单次互动成本 1.26 元。积极使用微博运营工具，提升运营效果。

西贝经常采用微博提供的抽奖工具。其抽奖方式经常是同时关注＋转发并@好友即可抽奖，还经常使用"话题"来运营。借助微博平台提供的数据助手分析互动数据，借助其活动平台、抽奖平台举办各种活动。取得了非常好的效果：西贝官微近一年品牌关注度持续走高；持续内容运营＋互动带来很好的品牌口碑，品牌印象关键词基本都是正向；从用户来看，良好的关注口碑作用下，再辅以官微持续的优惠券、卡券发放，形成线上种草—线下到店—线上口碑分享闭环；一年内 40W＋人次提及西贝，近七成为女性。

第二步,以团队为单位,讨论、策划一个应用"微活动平台"的活动或其他微博营销活动,填写表 3-3-3。

表 3-3-3　任务产出——微博营销活动策划

1. 请先进行活动类型选择：□微活动平台活动　□微博自建活动　□微博整合营销活动 (1) 微活动平台的选择： □转发抽奖　□有奖调查　□有奖征集　□免费试用　□预约报名　□微话题活动 (2) 企业自建活动名称：_____ (3) 微博整合营销活动类型选择： □赞助式活动　□线上线下相结合　□与其他传播方式相结合,其他传播方式为_____ 2. 确定活动主题为：_____ 3. 设计活动规则如下：   原因是：   4. 设计活动主要文案为：_____ _____ _____ _____
5. 活动准备(列出所有需要提前准备的事项,完成一项在后面的□中勾选一项)：
(1) 人员准备及分工安排□ (2) 文案发布要求及准备□ (3) 奖品准备、其他发放等事项准备□ (4) 其他准备□

第三步,微博营销活动实施:根据前面的营销活动策划,进行营销活动的实施(含活动奖品发放及后续晒单环节)。实施过程中请截图或收集照片,每组不得少于 3 张。存放在此次活动的相关文件夹中(文件夹请自建)。

第四步,微博营销活动总结分析。以团队为单位,对此次微博营销活动进行总结及分析,填入表 3-3-4 中,并制作 PPT 在教室进行汇报、分享。要求图文并茂、使用数据提高说服力。每组汇报时间 5~8min。

表 3-3-4 任务产出——微博营销活动总结分析

微博营销活动总结分析(含活动基本情况介绍、活动结果数据情况、活动经验总结、教训、体会等,不少于 800 字)

项目任务评分标准及评分表

微博活动策划评分表(总分 15 分)

团队名称:_____

任务产出	案例分析(个人分,5 分)		活动类型选择(2 分)		活动主题确定(1 分)	活动规则设计(3 分)		活动文案(2 分)		活动准备(2 分)		小计
	评分标准明细	明细得分	评分标准明细	明细得分		评分标准明细	明细得分	评分标准明细	明细得分	评分标准明细	明细得分	
评分标准	案例分析问题1(2分)		平台选择(0.5分)		1分	规则设置(1分)		预热文案(1分)		人员准备及分工安排(0.5分)		
	案例分析问题2(1分)		活动名称(1分)			开始和截止的时间(1分)		正式文案(1分)		文案发布要求及准备(1分)		
	案例分析问题3(1分)		整合营销渠道(0.5分)			奖项设置(1分)				奖品准备(0.5分)		
	案例分析问题4(1分)											
实际得分				—			—		—		—	

注:案例分析部分为个人分,其他任务产出均为团队分。团队分由教师给出,再由队长根据队员表现给出队员的具体分值。

基本知识

一、微博营销活动的原则

1. 目的明确

没有目标的微博活动注定会失败,每个成功的微博活动都是经过精心设计的。企业在开展微博活动前,就需要明确本次活动的目标是什么?是增加粉丝数量,还是宣传销售产品,是借假日促销还是增加与粉丝的互动以提高其活跃度,每一种目标对应的效果评估指标及活动的方式都有所不同。例如以增加粉丝数量为目的的活动的最后考核指标就是粉丝数增量而已,现场销售产品为目的的活动,最后则是考核销量。在活动方式上,前者可能是简单的有奖关注,后者更多地会采取要求转发赠送优惠券等提高传播或吸引购买的策略,一次微博活动最好只有一个商业目标,目标太多会导致活动设计难度加大,反而可能降低效果。

2. 公平透明

早期微博活动的造假现象很严重,很多企业以送 iPad、iPhone 为噱头发起活动,最后却根本不兑现,或者是把奖品发给内部员工,也有个别微博运营人员搞暗箱操作私吞奖品等。企业要把握公平透明的原则开展微博活动,并及时公布活动的结果,解答粉丝的疑问。为了增加公信度,应该尽量通过第三方可信平台发布活动和进行抽奖,例如新浪微博的官方活动平台。

3. 因势利导

微博营销不应该是一条孤立的营销渠道,而应该作为企业营销的一部分。微博活动也可以整合进整个市场活动中,而不必只是针对微博平台而发起,这样做的好处是微博活动可以与企业其他市场活动共享资源,所以企业一定要善用资源,因势利导,用最少的资源收获最大的回报。

4. 效果可衡量

一场营销活动下来,如果不能衡量效果如何,那也是没有意义的,因为企业不知道活动到底做得怎么样,是否达成自己的目标,所以在策划微博营销时,需要使用一些指标来衡量效果。例如一场有奖转发活动完成后要达到什么效果?是增加曝光量、转发量、销售量还是其他。如果是增加曝光量,应该如何去衡量、统计才能确保有效?

5. 奖励有限

有限的奖励是针对投入与收益不成正比,或者投入时具有不可控风险而采取的预防措施。例如曾经有人策划了一个微博转发活动,活动规则是每转发一次赠送一张明星卡片。按照当时的企业微博粉丝数量和活动的时间,他预测不会超出预算。但是活动发起之后,转发数疯涨到无法控制的地步,所需成本远远超出了他们的承受范围,一次性需要投入几十万元。后来实在没有办法,只好删掉微博,粉丝们纷纷投诉与举报。这件事提醒企业在策划活动的时候,必须要重视投入的有限性,才能确保最后的投资收益比是可控的,如果投入和收益不成正比,那么这场营销是失败的。

6. 规则简单

"规则简单"是一个很容易理解的概念,但是很多企业在策划微博活动时常常会忽视这一点,因为企业往往希望粉丝做得越多越好。例如,明明转发就可以参与的活动,企业希望粉丝带来更多人的参与,所以要求@5个人以上,然后还有微博晒单、截图等验证方式,这样做确实可以最大化达成企业的目的,但是对粉丝而言,会感觉参与起来太复杂,可能没人愿意参加。所以企业不能总是从自己的角度出发去设计活动规则,而忽略了用户的体验和感受。

二、微博营销活动的常见形式

在微博上开展活动的形式多种多样,可以把它总结为三大类,微活动平台活动、微博自建活动和微博整合营销活动,每一类活动都有其优缺点和具体的活动方式。

(一)微活动平台活动

微活动平台是新浪微博在2011年推出的官方微博活动发起与展示平台。每天都会有上万个活动在这上面同时进行,成千上万的微博用户参与其中。一般来说,微活动平台适合开展品牌宣传、新品传播、吸引新粉丝用户等活动。

1. 微活动平台的优点

(1)活动形式多样化,具有娱乐性、趣味性。

(2)活动数据更详尽。参与幸运大转盘等活动,微博用户名单可以全部以表格形式导出,方便企业二次营销。从活动的发起到结束,每天的参与人数、分享次数等都有详细记录,便于总结规律。

(3)抽奖更公平公正。相对于企业自行抽奖,粉丝更容易信任第三方的抽奖系统规则,减少企业与粉丝的作弊行为,降低风险。

(4)粉丝更集中,人气更旺盛。微博用户可以在这个平台上自行选择参加喜欢的企业活动。

2. 微活动平台的缺点

(1)有明显时间限制。特别是大转盘、有奖转发这类主要活动方式,一般持续时间不超过5天,对于一些周期性比较长的活动,这些活动方式不太适合,会影响活动的连续性。

(2)容易遭遇专业的抽奖控。目前已经有专门的抽奖软件,可以24小时针对微活动平台抽奖,这对企业来说活动效果容易打折扣。

(3)不容易获得有效粉丝。由于微活动平台上人流量大、人气旺盛,企业不容易针对精准的人群投放活动。而且大批量抽奖控混入其中,为了抽奖而关注企业,更不容易增加有效粉丝,一般来说粉丝增长数是参与活动的粉丝数的20%~40%。

3. 微活动平台的活动形式

1)转发抽奖

转发抽奖是目前采用最多的活动形式,只要粉丝们通过转发、评论、@好友就有机会中奖,这种形式是最简单的,粉丝们也会积极参与其中。随着转发抽奖的活动形式被广泛运用,众多营销者也相应提高了中奖门槛。例如,除转发之外,还必须关注活动发起人指定的微博账号,关注1~3个微博账号比较常见,并且要"@"1~3个微博好友,同时满足这几个条件才能参与抽奖。

转发抽奖也与时俱进、不断升级,从最初送些简单的礼品,包括吃的、穿的、用的,还有送一些虚拟的如"微博会员",做一次活动所需要的投入不是很大,到送苹果手机等投入成本逐渐提高,最后到现在的现金抽奖。2016年5月,新浪官方新上线,为了更好地规范微博有奖活动,根据《微博商业行为规范办法》中的"有奖活动管理办法"第7条:以现金或现金转账作为奖品的有奖活动,备案完成后必须使用@微博抽奖平台进行抽奖,动辄1000元、5000元、上万元,奖金额度越来越大。做一次活动的投入越来越多,可以用"简单、直接、粗暴"来形容。从效果上来看,一些有影响力的大咖帮助他人做的现金抽奖活动,涨粉确实不错,所以很多有实力的企业和个人纷纷加入现金抽奖大军中。

2) 有奖调查

有奖调查目前应用得不是很多,主要用于收集用户的反馈意见,一般不是直接以宣传或销售为目的,只是要求粉丝回答问题并转发和回复微博后,就有机会参与抽奖。

3) 有奖征集

有奖征集就是通过征集某一问题解决方案吸引粉丝参与。常见的有奖征集主题有广告语、段子、祝福语、创意想法等,调动用户的兴趣,并通过获得奖品可能性的系列性诱导,从而吸引大家参与。

4) 免费试用

免费试用是指企业通过微博发布的广告促销信息。它与传统广告不同之处在于,发布的产品是免费试用的,以免费的形式吸引目标用户积极参与活动。官方微博根据用户填写的申请理由把试用品发给目标用户。这种活动主要适用于企业发布新品开拓市场时,或者为了获取市场反馈、进行口碑营销时。

5) 预约报名(预约抢购)

预约报名是提前邀请粉丝参与企业开设的最新服务或者业务,常见的预约报名活动有试驾、试吃等。该类活动更适合于服务性行业或者开展O2O业务的企业。如故宫博物院官方微博的一条预约报告微博如下:"♯故宫资讯♯故宫博物院端门数字馆于9月6日再次对外开放!本次开放截止时间我们将提前告知,请关注故宫博物院官方网站、微博的相关消息。现在就登录故宫博物院官方门票预售系统http://t.cn/zOYHtAS预约报名吧~"。

6) 抢幸运转盘

略。

7) 微话题活动

微话题是根据近期微博热点等多种渠道,经过编辑补充内容和制作的与该话题有关的专题页面。微话题是一种很好地在新浪微博上发表观点互动的方式,所以很多企业和个人开始创建话题来推广产品,共同管理和维护。用户可以进入该页面发表微博进行讨论,同时微话题页面也会自动收录含有该话题的相关微博。

微话题活动最常见,可参与性强,传播速度快,可以结合微博"热点",也可以围绕企业主推关键词、营销活动或者品牌来创建活动。热门话题自然会迅速获得众多人士的关注、转发和评论,而非热门话题需要提前组织粉丝圈子的朋友助力,也可以联系行业大咖、达人参与其中，使整个微话题迅速扩散。

(1) 创建微话题。以♯关键词♯的形式发布微博时，♯号内的关键词即为话题词。

(2) 发布微话题。在微博、私信、评论等文字中输入♯话题词♯即可。

(3) 设置关键词。尽量使用鲜亮、亲切有趣的词语或短句，更能吸引网友们的探讨，不宜太长。话题词中不能包含特殊字符、空格，长度为4～32个字符。少于4个字是不能申请话题主持人的，所以要注意，避免后面阅读量很高时，就不能再申请话题主持人了。

(4) 话题榜的主要规则。

① 话题榜是小时榜，每小时更新一次。

② 榜单推荐页面，由用户所感兴趣的分类话题、用户所在地本地热门话题、榜单推荐话题组成。

③ 榜单排序以单位小时内话题的阅读量增量及用户参与量为标准。

④ 无线端和PC端的榜单一致。

(5) 话题主持人申请。每个话题都可以申请话题主持人，有的话题是自己创建的，直接申请即可，有的话题是他人创建的，也可以申请。有时遇到一些话题，阅读数很高，但还没有主持人，那么就需要抓住机会立刻申请，当然碰到这样好的话题还没有主持人的概率很小，但也是存在的。

话题主持人是某个话题页面具有相关管理权限的用户，通过对话题页的设置，用户可以完善话题页，并提升自己的微博影响力，目前每个话题只能有一位话题主持人，话题主持人可以设置互粉好友为话题管理员，最多可设置20个。

(6) 提高话题讨论量的方法。

① 有效利用话题的导语和配图，提高话题基本介绍区的吸引力，增强话题的阅读性。

② 利用话题页面中部的微博推荐模块和推荐用户模块，展示相关用户，增强话题的引导性。

③ 利用微博分享、转发话题，适当与话题页下方的用户进行沟通，调动话题讨论氛围。

④ 利用微博之外的其他网站及渠道分享、推广话题，引导其他用户参与话题讨论。

(7) 创建微话题的操作步骤。

新浪微博申请创建话题时，需要开通会员后才有这个权限。

① 登录新浪微博，进入个人微博主页面，单击"发现"按钮。

② 在跳转后的页面左侧单击"微话题"按钮，并在页面右上角找到"创建话题"，单击进入新页面。

③ 在新页面中，选择创建话题的类型。

④ 选择一个话题分类之后，会出现需要填选的三项。然后单击"下一步"按钮，选择版式就可以了，这时会收到微话题官方的私信告知，需要等待1～3个工作日，会以私信的形式通知是否申请成功，成功后就可以进行话题页面的设置、管理、维护和推广了。

(二) 微博自建活动

微博自建活动主要指基于企业微博主页，并在已有粉丝中发起的一类活动。例如早期的有奖转发，从发起到抽奖都不依赖第三方平台或工具，主要依靠已经关注企业微博的粉丝参与并传播。

1. 微博自建活动的优点

（1）由于它是在微博粉丝的圈子里发起的，所以黏性强，有利于品牌深化传播。

（2）粉丝互动性高。作为已经关注了企业微博的粉丝，一般都对企业具备一定的信任度；同时企业在自己的微博主页便于每天实时查看粉丝的评论留言，能够更及时地与粉丝进行互动。

（3）易增加有效粉丝。如微博有奖转发活动，要求现有的粉丝@好友，一般用户都会@自己微博上熟悉的人，被@的人往往与之有相同的兴趣和需求，无形中提高了新粉丝的质量。

2. 微博自建活动的缺点

（1）形式比较单一，缺少趣味性。常用的方式只有有奖转发和"盖楼"。

（2）自有粉丝基数少，人气不旺盛，新增粉丝数量有限。除非通过一些大号帮助扩散或者形成病毒式传播。

案 例

这是一家电商企业的微博，当时决定在六一儿童节前夕开展活动，配合官网上的促销。

奖品的设计：优惠券。

作为电商企业，开展微博营销的目标是销售产品，所以应尽可能让参与活动的粉丝产生购买欲望。电商最常用的营销方式之一就是发放优惠券，而且电商用户一般都对便宜或打折的商品情有独钟。所以要抓住消费者的这种心态，决定策划将优惠券作为奖品，但是考虑到此时发放的优惠券如果与平时没有区别，就没有更大的吸引力，如果将优惠券面值由10元增加至15元，又会减少企业利润，降低客单价。综合考虑成本以及整个网站的客单价等因素之后，决定以面值15元的优惠券作为奖品，而且这批优惠券没有使用金额的限制，但限制了使用有效期。以往的优惠有效期是一个季度或半年，这次只设计了一个月。这样的改变，既让消费者有惊喜，同时又会促使消费者尽快使用优惠券，带来二次消费的机会。

活动规则设计：要尽可能降低门槛，但又要有趣好玩，采取有奖转发的形式，并且是人人有奖。但是，为了降低成本控制的风险，也为了增加趣味性，将活动的时间缩短至一个小时，放在20:00开始。

活动文案设计：#限时免费领取现金券#快来抢啊，免费发六一过节费啦！15元无消费限制现金券，每笔订单限用一张。限时今天20:00—21:00，领取方式：关注***＋转发并@一个好友＋评论，以评论作为参与凭证，评论中需包含【***】。赶紧号召你的朋友来领吧，现金券密码将会在7日内通过私信发放，勿重复评论！

活动结束统计：超过1200人参与转发评论，新增粉丝超过1000人，最后实际发放了1200余张优惠券，一个星期后跟踪统计优惠券的使用率达到60%以上，半个月后使用率超过85%，总的销售额大于10万元。这次活动进行了一个小时，算下来平均每3s有一个人参加，当时该微博的粉丝数约2万，活跃粉丝数比例大于49%。一般企业微博搞活动，活跃粉丝率都在20%～40%。

活动评论：除企业微博本身的质量比较高以外，这次活动从奖品到活动规则都做了精心设计，充分体现了活动的设计原则——有利可图、有趣可玩。并且通过限时、免费、低门槛的参与方式赢得了用户的参与，同时尽可能朝着当初的效果目标——销售转化靠近。

（三）微博整合营销活动

一般将社会化媒体营销分为初级与高级两种活动形式。基于微博平台的活动和自建活动只能称为初级的活动形式，属于平台基础运营。企业更应该利用微博的互动、即时、裂变式传播等特性开展高级形式的社会化营销，将微博充分融入营销活动中，提高其活动传播力。高级的活动形式将会整合企业各方面的资源，利用微博平台将活动的影响力宣传面尽量扩大。

1. 赞助式活动

赞助式活动通常由一个比较有影响力的博主发起活动，其他人自愿参与其中，可以赞助其所销售的产品，在活动中集体展示。如果赞助的人少，可以直接在文案中写上：本次活动由@张三、@李四提供，关注两人既有机会获得奖品等。如果赞助的人多，可以制作一个长图，在图片中将赞助商、赞助产品一一标注清楚，文案中可以这样写：本次活动所有奖品，由以下朋友提供……这种赞助式的活动，很多人愿意参与，其原因是可以借助大咖的影响力，将自己的产品扩散出去，而且可以通过集体转发，使受众面更广。在这个传播过程中会产生订单，相当于为一些产品免费做了广告。也有一个人提供赞助产品或现金给一个圈子里比较有影响力的人，由他们发起活动，这时可以在配图中做一个长图，把企业的产品介绍一下。但在赞助活动中还要考虑到活动奖品对粉丝的吸引力，如赞助一个手机壳和赞助一个手机，效果是完全不同的。

2. 线上线下相结合

目前微博中有很多圈子，因为共同的兴趣、爱好在线上结缘，共同沟通、学习，线下还会在具体的某个时间组织聚会。例如有付费形式的"电商干货分享聚会"，通常由一个有一定人脉、资源、影响力的人组织，也有以销售的产品为主题的线下聚会，如"草莓采摘节"。无论采用哪种形式，都会把线下聚会的一些场景再发布到线上，形成线上与线下同时互动，让没有走到线下的朋友也可以看到实况，积极参与到话题的讨论中。一般会先设置一个微话题，所有人以微话题的形式发布微博，这样话题的阅读量就会提高，增加被官方推荐的可能性。

3. 与其他传播方式相结合

除做活动以外，进行话题营销、与微信等其他平台联动等多种方式相结合，越来越成为目前微博营销的主流。

三、微博营销活动策划流程

（一）确定活动主题

微博营销活动能够在短时间内聚集到大量的关注和人气，还能增强博主和粉丝之间的互动。活动的类型多样，不同的活动目的也不同。目前微博上最常见的活动目的就是增加微博的活跃粉丝和推广产品。可以自己组织策划活动，也可以联合其他博主共同组织策划活动。

活动的主题方向设计对整个活动的导向、最终效果发挥着至关重要的作用，所以在策划每一次微博活动前都要先确定活动的主题,之后的所有活动方案都要围绕这个主题来做。只有主题明确了,才能吸引对其感兴趣的粉丝参与其中,并快速形成话题口碑传播,无限地转发、传播、扩散下去。

可以选择节假日来做活动主题,如春节、情人节、端午节等。这类节日通常都是大家集中做活动的时间节点,此时人气聚集、关注度高,属于大众类话题,人人都可以参与,只要话题有趣,可参与度高即可。除了传统节日,也可以选择企业或者个人的纪念日,如企业创建周年纪念日、个人涨粉的经验日,以及其他时间节点的粉丝福利活动,类似这样有纪念意义的日子,都可以策划微博活动,可以持续做一段时间,这样容易培养粉丝习惯,到时间就会来微博参与活动。活动主题实例包括♯七夕节告白♯、♯2019新生报到♯、♯国庆节快乐♯等。

除了节假日、各种纪念日的主题活动,还可以有很多其他类型的主题,如季节性的主题,春季可以是我和春天有个约会,夏季可以是夏日化清凉等。还有公益性的主题、比赛性的主题、各种晒图主题等。微博营销活动的策划都是一环套一环的,有引导作用,如可以将微博粉丝捎带着引导加微信、加QQ、淘宝去拍单、引导到线下实体店等。

(二)明确活动规则

微博上的信息是海量的,大家看微博刷得很快,基本是一扫而过。因此做活动的时候,力求简单,活动规则要简单明了。多数网友没有耐心,更不愿意停下来研究活动规则,除非是中奖党、福利党、红包党,来者不拒。

目前大家采用最多的是"关注+转发+@好友"的形式。如果想通过微博活动带动自己创建的微话题一起操作,可以在规则上说明需要加上某个微话题。

活动规则中一定要说明活动开始和截止的时间及活动奖项的设置,目前活动时间以3~15天的居多,活动奖项通常以实物和现金为主,官方的转发抽奖新上线了现金抽奖,有实力可以选择现金抽奖的方式。可以随时抽选、随时公布某天的获奖名单,避免粉丝转发疲劳感,刺激其渴望获奖之心。

(三)编辑活动文案

活动文案至关重要,编辑时也要注意简单清晰、一目了然,要把活动主题、活动规则、活动时间、活动形式、活动奖项说清楚。活动文案常采用短微博的形式,内容要新颖有趣,可参与度高,可以搭配图片、长图互为补充。

(1)现金抽奖文案主题。突出金额,吸引粉丝。例如,"有钱任性10万元抽奖""1万元任性送""今晚8点用平台从转发中抽一名朋友送500元红包"。

(2)实物抽奖文案主题。突出情怀,引起共鸣。一般节假日或某个纪念日,以情怀式的主题做活动,最容易引起粉丝共鸣。例如,"♯我和电影的故事♯转发抽奖,送50张全国通用电影票。"

(3)新品试吃、试用主题。强调免费、收集反馈。做微博活动不仅仅是涨粉丝,更重要的是通过活动,把自己的企业或产品推广出去,很多时候都会采用免费送的形式,然后让大家晒单进行口碑宣传,尤其对一些比较适合晒单的产品,采用这种形式比较好。例如"8月8日开业试尝大会,100个免费试吃名额等你来拿"。

（四）活动奖品发放及后续晒单

活动后，需要按照活动规则，及时、准确地完成奖品的发放，以便快速在粉丝间树立良好的口碑。

无论是现金奖还是实物奖，获奖人"晒一晒"都是非常重要的环节，一是证明活动的真实性，让其他人看到后产生信任感；二是通过实物晒单，即拍出精美的照片晒出来会引起从众购买效果。发起活动方再转出这个晒单就更加真实，可以快速建立信任。几次活动做下来，粉丝的参与习惯就会养成，以后只要有活动就会纷纷参与。

晒单环节也可以在活动文案中说明，如"晒单有奖""晒单加微话题会再送一份礼物"都是不错的选择。至于晒单的微话题，可以自己创建，也可以直接使用平台已有的话题。自己创建微话题时，起名时要带"晒单"两个字，其余的字可以加品牌名，要简单易记，易于传播。

（五）进行活动数据、效果分析

1. 活动数据分析

微博日常运营时不会只做一次活动，每隔一段时间就会做小活动，到了节假日、纪念日，会做大活动，一般会按周或按月形成规律，如每隔两周做一次主题活动，每隔一个月做一次大型活动。每次都应对活动的一些数据进行整理、归纳、分析，以便调整下一次活动的方向。根据数据分析本次活动哪里做得好、哪里还有不足、哪些细节还需要再提升。

（1）转发、评论、点赞量的统计分析。分析转、评、赞的数量，可以自己制作统计表，及时进行统计，这样更清晰、直观，还可以按照时间进行纵向对比。如果某次活动的数量不理想，就要分析哪个环节影响到传播，如何改进？奖项设置力度是不是够大？是不是足以引起转发？发布时间是否是平台人气聚集的时刻？团队之间的协作、联系大咖帮忙转发等因素都会影响到转、评、赞的数量。通过对几次活动数据作对比分析，就可以找出原因，然后重点分析数据比较高的活动，再次尝试这种形式、再分析数据，持续操作，就能证明转、评、赞最高的活动思路是符合微博定位和粉丝群体特征的，以后可以此为例坚持做这种活动。

（2）粉丝传播深度和关键传播点分析。不同的粉丝转发活动的效果是不同的，这与他们的影响力大小、粉丝数量等有关。粉丝也有各自的小圈子，所以就会产生裂变式的传播效果。我们可以点"转发"，查看每个博主下方的转发数据，对于二次转发量高的粉丝可以重点维护，加到一个"优质粉丝"分组中，下一次活动就重点联系这些博主，通过他们形成二次转发甚至多次转发的机会要大于其他粉丝相对较少、没有太大影响力的博主。同时也要关注每位转发博主评论"被点赞"的情况，"被点赞"多的博主有一定的影响力，可以作为我们辨别转发粉丝是优秀的博主、优质的微博账号的依据。

2. 活动效果分析

一般一次微博活动的时间为 7~15 天，活动后要对活动效果进行分析，为下一次活动提供参考。除之前提到的转、评、赞的数据以外，还要对微博账号的涨粉情况、活动期间订单情况、晒单后产生的订单情况、各个店铺拍单情况以及引流到其他账号涨粉情况等进行细致的统计分析。

自我练习

一、单项选择题

1. 微博话题榜的规则不包括(　　)。
   A. 话题榜是小时榜,每小时更新一次
   B. 榜单推荐页面由用户所感兴趣的分类话题、用户所在地本地热门话题、榜单推荐话题组成
   C. 榜单排序以当日内话题的阅读量增量及用户参与量为标准
   D. 无线端和PC端的榜单一致

2. 下列方法中,(　　)不一定能提高话题讨论量。
   A. 有效利用话题的导语和配图,提高话题基本介绍区的吸引力,增强话题的阅读性
   B. 利用话题页面中部的微博推荐模块和推荐用户模块,展示相关用户增强话题的引导性
   C. 利用微博分享、转发话题,让更多读者阅读
   D. 利用微博之外的其他网站及渠道,分享、推广话题,引导其他用户参与话题讨论

3. 下列(　　)不是微博自建活动的优点。
   A. 因为是在微博粉丝的圈子里发起的,所以黏性强,有利于品牌深化传播
   B. 粉丝互动性高
   C. 易增加有效粉丝
   D. 活动更有趣味性

4. 微博赞助式活动通常由(　　)发起。
   A. 愿意参加的人发起活动　　　　B. 一个比较有影响力的博主发起活动
   C. 热心且有能力赞助的人发起活动　D. 大咖发起活动

5. 下列不属于高级的微博整合营销活动的是(　　)。
   A. 微博平台的活动
   B. 赞助式活动
   C. 线上与线下相结合
   D. 进行话题营销、与微信等其他平台联动等多种方式相结合

6. 目前微博上最常见的活动目的表述最完整的是(　　)。
   A. 提高微博关注度　　　　　　B. 增加粉丝量
   C. 为忠实粉丝提供更好的福利　　D. 增加微博的活跃粉丝和推广产品

7. 节假日常用来做微博活动主题,可以使人气聚集、关注度高,因此巧克力的销售适合利用(　　)。
   A. 国庆　　　　B. 生日　　　　C. 情人节　　　　D. 企业纪念日

8. 下列现金抽奖文案主题中,(　　)不合适。
   A. 你敢抽多少,我敢送多少
   B. 有钱任性10万元抽奖
   C. 1万元任性送

D. 今晚 20:00 用平台从转发中抽一名朋友送 500 元红包
9. 下列关于微博活动奖品发放描述正确的是（　　）。
   A. 及时、准确地完成奖品的发放
   B. 可以约定一个月或几个月后发放
   C. 反正活动已经举行过了，发不发没人知道
   C. 有人领奖即可发放
10. 下列有关活动数据、效果分析，描述错误的是（　　）。
   A. 微博日常运营时不会只做一次活动，每隔一段时间就会做小活动，到了节假日、纪念日，会做大活动
   B. 如果某次活动的数量不理想，以后就尽量避免再举行
   C. 大咖帮忙转发等因素也会影响到转、评、赞的数量
   D. 关注每位转发博主评论"被点赞"的情况

二、多项选择题

1. 微博营销活动的原则有（　　）。
   A. 目标明确　　　　　　B. 公开透明　　　　　　C. 因势利导
   D. 效果预期良好　　　　E. 多设奖励　　　　　　F. 规则简单
2. 微博营销活动的常见形式有（　　）。
   A. 微活动平台活动　　　　　　　　B. 微博自建活动
   C. 微博整合活动　　　　　　　　　D. 微博借鉴活动
3. 微活动平台的优点有（　　）。
   A. 活动形式多样　　　　　　　　　B. 活动的数据广泛
   C. 抽奖可以操作　　　　　　　　　D. 粉丝更集中，人气更旺
4. 微活动平台的缺点有（　　）。
   A. 活动有明显的时间限制
   B. 容易遭遇专业的抽奖控
   C. 活动有明显的时间限制，约束了参与人数
   D. 为了抽奖而关注企业，更不容易增加有效粉丝
5. 微活动平台的活动形式有（　　）。
   A. 转发抽奖　　　　　　B. 有奖调查　　　　　　C. 有奖征集
   D. 及时抢购　　　　　　E. 微话题活动

任务四　微博营销技巧综合应用

 项目任务书

此项目任务和其他任务之间的关系：此任务在完成了项目三任务一之后，既可以单独进行，也可以与其他任务并行，在完成其他任务的同时，学习本任务的相关知识进行应用效果更好。

课内学时	2	课外学时	不少于4
学习目标	1. 学习微博营销技巧,通过练习,能够掌握并加以综合应用 2. 学会专业方法,养成良好的工作习惯(会分类整理自己的文件并及时存云盘)		
项目任务描述	1. 学习微博营销技巧的相关知识 2. 练习微博营销技巧		
学习方法	1. 听教师讲解相关知识 2. 动手实践		
所涉及的专业知识	个人微博的涨粉方法(第一批粉丝涨粉法、与大咖互动的涨粉法、优质内容吸粉法、活动涨粉法)、企业微博涨粉法、通用涨粉法(涨粉工具涨粉法等)		
本任务与其他任务的关系	本任务可以与前一个任务并行,也可放在最后		
学习材料与工具	1. 学习材料:项目任务书所附的基本知识 2. 工具:项目任务书、任务指导书、评分标准、手机、计算机、笔等		
学习组织方式	以团队为单位组织学习		

任务指导书

完成任务的基本路径如下。

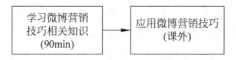

第一步,听教师讲解必要的涨粉知识,在运营微博过程中自学相关的知识。

第二步,在微博运营过程中对所学知识和技巧加以应用。要求:使用不少于三种涨粉方法,填写表3-4-1。

表 3-4-1 任务产出——微博综合技能应用

请对自己所学到并应用的涨粉方法(不少于3种)进行说明、效果总结(需附截图),不少于500字:

项目任务评分标准及评分表

微博营销技巧综合应用评分标准（总分 5 分）

团队名称：_____

任务产出	涨粉情况及小结	明细得分
评分标准	团队涨粉数量由多到少（满分为 3 分，从多到少依次为 3 分、2.5 分、2 分、1.5 分）	
	应用了四种方法（满分为 1 分，每种方法 0.25 分）	
	涨粉小结（1 分）	
得分小计		

基本知识

一、微博的涨粉技法

微博互粉互动是贯穿微博始终的，微博营销是靠人际传播，前提是要有人为你转发、传播、扩散出去。所以做微博的第一步就是要加粉并互动。企业也是一样，最开始都要经过原始的粉丝积累阶段，才能在以后的微博营销中爆发威力。

企业和个人的涨粉方法略有不同，因为企业相对于个人来讲，资金、人力、物力都有，所以可以采用"付费加免费"的方法。而对于个人来说，适度的付费也是可以的，但要根据自己的经济能力来定，多数情况下，大家都要靠自己的勤奋努力去主动加粉丝。付费是指利用微博平台的一些营销工具，如"投放粉丝头条""转发抽奖"和"微博红包"等，这些方法涨粉很快，但需要投入的资金也多，所以通常都是企业团队才这么做，而个人平时的涨粉主要是靠一些方法去加粉，虽然慢，但粉丝质量较高，活跃粉居多，不会轻易掉粉。

（一）个人微博涨粉方法

1. 第一批粉丝的获得

对一个新注册的微博账号来说，除前期账号的定位和内容规划运营以外，第一步是快速获得第一批粉丝。

（1）亲朋好友互粉。新开通一个微博账号后，可以与身边的亲戚、朋友、同学进行微博互粉，相互加关注，增加微博互动。

（2）好友推荐。除要求身边的亲朋好友互粉以外，还可以通过好友推荐的形式来增粉。例如，郑重推荐关注"秋叶 PPT"，这是一个 PPT 达人，用精炼、直观的视频展现 PPT 制作技巧，都是干货，寓教于乐，轻松学习。学习 PPT，怎能不看他的微博？

（3）通过关注同类人群增粉。在微博上对同一领域有相同喜好的人群，往往会相互关注。例如，一个微博用户喜欢足球，关注了很多足球类的微博账号，并喜欢与之互动，同时也会通过微博发布足球类的内容，此时被关注的人很可能会反过来关注他。又如，一个足球队的球迷之间往往会相互加关注，不仅如此，他们还会组织球迷聚会。

普通人更多会关注同城好友，或者关注对同样一个话题感兴趣的人，或关注有着同样偶像的人，可见人们往往围绕自己喜欢的圈子来关注。

2. 其他涨粉方法

1）到大咖的关注粉丝评论中加粉

微博的每个热门分类中都有很多做得早、做得好的大咖，通常微博官方会有一些排行榜，如"电商自媒体影响力排行榜""垂直V影响力榜""微博时尚红人排行榜"和"微博助农排行榜"等。可以关注排行榜中的前辈，他们在某个行业领域都有一定的影响力，追随他们的粉丝众多，可以到他们的微博账号的"关注"和"评论"中去加粉，通常他们的粉丝非常活跃，质量较高，尤其是草根电商圈子的朋友们，积极性都很高。例如农产品、生鲜水果的电商，时尚达人，网红圈子等，官方也很支持，所以可以多多关注这些行业大咖和一些关键意见领袖的微博。

一个微博账号每天可以加几十人，在加别人的时候，对方如果没有及时回粉，也不要立刻取消关注，因为每个人登录微博的时间是不同的，可以等3天左右，如果他们还没有回粉，可以对其取消关注。关注是有上限的，会员最高5000人，要珍惜每一个互粉位置，留给回粉的朋友们，也可以采取发私信的形式求回粉，这样回粉的概率会大一些，也能表示诚意。

大咖的评论中的粉丝通常都是特别优秀的，尤其是那些每天都出现的微博账号，要对其加关注，并把他们加到重点关注分组里边。他们除是大咖的铁粉外，自身也有一定的影响力，粉丝也相对活跃。由大咖到他们的"铁粉"，再到他们的"铁粉"微博中加粉丝，都是获取高质量粉丝的方法。也可以多个微博账号同步加粉，同时运营。加粉时要注意，不要盯着一个大咖的微博加粉，而是要轮换地加，这样有利于平衡粉丝结构。因此要从自己的微博定位出发，确定需要加一些什么类型的粉丝。

2）大咖推荐涨粉法

大咖推荐涨粉飞快，但怎样撬动他们推荐你的微博账号呢？

（1）转、评、赞大咖的微博以表支持。在做微博的过程中，情商一定要高，首先要支持大咖，经常去他们的微博转发、评论、点赞。每天都去，评论的时候要言之有物，不要只发一个表情。言之有物会加深大咖对你的印象，会让他们更加了解你的性格、能力、品格等，只有在熟悉、了解的基础上，他们才愿意推荐一直支持他们的粉丝，试想别人连你是谁都不知道，怎么会无缘无故就推荐你呢？所以建立信任要从支持他们开始。

（2）发求助帖@大咖，毛遂自荐。初来乍到，你可以毛遂自荐简单介绍自己，然后@大咖，向其表明与之学习交流的决心。通常谦虚好学的人都能很快博得好感，而且对于新粉丝，大咖们是很愿意提供帮助的。当你想在微博上购买产品，但又不知道哪个人在卖时，你也可以发布求助帖，寻求大咖推荐，大家都会愿意帮忙，因为有人购买他们碗里"铁粉"的产品是好事，不仅帮助新人及时找到卖家，而且帮助"铁粉"找到买家，一举两得，大咖从中起到一个桥梁的作用，这种情况在草根电商圈子比较常见，也是一种累积基础粉丝的常见方法。

（3）购买/代理其产品并晒单引起关注。圈子中有一些大咖，自己也是销售产品的，卖书、卖酒、卖茶、卖农产品等，可以从购买或者代理其产品开始"勾搭"，收货后拍照晒单并@大咖转发，他们看到后会很快转发，因为这是推荐他们自己的产品。也有很多小伙伴直接代理他们的产品，如电商将书籍发布到自己的微博橱窗里进行销售，这样就会拉近你与大咖间的距离，而且你的晒单会引起很多粉丝关注，也会为其带来销量。

（4）向其提供活动赞助产品，合作共赢。有时候大咖们会在自己的微博里做转发抽奖活动，我们就可以主动私信他们来赞助产品，一是借此机会增加产品的曝光率，二是从实物上支持他们。如果你赞助的产品在活动后反馈不错，也会让他们对你产生信任和好感，以后会有更多的合作机会来达到共赢的目的。

（5）整理大咖微博。一些非常勤快的博主会主动整理圈子中知名大咖的微博，因为都是将140字短微博整理成头条文章，然后@大咖转发，给大咖们带来惊喜，也方便同样喜欢大咖的粉丝阅读，他们的粉丝自然喜欢关注如此用心做事的你。另外，申请微博签约自媒体，其中一个申请条件就是要有3篇优质头条文章，整理大咖们的微博会获得高转发、高阅读量，这是一个非常好的方法。

3）互粉帖、互粉群加粉法

每逢周末、各种节假日等特别的日子，一些行业大咖就会在自己的微博中发布互粉帖，让粉丝之间在此帖评论中互相加关注，这类粉丝通常都很精准，都是因为关注某博主而来。此时可以勤快一些，主动去加粉，由于目标明确，所以大家回粉也很快。如果没有及时赶上互粉，可以在任何时间打开微博，在搜索框里搜索"互粉""互粉帖"等关键词，直接找到他们所发过的互粉帖，自己主动加粉即可，但这样回粉就会慢一些，有时需要私信求回粉。

除借助大咖的转发推荐之外，也可以抱团互助，由某个相对有一定影响力、粉丝较多的朋友开互粉帖，直接@小伙伴们的微博名字，然后加上微话题，再配上互粉专用图，利用视觉冲击引起关注。一开始用这种方法效果会比较好，当你推荐粉丝们互粉的同时自己也会涨粉。注意：这种方法主体中不要@太多人，5～10个人较好，而且要选择一些活跃的，不怕被信息打扰的朋友进行推荐，因此在平时活动中对一些粉丝都要有一定的了解，否则，在转发的过程中会不断地收到信息提示。

4）优质内容吸粉法

"微博营销，内容为王"，优质的内容会带来涨粉。如果能够持续输出有价值的内容，就会得到越来越多的关注。如果认证并申请了"微博签约自媒体"，官方会有较大的扶持力度，也会推荐新粉、同行业领域的粉丝。因此重点是要持续输出实用且有价值的内容，原创内容更好，要新鲜、有趣，让对方有所收获。例如"大姨妈的姨妈"，其涨粉路径为：原创分享使粉丝增加到400人，400～3000粉丝是"前辈推荐＋抱团互推＋自己加粉＋互粉活动"，从3000粉丝之后就完全靠原创内容了，到2万多粉丝时是官方认证，为微博电商人并给予扶持。其微博运营主要就是靠原创和互动。

5）微博红包和转发抽奖涨粉法

（1）微博红包涨粉法。使用微博红包涨粉又多又快。最佳时机是每年的春节期间，微博官方会搞一次"让红包飞"的活动，全平台参与。该方法需要投入资金，一个粉丝相当于一元钱，可以给自己的微博账号充红包，也可以向他人红包里塞钱。在此期间的粉丝都是活跃粉丝，涨粉后期再进行维护即可。可以关注"让红包飞"这个官微，了解其规则，很好地利用时机。另外在微博转发抽奖时，红包也可以作为辅助工具。

（2）转发抽奖涨粉法。这是最常用、最有效的一种涨粉方法。其中最常用的就是自发组织和帮助他人组织活动，通常自发组织的博主都是有一定影响力且能够快速转发、扩散活动的人群。而没有影响力的博主通常会联系大咖们合作，让其帮助做转发抽奖活动，这时只需要谈好合作条件即可。

（二）企业微博涨粉方法

在企业微博推广中，一定要坚持"质量优先"的原则，只有吸引真正有价值的活跃的粉丝，才能让微博营销变得有意义。有时候粉丝会自动找上门来，但往往只是为了参加企业的有奖活动，所以在进行微博推广时，务必要选对推广方法和针对群体。在企业开通微博初期想办法邀请老用户来关注是最有效和便捷的推广途径。

企业微博加粉的常见方法如下。

1. 企业内部推广

例如，企业要求员工全部开设微博并关注官微，并且要发展相关人员关注官微作为考核指标；或者让员工开展分组加粉竞赛活动。

2. 向业务相关者推广

例如，企业相关部门出面邀请开设微博的合作伙伴关注自己。

3. 微博站内推广

1) 微博活动

在微博上发起有奖活动，吸引粉丝参与活动的同时关注企业微博，这也是早期很多企业增加粉丝的一种方法。企业可以在自己微博内发起，也可以在活动平台上发起活动。如果能够策划有吸引力的活动，这个方法将非常有效。例如，小米手机、碧浪、创业家杂志等企业的微博，目前依然使用这种方法。

2) 大号转发

通过大号转发来帮助企业微博曝光扩散，也是一种相对简单的微博推广方式，从最开始的个人接单到如今规范化的大号交易平台、新浪微博的微任务、微博易、ve互通等平台都是提供草根大号和名人大号交易的平台，企业可以根据自己的需求来选择。

3) 异业合作

不同企业微博之间可以进行微博营销合作，常见的有微博主页链接交换、共同发起微博活动等。这种方式对于一些初建的微博来说，可以比较快速地积累有效真实粉丝，但是需要两家企业微博的粉丝相匹配，双方之间谈好合作模式。

4) 微博站外推广

（1）企业官方网站：企业可以在官方网站上安放企业微博的关注按钮或链接，尤其是电商类企业，可借助官网的流量迅速曝光以积累粉丝。另外也可以在淘宝/天猫店中添加链接。

（2）企业社区论坛：企业除官网以外，还可以在自己的博客社区论坛推广微博，例如小米手机社区顶部就有其官方微博的展示和链接。

（3）企业各类宣传品：每个企业都会有宣传册、名片或者产品包装袋、宣传印刷品、媒体广告等，可以在醒目位置增加官方微博号。

（三）通用的涨粉方法

1. 多利用内容涨粉工具

如果擅长写文章，那么就多使用"加关注继续阅读"功能来提升涨粉效率。如果擅长发视频，那么就可以经常在视频中引导大家来关注。此外，在站外渠道，也可以展示你的微博账号。

2. 多使用微博的新产品

一般微博上了新产品，都会有一波产品红利，所以要多多使用和关注这些新产品。例如微博问答、微博故事、超级话题等。

3. 多发多互动

提升发布频次（前提是不降低内容质量），加强与粉丝之间的互动，永远是涨粉以及沉淀忠实粉丝的不二法则。

二、微博营销发展现状

（一）新浪微博的微电商战略

1. 概述

新浪微博在2015年7月7日组织"微电商峰会"，是一场电商盛宴，微博电商自媒体领军人物全部出席，深度探讨微电商发展的新机遇。微博发布了微电商战略，宣布将联合以阿里、微卖等为代表的重点第三方合作伙伴，共同建立以兴趣为导向的移动社交电商体系。此后各垂直领域的专业达人均可使用微博发布器推荐商品，实现商品和消费者之间的高效连接。

社交应用将成为移动时代重要的流量入口，而传统电商平台仍将是移动电商时代的统治者。微博自成立以来，在电商领域做了"两次半"动作，第一次是接受"阿里巴巴"投资，与淘宝形成战略合作，"半次"是与支付宝合作推出微博支付，第二次就是新推出的微博橱窗产品。相比其他移动社交电商平台专注于交易，微博更侧重于商品推荐。目前微博上有2000多万各领域的专业达人，他们已经与粉丝建立起以兴趣为纽带的关系链。他们通过情感、经验和专业知识对商品进行推荐分享，实现商品和潜在消费者间的连接，这种弱关系对用户消费决策的影响反而更加明显。在不同的消费过程中，消费者和达人的身份又是随时互换的，这也有利于保持交易的活跃度。

微电商（即微电子商务）是区别于传统电子商务的崭新的电商模式，它不像传统电商那样过度依赖于平台，而是以微博、微信等社交平台为基础出现的社会化电商产品。其特点是以社会化营销内容为主，营销为辅，互动及时，圈子传播，直接联系到客户，从而带来销量。脱离大平台，商家需要长期管理和维护客户关系，更重视买家之间的口碑相传，在买家的社交圈子中形成二次传播，吸引更多的客户。人的作用突显，好人品、卖好产品、有更高的复购率、更高的品牌忠诚度，这就是微电商。

微电商是移动社交时代最重要的电商模式之一，微博将联合"阿里巴巴""微卖"等合作伙伴搭建移动化、个性化、社交化的电商体系。移动社交电商将进入规范化、平台化的发展阶段，微博推出以商品推荐为核心的微电商战略，不但与其他平台形成明显区隔，而且有利于建立广告家电商的商业生态，推动其商业化进程。

2. 微电商达人

2015年9月22日，新浪微博推出了微电商达人招募计划，该计划的入驻门槛并不高，签约成为微电商达人后可拥有专属身份，而且在微博橱窗发布商品的时候还可获得相应的补贴，推荐其他人进入该计划者可以获得推荐奖励。微电商达人可以获得官方资源的流量及变现扶持，微电商达人招募计划是帮助卖家或者达人在微博上能够更好地变现和卖货。

1) 被扶持的微电商达人认证需要具备的条件

关注粉丝超过 1000 人；有眼光和品位，热衷微博分享；有在售商品或者善于推荐商品。

2) 申请微电商达人的步骤

(1) 发布三个商品到微博橱窗，并分别截图保存，文案要编辑得详细一些，图片要清晰。

(2) 找到官微"微电商攻略"账号，打开"他的私信"，找到"报名入口"，选择"微电商达人报名"，单击进入"报名页面"。

(3) 按照要求填写资料，将保存的 3 张商品图上传、提交，等官微私信通知即可。需要注意的是，上传的 3 张商品截图一定要清晰，并写明推荐人。

签约成功后，系统会在一段时间之后自动加上橙 V 认证，作为微电商达人标识。

3) 成为微电商达人能够享受的特权

(1) 微电商达人橙 V 认证。

(2) 丰厚的补贴奖励。

(3) 推荐有礼：推荐其他用户认证成功可获得百元现金奖励，可累积，无上限。

(4) 官方账号转发推荐/专题榜单推荐。

(5) 优先入驻淘宝及天猫合作项目。

(6) 有权使用微博橱窗高级功能。

3．微博橱窗

微博橱窗

微博橱窗是微博客户端的一个新功能，于 2015 年 10 月 13 日发布。微博橱窗提供了商品展示功能，鼓励微博内垂直领域的达人发布优质商品推荐内容，在一条微博里最多可推荐 9 件商品。微博橱窗功能的发布，是为了进一步激活粉丝经济，加强微博兴趣社交的关系与联系，实现微电商的个性化、社交化、移动化，提升交易效率和传播效率。

博主可以通过微博橱窗销售自己的产品，也可以推荐其他电商平台的产品。目前已接入的电商平台包括淘宝、天猫、微卖等。操作很简单，只需要编辑好产品文案，上传产品图片，填写价格即可。同时可以加上官方推荐的话题，如♯微博橱窗♯、♯橱窗优选♯等，会得到官方微博的推荐机会。博主可以一边刷微博一边卖货，当成功销售一件产品时，会同时收到官方微博"微电商攻略"的私信，告知所销售的产品具体情况，相当于淘宝的已卖出宝贝的旺旺提示。

目前微博平台扶持微电商达人的力度很大，官微经常做一些活动，例如♯橱窗优选♯、♯6 月消夏橱窗♯、♯橱窗农产品♯等微话题活动，大家要多参与官微的活动，会得到转发和礼物，曝光度很高，能够增加出单机会。还可以利用微博橱窗做淘宝客，推荐他人的产品以赚取佣金。另外，也会有人将你的微博置顶或者帮你转、评、赞，只需支付一定的金额，这种活动类型可以借鉴。对于一些会设计、会漫画、会制作视频的人来说，完全可以利用微博橱窗来接单。

（二）头条文章

1．简介

微博头条文章是新浪微博的一个长文工具，于 2016 年 1 月 26 日正式上线。微博头条文章具有高效发布、阅读流畅、传播力强等特点，且微博头条文章在微博信息流

头条文章

的权重全站最高。

2. 微博头条文章的特点

(1) 头条文章在微博信息流的权重全站最高。

(2) 使用头条文章能带来阅读量152%的提升。

(3) 能够保护版权,实现商业变现。

微博打赏、付费阅读、广告分成是目前微博自媒体作者变现的三大利器。头条文章不仅会保留以上作者变现的渠道,还会优化上述的使用体验。如付费阅读,原先作者只能通过"管理中心"的"粉丝服务"进行编辑及发布,现在可以在头条文章的发布器上直接发布付费阅读文章,使用门槛更低了。此外,头条文章还有原创版权保护认证、视频插入、定时发布、微博搜索提权、兴趣类精准用户内容分发等功能,最重要的一点就是后期还会支持微博橱窗的插入。这些使微博自媒体变现的形式更多、体验更好。

3. 微博头条文章发布入口

(1) 计算机发布微博头条文章的方法。打开新浪微博(http://weibo.com/),登录后在首页的主发布器下面有"头条文章"按钮,单击"头条文章"按钮即可发布微博头条文章。

(2) 手机发布微博头条文章的方法。打开新浪微博APP,点击"+"按钮打开发布器,在发布器中有"头条文章"按钮,点击它即可进入文章编辑页面。

4. 微博开放头条文章与视频直播协议

2016年6月,微博正式向媒体、自媒体以及第三方内容合作伙伴开放头条文章和视频直播两大开放协议,成为国内首家对外开放直播资源的媒体平台。

根据开放协议,媒体、自媒体及第三方内容机构可以将生产的内容同步至微博站内的头条文章,免去了二次发布的烦琐,同时获得更多的曝光机会;对于媒体而言,通过开放协议可以将发布后台与微博头条文章打通,媒体文章链接被发布在微博后会自动转化为头条文章链接,免去了二次发布的烦琐,同时获得更大的影响力、传播力以及丰厚收入;对于第三方内容机构而言,旗下作者所发布的内容在微博上有了更好的展现与收益,可以在很大程度上提高用户的写作积极性。通过第三方内容机构发布的微博头条文章,会在微博来源处显示机构名称,大大增加了其品牌在微博上的曝光率。

(三) 微博"一直播"

1. 简介

微博"一直播"

随着社交产品的不断升级,移动视频直播迎来新的风口,逐渐被大众熟悉、接受和使用,新浪微博也紧跟趋势,于2016年4月13日推出"一直播"平台。与秒拍和微博的关系类似,"一直播"作为新浪微博的直播合作伙伴,既以一款独立APP存在,又支撑微博线上的直播功能。所有微博用户都可以通过"一直播"在微博内直接发起直播,也可以通过微博直接实现观看、互动和送小礼物等功能。

2. "一直播"的操作

使用"一直播"平台,用户除可以下载专属APP在客户端进行登录外,还能直接用新浪微博一键单击进行直播,拥有小咖秀及秒拍的用户也能够在相应的APP客户端看到"一直播"专属直播入口,点击即可直播。具体操作步骤如下。

（1）点击微博客户端下方的"＋"按钮，打开微博发布窗口，点击"直播"按钮。

（2）进入应用商店，下载安装"一直播"APP，打开APP后，使用微博账号直接登录"一直播"，不需要注册、审核，而且发布的直播会自动同步到微博上。

（3）开始直播，首先点击屏幕下方的按钮，然后点击"直播"按钮，此时需要选择一个封面图片，如自拍照、美食照等，这张图片会显示在直播微博中，图片越精美，越容易吸引粉丝来看直播。同时，打开屏幕中间的"将直播同步到新浪微博"按钮，然后，点击右上角的"开始直播"按钮就可以了。

（4）直播中的设置，直播中点击"相机"图标，可以切换前后置镜，点击"电源"按钮，可以随时结束直播，直播时还自带美颜效果。

3. 直播需要注意的事项

（1）尽量在4G或良好的Wi-Fi环境下开启直播。

（2）首次进入直播时需要开启摄像头与麦克风权限，否则无法进行直播。

（3）直播时可以选择开启/关闭"美颜"键。

（4）直播过程中要多和粉丝互动。如果收到粉丝的礼物，建议大声说出他的名字表示感谢，以获得越来越多的支持。

自我练习

一、多项选择题

1. 大咖推荐涨粉法包括（　　）。
   A. 转评赞大咖的微博
   B. 发帖求助大咖，毛遂自荐
   C. 故意对大咖差评，引起注意
   D. 向大咖提供赞助产品，合作共赢
   E. 购买其产品并晒单引起关注

2. 企业微博涨粉的常见方法包括（　　）。
   A. 企业内部推广
   B. 向亲戚朋友推广
   C. 向业务相关者推广
   D. 微博站内推广

3. 微博头条文章的特点包括（　　）。
   A. 头条文章在微博信息流的权重占最高
   B. 使用头条文章能带来阅读量200％的提高
   C. 能够保护版权，实现商业变现
   D. 可以使用新浪微博一键点击进行直播

二、判断题

1. 企业微博涨粉最好不要使用付费工具，而要靠自己的努力去加粉。（　　）

2. 新注册的微博账号可以通过亲朋好友互粉增加粉丝。（　　）

3. 微博会员的粉丝上限是6000人。（　　）

4. 在微博运营前期，涨粉最重要，可以通过各种方法快速涨粉，不用多考虑微博的内容。（　　）

5. 任何平台的商家都可以连到微博直接进行销售。（　　）

参考文献

[1] 秦阳,秋叶.微信营销与运营[M].北京:人民邮电出版社,2017.

[2] 肖睿,肖奎,张静.微信公众平台运营解析[M].北京:中国水利水电出版社,2017.

[3] 谭静.新媒体营销运营实战208招:微信公众平台运营[M].北京:人民邮电出版社,2017.

[4] 徐林海,林海.微信营销[M].北京:人民邮电出版社,2018.

[5] 叶龙.微信公众平台运营:100000+爆款软文内容速成[M].北京:清华大学出版社,2017.

[6] 闫河.微信公众平台后台操作与运营攻略[M].北京:人民邮电出版社,2017.

[7] 运营大叔.活动运营案例分享:好的活动是让不刷朋友圈的人也想参与[EB/OL].https://dwz.cn/AgQEl8PW,2017-3-29.

[8] 任昱衡.微信公众平台运营全攻略[M].北京:电子工业出版社,2017.

[9] 沙凤娟.玩转微博营销小微电商微博营销全攻略[M].北京:人民邮电出版社,2018.

[10] 肖凭.新媒体营销实务[M].北京:中国人民大学出版社,2018.

[11] 萧秋水,刘勇.微博营销与运营[M].北京:人民邮电出版社,2017.

[12] 曼涛,林大亮."微"机四伏——微博与微信营销实战兵法[M].北京:电子工业出版社,2014.

[13] 黑马程序员.新媒体营销教程[M].北京:人民邮电出版社,2017.

[14] 龚铂洋.左手"微博"右手"微信"——企业微营销实战攻略[M].北京:电子工业出版社,2014.

[15] 陈静.微博运营全攻略[M].北京:电子工业出版社,2017.

[16] 小谈微博段子手.https://wenku-baidu-com-443.vpn.bitc.edu.cn/view/97cf16191a37f111f0855b46.html?from=search.